적을 만들다

적을 만들다

특별한 기회에 쓴 글들

UMBERTO ECO

움베르토 에코 지음 김희정 옮김

열린책들

도판 출처

p. 213, *Series of observations of the planet Saturn*, 1656. Oxford, Science Archive. © 2011. Foto Scala
Firenze/Heritage Images
pp. 294~295, Bougainville, Louis-Antoine de (1729~1811), *Développement de la route faite autour du
monde par les vaisseaux du roy La Boudeuse et L'Etoile.* © BnF

일러두기

• 저자가 단 주는 〈원주〉라고 표기했다. 나머지 주는 모두 옮긴이가 달았다.
• 본문에 인용된 성경 구절은 대한성서공회의 〈공동번역 개정판〉을 따랐다.

이 책은 실로 꿰매어 제본하는 전통적인 사철 방식으로 만들어졌습니다.
사철 방식으로 제본된 책은 오랫동안 보관해도 손상되지 않습니다.

차례

머리말

　이 책의 제목은 부제로 달린 〈특별한 기회에 쓴 글들〉이었어야 할 것이다. 최종적인 제목을 결정함에 있어 편집자의 염려가 결정적인 역할을 했다. 저런 소박한 제목으로는 독자들의 관심을 끌지 못할 것이며, 반면 이 책의 첫 번째 칼럼의 제목인 〈적을 만들다〉는 호기심을 불러일으킬 거라 생각한 것이다.

　그렇다면 〈특별한 기회에 쓴 글들〉은 무엇이고 어떤 특징을 가지는가? 이 경우 대부분 저자는 글의 주제를 직접 생각하지 않는데, 이미 주어진 특정한 주제에 대해서 요청받은 담화나 칼럼을 쓰기만 하면 된다. 그러한 주제는 저자의 관심을 촉발시키고, 그가 미처 생각지 못했던 무언가를 고찰하게 만든다. 그리고 외부에서 주어지는 주제가 저자가 머리에서 짜낸 주제에 비해 더 다양하고 알찰 때도 있다.

　특별한 기회에 쓴 글들의 다른 특징은 반드시 독창적일 필요는 없지만 말하는 사람이나 듣는 사람 모두에게 즐거운 것이어야 한다는 것이다. 여하튼 이런 글쓰기는 록산이 크리스티앙에게(그리고 그를 통해 시라노에게) 〈내게 사랑 고백을 들려주세요〉라는 말로 도전에 직면하게 했던 것처럼 바로크적인 수사학을 훈련하는 것이다.

나는 각 칼럼(모두 지난 10년 사이에 쓴 것들이다)의 마지막에 그 글을 발표하게 된 연유와 날짜를 명시했다. 특히 「절대와 상대」, 「불꽃의 아름다움」은 해마다 구체적인 주제를 정해서 그 주제에 따라 행사가 진행되는 〈라 밀라네지아나〉* 축제에서 발표되었다. 그 당시는 상대주의에 관한 논쟁이 불붙듯 일어났던 때였기에, 「절대와 상대」에 관한 담화는 흥미진진한 자리가 되었다. 그리고 불꽃을 다룬 에세이는 개인적으로 멋진 도전이었다고 보는데, 내가 그 주제에 매료될 것이라고는(그것도, 뜨겁게) 전혀 예상하지 못했기 때문이다.

「천국 밖의 배아들」은 2008년 볼로냐에서 열린, 연구 윤리에 관한 학회에서 발표되었고 이후 프란체스코 갈로파로의 『의학 연구 윤리와 유럽 문화의 정체성 Etica della ricerca medica e identità culturale europea』(볼로냐: CLUEB 출판사, 2009)에 포함되었다.

빅토르 위고의 「과잉의 시학」에 관한 고찰은 세 종류의 강연과 에세이를 하나로 묶은 것이다. 한편, 「상상 천문학」에 관한 나의 즐거운 고찰은 천문학과 지리학이라는 다른 성격을 가진 두 학회에서 두 가지 다른 형태로 버젓이 소개되었다.

「보물찾기」는 교회의 보물에 관해 썼던 글들을 요약한 것이고,

---

* La Milanesiana. 밀라노에서 펼쳐지는 국제적인 문화 행사로 문학, 음악, 영화, 과학, 예술, 철학 등 광범위한 장르를 아우르는 축제의 장이다. 매년 6월과 7월에 걸쳐 20일간 공연과 전시회, 강연, 간담회, 작가와의 만남의 형태로 진행되고 있다. 해마다 행사의 주제를 정하고 있는데, 첫해인 2000년의 주제는 〈거인들의 어깨 위에서〉였다. 봄피아니 출판사의 편집장 엘리자베타 스가르비의 제안으로 시작됐으며, 밀라노 시와 롬바르디아 주가 후원하고 있다.

「들끓는 기쁨」은 피에로 캄포레지에 관한 국제 학술 대회에서 발표되었던 것이다. 「검열과 침묵」은 이탈리아 기호학 협회의 2009년 학회에서 사전 준비 없이 거의 즉석에서 발표한 것이다.

『애서가 연보Almanacco del bibliofilo』* 의 각기 다른 호에 실린 흥미로운 세 편의 칼럼은 연보에서 정한 그해의 주제에 맞게 쓰였다. 「속담 따라 살기」는 「시간 여행: 새로운 유토피아 섬들을 찾아서」(2007년 제17호)의 주제에 따랐으며, 「나는 에드몽 당테스요!」는 「어린 시절 독서로의 감상적인 탈선」(2008년 제18호), 「율리시스, 우린 그걸로 됐어요」는 「뒤늦은 논평들」(2009년 제19호)의 주제 안에서 쓰였다. 『애서가 연보』 2011년도에 실렸던 「섬은 한 번도 발견된 적이 없기 때문입니다」는 2010년에 사르데냐 섬의 카를로포르테에서 열린 섬에 관한 학회에서 강연한 것이기도 하다.

「위키리크스에 대한 고찰」은 프랑스 일간지 「리베라시옹Libération」(2010년 12월 2일)과 이탈리아 주간지 『레스프레소L'Espresso』(2010년 12월 31일)에 실린 두 칼럼을 손본 것이다. 마지막으로, 이 책의 첫 칼럼인 「적을 만들다」는 이바노 디오니지** 교수의 주최로 볼로냐 대학에서 열린 어느 고전 모임에서 발표한 것이다. 이 주제에 관해 잔 안토니오 스텔라가 300쪽이 넘는 분량으로 훌륭하게 완성한 『흑인, 동성애자, 유대인, 그 밖의 다른 사람들. 다른 것에 대한 영원한 전쟁Negri, froci, giudei & Co. L'eterna guerra contro l'altro』(밀라

----

* 움베르토 에코가 설립했으며, 대표를 맡은 국제 애서가 협회 〈알두스 클럽Aldus Club〉의 정기 간행물이다. 협회의 명칭은 이탈리아의 유명한 인쇄, 출판업자 알두스 마누티누스(1449~1515)의 이름에서 따온 것이다.

** Ivano Dionigi(1948~). 이탈리아의 라틴어학자. 볼로냐 대학교의 라틴 문학 교수이며, 교황청 산하 라틴어 아카데미의 원장을 맡고 있다.

노: Rizzoli 출판사, 2009)과 비교했을 때, 얼마 안 되는 분량의 내 칼럼은 많이 부족해 보일 것이다. 하나, 이해해 주길 바란다. 〈적을 만들기〉는 수그러들지 않고 끈질기게 계속되고 있기에, 나는 내 글이 망각 속으로 사라지게 둘 수 없었다.

적을 만들다

　몇 년 전 뉴욕에서 어떤 택시 기사와 이야기를 나눈 적이 있었다. 알아듣기 어려운 이름을 가진 그 운전기사는 파키스탄 사람이었다. 그는 나에게 어디서 왔냐고 물었다. 나는 이탈리아라고 대답했다. 그러자 그는 이탈리아의 인구가 얼마나 되는지 물었고, 그 수가 얼마 되지 않는다는 것과 이탈리아에서는 영어를 쓰지 않는다는 내 대답에 놀라워했다.

　그러더니 그는 우리의 적은 누구냐고 물었다. 내가 〈실례지만, 뭐라고 하셨나요?〉라고 되묻자, 그는 이탈리아가 수세기를 거치며 어느 나라 사람들을 상대로 영토 분쟁, 민족적인 대립, 끊임없는 국경 침략 등으로 싸웠는지 궁금하다며 참을성 있게 설명하였다. 나는 그에게 우리는 누구와도 싸우지 않는다고 대답했다. 그러자 그는 우리를 죽이고 또 우리가 죽이는 역사적인 적들이 있을 것 아니냐며 끈덕지게 물어 왔다. 나는 되풀이해서 우리에겐 그런 적들이 없다고 대답했다. 우리의 마지막 전쟁은 반세기 훨씬 이전에 일어났으며, 더욱이 하나의 적과 전쟁을 시작해서 다른 적과 전쟁을 마쳤다고 말했다.

그는 만족스러워하지 않았다. 어떻게 적이 없는 나라가 있단 말인가? 나는 우리 이탈리아인의 느긋한 평화주의에 대한 보상으로 그에게 2달러의 팁을 남기고 택시에서 내렸다. 그런 다음에야 비로소 대담했어야 할 말이 머릿속에 떠올랐다. 이탈리아 사람들에게 적이 없다는 말은 사실이 아니다. 우리에게 외부의 적은 없다. 좀 더 정확히 말하면, 우리는 그 적들이 누구인지 의견의 합일을 볼 수 없다. 왜냐하면 우리는 계속해서 서로 싸워 왔기 때문이다. 피사는 루카와 맞서고, 궬피당은 기벨리니당과 맞서고, 북부는 남부와 맞서고, 파시스트들은 파르티잔들과 맞서고, 마피아는 국가와 맞서 싸운다. 그리고 베를루스코니 정부는 사법부와 싸운다. 그러는 동안 로마노 프로디가 이끌었던 두 차례의 정권이 여전히 몰락하지 않았다는 것은 도리어 애석한 일이다. 만약 그러했다면, 나는 그 택시 기사에게 아군의 포격 때문에 전쟁에서 지는 것이 무엇을 의미하는지 잘 설명할 수 있었을 것이기 때문이다.

그날의 대화를 곰곰이 생각해 본 결과, 나는 지난 60년간 진정한 적들을 두지 않았던 것이야 말로 이탈리아가 지닌 불행들 중 하나라는 생각이 들었다. 이탈리아의 통일은 오스트리아가, 다시 말해 시인 조반니 베르케트의 표현을 빌리자면, 〈우락부락하고 불쾌한 알레마니족〉인 오스트리아가 있었기 때문에 가능했다. 무솔리니는 제1차 세계 대전의 불완전한 승리가, 도갈리 전투와 아두와 전투에서 에티오피아에게 당한 굴욕이, 그리고 유대인 금권 정치가 이탈리아에 부당한 제재를 가했다고 주장했고 이들에 대한 복수를 부추기면서 대중의 지지를 얻을 수 있었다. 〈악의 제국〉이 사라지고 거대한 소비에트 적이 해체되었을 때, 미국에서는 어떤 일이 일어났는가.

미국은 빈 라덴이 나타나기 전까지 자국의 정체성이 무너질 것을 두려워했다. 급기야 빈 라덴은 소비에트 연방에 대항하며 얻은 혜택에 감사해하며 그의 자비로운 손을 미국에 내밀었고, 이로써 부시가 국가의 정체성을 공고히 하고 자신의 힘까지 강화하기 위한 새로운 적을 만들 기회를 제공하였다.

적을 가진다는 것은 우리의 정체성을 규정하기 위해서뿐만 아니라, 우리의 가치 체계를 측정하고 그 가치를 드러내기 위해 그것에 맞서는 장애물을 제공한다는 측면에서도 의미가 있다. 따라서 적이 없다면 만들어 낼 필요가 있는 것이다. 이는 폭넓은 유연성을 지니는데, 베로나의 스킨헤드족이 하나의 집단으로서 자신들을 식별하기 위해 그룹에 속하지 않는 자라면 누구든지 적으로 겨냥한 점을 생각해 볼 수 있다. 그리고 여기에서 흥미로운 점은 우리를 위협하는 적을 거의 자연적인 현상의 측면에서 규명하는 일이 아니라, 그 적을 만들어 내서 악마로 만드는 과정이다.

고대 로마의 키케로가 『카틸리나 탄핵*In Catilinam*』에서 적의 이미지를 기술할 필요는 없었을 것이다. 그 연설문은 루키우스 카틸리나의 음모를 밝히는 내용이었기 때문이다. 하지만 그는 두 번째 연설에서는 적의 이미지를 그렸는데, 원로원 의원들 앞에서 카틸리나의 친구들을 묘사하며 도덕적으로 타락한 그들 무리에 비난의 손가락질을 보냈다.

그들은 축제로 밤을 보내고, 음란한 여자들과 뒤엉켜 있고, 술에 취해 비틀거리고, 배가 잔뜩 부르게 먹고, 머리에 화관을 쓰고, 온몸에 기름을 바르고, 성교로 몸이 쇠약해졌습니다. 그리고 순진한 백성들을 학살하고 도시를 불태워야 한다는 말을 내뱉습니다. (……) 그들은 여러분의 눈앞에 있습니다. 머리카락 한 올 흐트러진 데가 없고 매끈한 얼굴을 하고 있거나 수염을 잘 다듬어 길렀으며 긴 소매에 발목까지 내려오는 튜닉을 입고 토가가 아닌 베일을 휘감은……. 이처럼 우아하고 세련된 이 〈젊은이들〉은 춤과 노래, 사랑하고 사랑받는 법을 익혔을 뿐만 아니라 단도를 휘두르고 독극물을 투입하는 요령 또한 배웠습니다. (연설문 Ⅱ, 1~10)

키케로의 도덕관은 이후에 등장하는 아우구스티누스의 관점과 다를 바 없을 것이다. 아우구스티누스는 이교도들이 기독교인들과는 달리 서커스와 극장, 원형 경기장을 드나들고 시끌벅적한 축제를 벌인다는 이유로 그들을 비난했다. 언제나 적들은 우리와 〈다르고〉, 우리와는 다른 관습에 따라 행동하는 법이다.

다름의 완벽한 전형은 외국인이다. 이미 로마 시대의 부조에도 이방인들은 수염이 덥수룩한 들창코의 모습으로 묘사되었다. 그리고 이미 알려진 대로, 이방인barbarian*이라는 말은 언어 능력의 결여, 즉 사고의 결함을 암시한다.

하지만 초창기부터, 우리의 적이 되는 대상은 (미개인들의 경우처럼) 우리를 직접 위협하는 자들이 아니라, 우리를 위협하지 않을지라도 누군가에 의해 위협적인 존재로 묘사되는 자들이다. 따라서 우리와 다르다는 것은 그들의 위협적인 태도에서 강조되는 게 아니라, 그들의 다름 그 자체가 우리가 찾는 위협의 신호인 것이다.

---

* 고대 그리스인들이 그리스어를 말하지 못하는 외국인을 가리킨 말에서 비롯되었으며, 반복되는 음절 〈bar-bar〉는 말을 더듬거린다는 뜻이다.

고대 로마의 역사가 타키투스는 유대인들에 대해 다음과 같이 말했다. 〈우리에게 신성한 모든 것은 그들에게 불경한 것이다. 그리고 우리에게 불결한 것은 그들에게 허용된 것이다.〉 이 말은 개구리를 먹는 프랑스인들에 대한 영국인들의 멸시와, 마늘을 듬뿍 사용하는 이탈리아인들을 향한 독일인들의 비난을 떠올리게 한다. 여하튼 유대인들은 〈이상한〉 자들로 취급되었다. 그들은 돼지고기를 먹지 않고, 빵 반죽에 효모를 섞지 않고, 일곱 번째 날에는 쉬고, 그들끼리만 결혼하고, 위생이나 신앙적인 이유에서가 아니라 〈그들의 다름을 보여 주기〉 위해 할례를 하기 때문이다. 그리고 죽은 이들을 매장하고, 로마의 황제를 숭배하지 않는다. 그들이 실제로 따르는 일부 풍습(할례, 안식일)이 우리의 그것과 다르다는 것이 드러나면, 사실적인 요소에 전설적인 이야기들(그들은 당나귀의 형상을 신성시하고 자신의 부모와 자식, 형제, 조국, 그리고 신들을 경시한다)을 덧붙이면서 다른 면이 더욱 강조될 수 있다.

소(小)플리니우스는 기독교인들이 범죄를 저지르기보다는 선행을 실천한다는 사실을 인정할 수밖에 없었기에, 그들을 고발할 만한 특정한 혐의를 찾을 수 없었다. 그럼에도 그 당시 기독교인들은 죽음을 면할 수 없었다. 황제에게 복종하지 않았기 때문이다. 이처럼 분명하면서도 자연스럽게 무언가를 거부하는 완고함은 그들의 이질성을 확고히 한다.

이후 민족 간의 접촉이 확대되자 적은 새로운 형태를 띠게 되었다. 적은 외부에 존재하고 멀리서 그의 이상함을 드러내는 자들만이 아니라 우리 가운데 있는 사람들이기도 하다. 오늘날 우리가 외국인 이주자라고 부르는 그들은 어떻게 해서든 우리와 다르게 행동하고 우리말을 어설프게 사용한다. 그 적은 로마 시인 유베날리스의 풍자시에서 교활한 사기꾼이자 자기 친구의 할머니도 유혹할 정도로 뻔뻔하고 음탕한 그리스인으로 나온다.

흑인은 피부색 때문에 어디서든 다르게 보인다. 1798년에 발간된 『브리태니커 백과사전』 미국 초판의 〈흑인〉 항목에서 다음을 읽을 수 있다.

흑인의 피부색은 다양한 명암을 띠고 있다. 하지만 그들은 얼굴의 이목구비에서 다른 사람들과 많이 다르다. 둥근 뺨, 툭 불거져 나온 광대뼈, 약간 높은 이마, 짧고 펑퍼짐한 코, 두툼한 입술, 작은 귀, 추하고 가지런하지 못한 윤곽이 그들 외모의 특징이다. 흑인 여자들은 축 처진 허릿살과, 뒤에서 보면 마치 말안장처럼 보이는 아주 큼지막한 엉덩이를 가지고 있다. 가장 악명 높은 습성들은 이 불행한 인종의 운명인 듯하다. 나태, 배반, 복수, 잔학, 후안무치, 절도, 거짓, 외설, 방탕, 불결과 방종 등의 악습으로 인해 자연법의 원리가 소멸되었고 양심의 가책을 받지 않는다고 한다. 그들은 어떤 동정심도 느끼지 못하며 멋대로 내버려 두면 인간 타락의 끔찍한 전형이 된다.

흑인은 추하다. 아름다움은 선함과 같은 것이기에(칼로카가티아kalokagathia, 아름답고 선한 것) 적은 추해야 한다. 그리고 아름다움이 가진 본질적인 특성들 중 하나는 중세 시대에 〈인테그리타스integritas〉라고 부른 〈온전함〉이었다. 다시 말해, 어떤 생물 종의 평균적인 대표가 되는 데에 요구되는 모든 것을 가지는 것이다. 이 기준에 따라서, 팔다리나 눈을 잃었거나 평균 키보다 작은 신장이거나 〈비인간적인〉 피부색을 가진 사람들은 추하다고 생각된다. 우리가 외눈박이 거인 폴리페모스와 난쟁이 미메를 적과 동일한 모델로 삼는 것도 같은 이유에서다. 5세기 비잔틴 제국의 역사가 파니움의 프리스쿠스는 훈족의 왕 아틸라가 넓은 흉부, 큰 머리, 작은 눈, 회색빛의 가는 수염, 납작코, 그리고 거무스레한 피부색(결정적인 특징)에 키가 작은 남자라고 묘사하였다. 그런데 아틸라의 얼굴이 그로부터 5세기 이후의 연대기 작가 라울 글라베르가 표현한 악마의 생김새와 어쩌면 이리도 닮을 수 있는지 참으로 의문이다. 〈핼쑥한 얼굴, 시커먼 눈, 주름진 이마, 납작코, 튀어나온 입, 부푼 입술, 뾰족하고 야윈 턱, 염소수염, 털이 많고 날카로운 귀, 부스스한 직모의 머리칼, 송곳니, 길쭉한 두개골, 그리고 가느다란 목과 돌출된 흉부, 곱사등에 키는 그리 크지 않다(『연대기』, V, 2).〉

신성 로마 제국 오토 1세 황제의 사절로 968년 비잔틴 제국으로 파견된 리우트프란드는 그때까지 알려지지 않은 문명을 맞닥뜨렸고, 그가 보기에 비잔틴 제국의 황제에겐 〈인테그리타스〉가 없었다.

나는 기괴한 남자 니케포루스 앞으로 나아갔다. 그의 커다란 머리는 피그미족처럼 보였고 작은 눈은 두더지 같은 인상을 주었다. 희끗희끗한 짧은 수염이 촘촘하고 넓게 퍼진 얼굴은 추했고 목은 아주 길었다. (……) 〈당신이 한밤중에 길을 가다가 마주치고 싶지 않을〉 에티오피아인의 피부색, 두툼한 뱃살, 마른 엉덩이, 작은 키에 비해 너무 긴 허벅지, 짧은 다리, 평발, 그리고 농부나 입을 만한 너덜거리는 옷은 너무 오래되어서 냄새가 나고 색이 바랬다. (「콘스탄티노폴리스 주재 대사 보고서」)

악취. 적은 언제나 악취를 풍긴다. 제1차 세계 대전 초(1915년)에 프랑스 심리학자 에드가 베리용이 『독일 민족의 과도한 대변량 *La Polychésie de la race allemande*』에서 일반적으로 독일인은 프랑스인보다 더 많은 양과 더 지독한 냄새의 대변을 배출한다고 썼듯이 말이다. 15세기 도미니코회 수도사 펠릭스 파브리의 『예루살렘 성지 순례와 아라비아, 이집트 여행*Evagatorium in Terrae sanctae, Arabiae et Egypti peregrinationem*』에 의하면 비잔틴인과 마찬가지로 사라센 사람들도 악취를 풍겼다.

사라센 사람들은 어떤 지독한 냄새를 풍기기 때문에 끊임없이 갖가지 세정식을 치른다. 우리는 냄새가 나지 않기에 그들은 우리가 그들처럼 씻는지 관심을 두지 않는다. 하지만 더 냄새가 심한 유대인들에게는 관대하지 않다. (……) 그러므로 악취를 풍기는 사라센인들은 우리처럼 냄새가 나지 않는 사람과 같이 있기를 좋아한다.

이탈리아 통일 운동이 일어났던 19세기에 이탈리아 풍자시인 주세페 주스티는 오스트리아인들이 고약한 냄새를 풍긴다고 했다. 그는 밀라노의 산탐브로조 성당을 방문했을 때 받은 인상을 시로 옮겼다.

나는 안으로 들어갔고, 그곳은 군인들로 가득했습니다.
보헤미아와 크로아티아 사람들처럼,

북쪽에서 온 군인들은

포도밭 서리를 망보러 이곳에 모였지요.

(……)

그 무리 가운데 있던 나는 뒷걸음질을 쳤습니다.

숨 막힐 듯 더운 공기와 더러운 입김,

역겨움을 참을 수가 없었기 때문입니다.

거룩한 소명을 가진 당신은 느끼지 못하실 테지요.

날 용서하세요, 각하,

하느님의 아름다운 그 집에서

중앙 제단을 밝히는 양초까지도

동물성 기름의 악취가 나는 듯합니다.

(「산탐브로조*Sant'Ambrogio*」, 1845)

범죄인류학의 창시자 체자레 롬브로조가 『범죄인*L'uomo delinquente*』
(1876, 1, II)에서 말했듯이, 썩은 고기를 먹는 집시들도 냄새에 관한
한 빼놓을 수 없을 것이다. 그리고 이언 플레밍의 소설 『러시아에서,
사랑과 함께』(1957)에 나오는 제임스 본드의 적, 로자 클레브 대령은
소비에트 러시아인일 뿐만 아니라 레즈비언이기도 하다.

타티아나는 문을 열었다. 그러곤 선 채로 한 여자의 눈을 응시했다.
그 여자는 중앙 불빛 아래의 둥근 탁자에 앉아 있었다. 타티아나는
그곳에서 나는 냄새를 기억해 냈다. 더운 저녁 날 모스크바 지하철
에서 나는 냄새였다. 동물의 냄새를 감추는 싸구려 향수. 러시아에
서 사람들은 목욕을 했건 안 했건 향수에 흠뻑 젖어 있었다. 하지만

목욕을 안 했을 때에는 더 그렇다. (······)

침실의 문이 열리고 입구에서 〈그 여자 클레브〉가 나타났다. (······)

그녀는 오렌지색 크레이프 드 신 소재의 투명한 나이트가운을 입고

있었다. (······) 마네킹 포즈를 취하느라 앞으로 내민 무릎이 누르스

름한 코코넛 열매처럼 가운의 벌어진 틈으로 드러나 보였다. (······)

안경을 벗은 로자 클레브의 민낯은 마스카라와 볼연지, 립스틱으로

진하게 화장이 되어 있었다. (······) 그녀는 자기 옆자리의 소파를 토

닥거렸다. 「가운데 불을 꺼. 스위치는 문 옆에 있어. 우리는 서로에

대해 더 잘 알아야 해.」•

적어도 기독교가 탄생한 이래로 유대인은 기괴스럽고 냄새나는

존재로 묘사되었다. 유대인은 적그리스도Antichrist의 모델이 되어 우

리의 적일 뿐만 아니라 신의 적이기도 했기 때문이다.

그들의 모습은 이러하다. 머리는 활활 타는 불꽃과 같고, 오른쪽 눈

은 핏발이 서고 왼쪽 눈은 고양이같이 초록빛이라 두 개의 다른 눈

동자를 가지고 있다. 눈꺼풀은 흰색이고, 아랫입술은 큼직하다. 오른

쪽 대퇴골은 약하고, 발은 널찍하며, 엄지손가락은 납작하면서 길쭉

하다. (『우리 주 예수 그리스도에 관한 시리아 성경』, Ⅰ, 4, 5세기)

적그리스도는 유대 민족에서 탄생했을 것이다. (······) 다른 사람처

럼 아버지와 어머니의 결합으로 태어난 것이 아니라 한 처녀의 몸

• 이언 플레밍, 『러시아에서, 사랑과 함께A 007, dalla Russia con amore』, 이탈리

아어 번역판(엔리코 치코냐 번역), 밀라노: Garzanti 출판사, 1964 — 원주.

에서 나왔다고 한다. (……) 수태 초기에 악마가 어머니의 자궁으로 들어가서 그 악마의 보살핌으로 자랐기에 악마의 힘은 언제나 그와 함께 있을 것이다. (몽티에르앙데르의 아드송, 『적그리스도의 탄생과 시간에 관하여』, 10세기)

그는 불꽃이 번뜩이는 두 눈과 당나귀의 귀, 사자의 코와 입을 가질 것이다. 그리고 가장 수치스러운 모순의 목소리와 불꽃들 사이로 극도로 흉악한 광기의 행동을 사람들에게 보낼 것이다. 사람들이 신을 부정하게 하고, 그들의 감각에다 가장 끔찍한 악취를 퍼뜨리고, 가장 사나운 탐욕으로 교회의 제도를 훼손하고, 한껏 찡그린 얼굴로 조소를 퍼붓고, 무시무시한 쇠 이빨을 드러내면서. (힐데가르트 폰 빙엔, 『쉬비아스』, Ⅲ, 1, 14, 12세기)

만약 적그리스도가 유대 민족에서 비롯되었다면, 대중의 반유대주의든 신학적인 반유대주의든, 또는 18세기와 19세기 중산층의 반유대주의든, 아무튼 그 모델은 필연적으로 유대인의 이미지를 반영해야 한다. 그렇다면 얼굴에서부터 시작해 보자.

그들은 대부분 푸르죽죽한 얼굴, 매부리코, 움푹한 눈, 주걱턱을 하고 있고, 입술에는 뚜렷한 수축근이 드러나 있다. (……) 게다가 유대인들은 과거의 나병과 지금의 괴혈병, 그에 유사한 연주창, 출혈처럼 혈액의 부패로 생기는 질병에 잘 걸린다. (……) 그리고 유대인들은 언제나 고약한 냄새를 풍긴다고 한다. (……) 그 이유는 양파나 마늘같이 향이 강한 채소를 많이 먹는 탓으로 본다. (……) 또 일부에서는 그들이 유달리 좋아하는 거위 고기 때문이라고 여기는데, 이 요리는 정제되지 않은 끈끈한 설탕이 뒤범벅되어서 그들을 칙칙하고 우울하게 만든다고 한다. (앙리 그레구아르, 『유대인들의 육체적, 정신적, 정치적 갱생에 관한 에세이』, 1788)

이후 19세기 독일의 작곡가 리하르트 바그너는 유대인의 목소리와 태도에 대한 생각을 덧붙여, 그 초상화를 더욱 복잡하게 했다.

유대인의 외모에는 이 민족을 지극히 혐오스럽게 만드는 이질적인 무언가가 있다. 유대인 남자는 아무도 닮고 싶지 않은 외모를 가지고 있다. (……) 유대인의 얼굴에서 고대나 현대의 중요 인물, 영웅이나 연인의 모습을 상상하기란 불가능하다. 어울리지 않는 무언가, 정확히 말해 우스꽝스러운 인상을 무의식적으로 받을 뿐이다. (……) 하지만 우리에게 가장 불쾌한 것은 유대인이 말할 때 내는 특유의 억양이다. (……) 그 말씨의 날카롭고 쉬쉬거리며 끽끽대는 소리는 우리 귀에 몹시 거슬리게 들린다. 유대인은 우리 국어의 정신과는 다른 방식으로 문장을 구성하고 낱말을 사용한다. (……) 그들의 말을 듣고 있으면, 자신도 모르게 무엇을 말하는가보다 어떻게 말하는지에 더 주목하게 된다. 이 점은 유대인들의 음악 작품이 주는 인상을 설명하는 데에 아주 중요하다. 유대인의 노랫말을 들으면서, 우리는 인간의 모든 감정이 사라진 담화를 듣고 있다는 생각에 기분이 상한다. (……) 개인의 감정이 가장 활기차고 실감나게 표출되는 노래에서 우리가 불쾌한 감정을 느끼는 이유는 유대인이 선천적으로 무미건조한 기질을 타고났기 때문이다. 우리는 노래가 아닌 다른 어떤 예술 분야에서도 유대인의 예술적 소질은 그 자신의

본성에서 부정되고 있음을 깨달을 것이다.[*]

히틀러는 한층 더 세련된 어조로 질투에 가까운 감정을 드러낸다.

젊은이들에게 복장은 교육의 일환이 되어야 한다. (……) 오늘날 육체적인 아름다움이 우리의 어리석은 유행에 의해 뒷전으로 밀려나지 않는다면, 다리가 안으로 굽은 역겨운 유대인 사생아들에게 우리의 수많은 소녀들이 현혹되는 일은 없을 것이다.[**]

이제 용모에서 풍습으로 넘어가 보자. 유대인은 어린아이들을 살해하고 그 피를 마시는 적이다. 이러한 내용은 아주 일찍 언급되었는데, 예를 들어 제프리 초서의 『캔터베리 이야기*The Canterbury Tales*』에는 유대인에게 유괴되어 살해되었다는 트렌토의 성 시모니노와 아주 유사한 어린 소년이 나온다. 그 어린아이는 「오, 구세주의 거룩하신 어머니*O alma Redemptoris Mater*」를 부르며 유대인 거리를 지나다가 납치되어 목이 잘린 채 우물에 버려졌다.

어린아이들을 살해하고 그 피를 마시는 유대인의 이야기는 아주 복잡한 계보를 가진다. 그와 같은 모델이 기독교에서 이단이라는 내부의 적을 만드는 과정에 미리 존재했기 때문이다. 다음의 예시 하나로 충분할 것이다.

저녁에 등불이 켜지고 우리가 그리스도의 수난을 기념할 때, 그들

* 리하르트 바그너, 『음악에서의 유대교*L'ebraismo nella musica*』(1850), 이탈리아어 번역판(번역가 미상), 제노바: Effepi-Quaderni 출판사 ― 원주.
** 아돌프 히틀러, 『나의 투쟁*La mia battaglia*』, 이탈리아어 번역판(안젤로 트레베스 번역), 밀라노: Bompiani 출판사, 1934, chapter 2, 2 ― 원주.

은 자신들의 비밀 의식을 전수했던 소녀들을 어떤 집으로 데려간다. 그러곤 불을 끄는데, 그들이 거기에서 펼칠 추행을 아무에게도 들키고 싶지 않기 때문이다. 그들은 여동생이든 딸이든 상관없이 손에 잡히는 아무 여자에게나 음란한 욕망을 쏟아 낸다. 그들은 핏줄이 같은 사람과의 결합을 금지하는 신의 계율을 위반함으로써 악마를 기쁘게 할 수 있다고 믿는다. 의식이 끝나면 집으로 돌아가서 아홉 달이 지나기를 기다린다. 불경한 씨앗으로 생긴 사악한 자식들이 태어날 때가 되면 그들은 같은 장소로 다시 모인다. 출산하고 사흘이 지나면 어머니에게서 불쌍한 자식들은 빼앗는다. 날카로운 칼로 아이들의 부드러운 팔다리를 자르고 솟구쳐 나오는 피를 잔에다 담는다. 그리고 아직 살아 있는 신생아들을 장작더미에 던져 태운다. 마지막으로 피와 재를 한데 섞어 끔찍한 혼합물을 만든다. 누군가가 벌꿀 술에다 독을 타듯이, 그들은 이것으로 몰래 음식과 음료를 오염시킨다. 그들의 회합은 이러하다.*

이따금 적은 하위 계급에 속하기 때문에 색다르고 추악한 인물로 보인다. 『일리아스』에 나오는 테르시테스(〈휘어진 다리에 한쪽 발은 절름발이고, 굽은 어깨는 가슴 쪽으로 휘었으며, 뾰족한 머리에는 솜털 같은 머리털이 듬성듬성 나 있다.〉, 『일리아스』, Ⅱ, 212)는 아가멤논과 아킬레우스보다 사회적으로 낮은 신분이다. 따라서 테르시테스는 그들을 시기하였다. 에드몬도 데 아미치스의 소설 『사랑의 학교Cuore』에 나오는 말썽꾸러기 프란티는 테르시테스와 별반 다를 게 없다. 테르시

• 미카엘 프셀로스, 『악마의 활동에 대해Sull'attività dei demoni』, 이탈리아어 번역판(움베르토 알비니 번역), 제노바: ECIG 출판사, 1985, chapter 4 ― 원주.

테스가 오디세우스에게 피가 나도록 맞았다면, 프란티는 학교에서 퇴학을 당하게 된다.

그 옆에는 건방지고 심술궂은 얼굴을 가진 프란티라는 아이가 있습니다. 프란티는 이미 다른 학교에서 퇴학을 당한 적이 있습니다. (……) 데로시가 국왕의 장례식에 대해 이야기하는 동안 웃을 수 있는 사람은 단 한 명이었습니다. 프란티가 웃음을 터뜨렸습니다. 나는 그 아이를 증오합니다. 프란티는 못돼먹은 녀석입니다. 어떤 아버지가 그의 아들을 혼내려고 학교에 오면 프란티는 즐거워합니다. 누군가가 울 때는 웃습니다. 가로네 앞에서는 꼼짝 못하고, 덩치가 작은 꼬마 벽돌공은 때립니다. 한쪽 팔을 못 쓰는 크로시를 괴롭히고, 모두가 존경하는 프레코시도 놀려 댑니다. 심지어 로베티까지 조롱합니다. 어린이를 구하느라 목발을 짚게 된 3학년 아이 말입니다. 자기보다 약한 아이들에게는 모두 시비를 걸고, 싸울 때는 무지막지하게 덤벼들어 상처를 입히려고 합니다. 방수포 모자의 챙 아래에 감추어진 좁은 이마와 음울한 눈에는 소름 끼치는 무언가가 있습니다. 녀석은 무서울 것이 없고, 선생님 앞에서도 웃어 댑니다. 틈만 나면 도둑질을 하고 뻔뻔스러운 얼굴로 시치미를 떼며, 늘 누군가와 싸움을 벌입니다. 옆 친구들을 찌르기 위해 학교에 핀을 가지고 다니며, 자기 옷의 단추를 뜯고 다른 아이의 단추도 뜯어 그것을 가지고 놉니다. 그리고 책가방과 공책, 책들은 모두 구겨지고 너덜너덜하고 더럽습니다. 톱니처럼 들쑥날쑥한 자, 질겅질겅 씹어 놓은 연필, 물어뜯은 손톱, 그리고 옷은 싸우면서 생긴 얼룩과 찢긴 자국투성이입니다. (……) 가끔 선생님은 녀석의 나쁜 짓을 못 본 척하시는데, 그러면 그 애는 더 못된 짓을 저지릅니다. 선생님이 좋은 말로 타이르면 시시덕거렸고 심한 말로 꾸중하면 우는 척 손으로 얼굴을 가리고는 웃었습니다. (E. 데 아미치스, 『사랑의 학교』, 10월 25일 / 1월 21일)

선천적 범죄자와 매춘부는 그들의 사회적 위치로 인해 분명히 추함의 본보기가 된다. 그런데 매춘부는 성적인 적대감, 또는 성차별이라는 다른 차원의 세상으로 들어간다. 통치하고 글을 쓰는, 혹은 글을 쓰는 것으로 통치하는 남자는 아주 일찍부터 여자를 적으로 묘사했으며, 사람들이 천사 같은 여자들의 속임수에 넘어가게 내버려 두지 않았다. 오히려 위대한 문학은 아름답고 부드러운 창조물에 의해 지배되었지만, 대중의 상상으로 이뤄진 풍자의 세계는 고대에서부터 중세를 거쳐 현대에 이르기까지 끊임없이 여자를 악마로 만들었다. 여기에서 고대 로마의 풍자시인 마르티알리스의 글을 인용하고자 한다.

노파여, 당신은 300명의 집정관을 거치며 살아왔구나! 이제 그대에게 남은 건 세 가닥의 머리털과 네 개의 치아뿐이고 매미의 가슴, 개미의 다리와 혈색을 가지고 있소. 당신의 드레스보다 더 주름이 많은 이마와 거미줄 같은 젖가슴으로 돌아다니는구려. (……) 당신의 시력은 아침 부엉이의 것과 같고, 몸에선 숫염소의 악취를 풍기고 있소. 그대의 엉덩이는 야윈 오리의 궁둥이와 같으며, (……) 장례식의 횃불만이 그 음부를 뚫고 들어갈 수 있소.•

• 마르쿠스 마르티알리스, 『에피그램Epigrammi』, 이탈리아어 번역판(줄리아나 보이리반트 번역), 밀라노: Bompiani 출판사, 1955 — 원주.

그렇다면 다음의 글은 과연 누가 썼을까?

여자는 불완전한 동물이고, 수많은 불쾌한 격정에 흔들리며, 논리적인 사고는 고사하고 생각하는 것도 끔찍하게 싫어한다. (……) 그녀보다 깨끗하지 않은 동물은 그 어디에도 없다. 더러운 진흙탕 속에서 뒹굴고 있는 돼지조차도 더 깨끗하다. 만약 누구든지 이를 부인하려 한다면, 여자들을 구석구석을 살펴보고 비밀 장소들을 찾아보시라. 수치심을 느낀 여자들은 불필요한 익살을 부려 끔찍한 도구들을 감춘다.

비성직자이고 향락 생활을 경험한 조반니 보카치오가 소설집 『까마귀Corbaccio』에서 위와 같은 구절을 썼다. 그렇다면 중세의 도덕주의자는 바오로 사도의 신념(만약 그러한 유혹을 피할 수 없다면, 육체의 즐거움을 아예 모르는 게 나을 것입니다)을 강조하기 위해, 어떻게 생각하고 무엇을 써야 했을지 상상해 보자. 10세기에 살았던 클뤼니 수도원의 오도 수도원장은 다음을 상기시켰다.

육체의 아름다움은 온전히 피부에 있다. 만약 남자들이 투시해서 안을 들여다보는 보이오티아 스라소니의 능력을 갖추고서 피부 아래를 본다면, 여자를 바라보는 것만으로도 구역질이 일 것이다. 여성의 매력은 가래, 피, 체액, 담즙에 불과할 뿐이다. 콧구멍과 목구멍, 배에다 무엇을 숨기고 있는지 생각해 보라. 어디에나 오물투성이다. (……) 우리는 토사물이나 대변이 손가락 끝에라도 닿을까 호들갑을

떠는데, 어떻게 똥 한 자루나 다름없는 여자를 안으려 하겠는가!•

근대 문명의 걸작인 마녀 만들기로 접어들면, 지금까지의 여성 혐오는 그저 〈평범한〉 것이었다고 말할 수 있다. 마녀의 존재는 분명히 고대 시대에도 알려졌다. 마녀는 호라티우스의 『풍자시*Ser-mones*』와 아풀레이우스의 『황금 당나귀*Asinus aureus*』에서도 언급되었는데, 호라티우스는 〈나는 내 눈으로 직접 카니디아를 보았다. 검은 망토를 두르고 맨발에다 산발한 머리카락의 그 마녀는 사가나와 함께 울부짖었다. 둘 다 창백한 얼굴빛은 무시무시한 인상을 풍겼다(『풍자시』, 1권, no. 8)〉고 썼다. 하지만 중세 시대와 마찬가지로, 고대에서 마녀나 마법사들은 대부분 민간 신앙과 관련된 것이었고 믿거나 말거나 상관없는 일화로 여겼다. 따라서 호라티우스가 살던 시대의 로마는 마녀들을 위협적으로 여기지 않았으며, 중세 시대에도 마법은 여전히 자기 암시 현상이라고 생각했다. 다시 말해, 마녀는 자신 스스로 마녀라고 믿는 사람이라는 것이다. 9세기에 쓰인 『카논 에피스코피*Canon Episcopi*』에 나오는 것처럼 말이다.

환영과 유혹에 이끌려 사탄에 귀의한 몇몇 타락한 여자들은 디아나 여신을 따르는 수많은 여자 무리와 어울려 어떤 짐승들을 타고 다닌다고 믿으며 주장한다. (……) 사제들은 신의 백성에게 이것은 모두 거짓이고, 신자들의 정신에 깃든 그러한 망상은 성령으로 말미암은 것이 아니라 악마의 짓임을 거듭 설교해야 한다. 실제로 사탄은 빛의 천사로 둔갑해서 이 불쌍한 여자들의 마음을 사로잡고 부족한

• 클뤼니의 오도, 『담화집*Collationum*』, 제3권, chapter 133, col. 556, 648 ─ 원주.

신앙심과 불신을 악용해 그녀들을 지배한다.

그런데 근대 초기로 와서는 급기야 마녀들이 모임을 가지고 악마의 잔치를 벌이고 날아다니고 동물로 변한다고 말하기 시작했다. 그래서 마녀는 이단 재판과 화형대로 내몰리는 사회의 적이 되었다. 여기에서 〈마녀 신드롬〉의 복잡한 문제를 다루려는 것은 아니다. 그 연구는 심각한 사회적 위기에 빠졌을 때의 희생양이나 시베리아 샤머니즘의 영향, 전형(典型)의 영속적인 현상을 탐구하는 문제와 관련된다. 우리가 관심을 가지는 것은 이단자나 유대인의 경우와 마찬가지로 적을 만드는 과정에서 반복되는 모델이다. 그리고 이는 16세기 제롤라모 카르다노와 같은 학자들의 이성으로도 뛰어넘을 수 없는 장벽이었다.

계곡에서 밤과 풀로 끼니를 연명하며 살아가는 불쌍한 처지의 여자들이 있다. (……) 이 여자들은 몸이 바싹 마른데다 기형이고 창백한 안색과 퉁방울눈을 가지고 있으며, 음울하고 칙칙한 기운이 시선에서 느껴진다. 그녀들은 말이 없고 산만하며 악령에 사로잡힌 자들과 거의 구별하기 어렵다. 그리고 제 생각을 좀처럼 굽히지 않는데, 절대 일어나지 않았고 일어나지 않을 일들을 사실이라고 믿고, 그러한 확신을 완고하게 고집하기만 한다. (제롤라모 카르다노, 『다양한 실상에 관해De rerum varietate』, 제15권)

박해의 새로운 파도는 나병 환자들에게 몰아쳤다. 카를로 진즈부르그는 『밤의 역사 ─ 악마의 연회 해석Storia notturna: Una decifra-

zione del sabba』(토리노: Einaudi 출판사, 1989, pp. 6~8)에서 1321년 프랑스에서 나병 환자들이 상수도, 분수, 우물에 독을 타서 전 국민을 죽이려 했다는 모함을 받아 화형을 당한 사건을 떠올렸다. 〈나병에 걸린 여자들은 자발적으로 혹은 고문에 못 이겨 범죄를 자백했으며, 임신한 경우를 제외하고 모두 화형에 처해졌다. 임신부들은 아이를 출산하고 젖을 물릴 때까지 격리되었다가 이후 화형을 당했다.〉

이 책을 통해서 흑사병을 퍼뜨린 범인을 지목하고 박해를 가했던 그 전체 과정의 근원을 어렵지 않게 추적할 수 있다. 그런데 진즈부르그는 박해의 또 다른 측면을 기술했는데, 전염성 나병 환자들은 자동으로 유대인 및 사라센인과 동일시됐다는 것이다. 연대기 작가들은 당시 유대인들이 나병 환자들의 공범자였다는 기록을 남겼는데, 그들 중 많은 사람이 나병 환자들과 같이 화형대로 보내졌기 때문이다. 〈지방 사람들은 성직자나 집행관을 부르지 않고 그들 멋대로 판결을 내렸다. 그런 다음 죄인들을 각자의 집에다 가두고 가축과 소지품도 한데 모아 집에다 불을 질렀다.〉

나병 환자들의 대표는 유대인에게 돈으로 매수되었다고 자백했는데, 그 유대인은 식수용 분수의 바닥에 쉽게 가라앉도록 묵직한 자루에다 독약(인간의 피, 오줌, 세 가지 약초, 그리고 축성한 성체로 만들었다)을 담아서 건네주었다고 했다. 그런데 유대인을 보낸 것은 그라나다의 왕(그리고 다른 자료에서는 바빌론의 술탄이 음모에 가담했다고도 전한다)이었다고 말했다. 이렇게 해서 세 부류의 전통적인 적(나병 환자, 유대인, 사라센인)이 단번에 만들어졌다. 네 번째 적인 이단자에 관한 언급은 더욱 상세하게 준비되었는데, 회합에 모인 나병 환자들은 성체에 침을 뱉고 십자가를 짓밟았다고 했다.

이런 종류의 의식은 이후 마녀들에 의해 실행되었다고 전해진다. 14세기에는 이단자들을 심문하는 데에 필요한 초기 교본들이 등장했는데, 베르나르 기*의『이단 심문 안내서*Practica inquisitionis hereticae pravitatis*』나 니콜라스 에이메릭**의『종교 재판 지침서*Directorium Inquisitorum*』 등이 출간되었다. 한편 15세기(피렌체에서는 코지모 데 메디치의 명령으로 마르실리오 피치노가 플라톤을 번역하고, 사람들이 〈드디어, 드디어, 중세가 지나갔어!〉라고 노래하려는 그 시기)에는 1435년과 1437년 사이에 요하네스 니더***의『포르미카리우스*Formicarius*』가 쓰였으며 이후 1473년에 출판되었다. 이 책은 근대적인 의미에서 처음으로 마녀의 다양한 관행을 다루고 있다.

교황 인노첸시오 8세는 1484년에 발표한 교황 칙서「최고의 열정으로 기원하며*Summis desiderantes affectibus*」에서 이러한 관행에 대해 언급했다.

최근 독일의 일부 지역에서 아주 안타까운 소식이 우리에게 전해졌습니다. (……) 자신의 건강을 소홀히 하고 가톨릭 신앙에서 벗어난 남자와 여자들은 주저하지 않고 남자 악령과 여자 악령에게 그들의 육체를 내어 주고 여자들의 자손과 동물들, 땅의 결실들을 죽이

• Bernard Gui(c. 1261~1331). 프랑스 도미니코회의 수도사였으며 로데브 교구의 주교를 지냈다. 많은 저서를 남겼으며 특히 이단 심판관의 자격으로 쓴 작품들이 유명하다. 움베르토 에코의 소설『장미의 이름』에 나오는 같은 이름의 이단 심판관은 이 실존 인물을 모델로 삼았다.

•• Nicholas Eymerich(c. 1316~1399). 스페인 도미니코 수도회에 소속된 신학자로 아라곤 연합 왕국의 종교 재판소장을 지냈다.

••• Johannes Nider(1380~1438). 독일 도미니코회의 수도사, 신학자, 종교 재판관.

거나 쇠약하게 만들고 있습니다. (……) 주술과 주문, 악령 의식, 그리고 다른 끔찍한 마법을 써서 (……) 우리는 적절한 해결책을 가지고 우리에게 맡겨진 의무를 다하고자 합니다. 따라서 타락한 이단의 채찍이 독을 퍼트려 무고한 사람들을 해치지 못하게 막기 위해, 앞서 언급한 종교 재판관 슈프렝거와 크라머에게 그 땅에서 이단을 조사하라는 임무를 내렸습니다.

이후 1486년에 야코프 슈프렝거와 하인리히 크라머는 니더의 『포르미카리우스』에서 영감을 받기도 한 그 악명 높은 『마녀의 망치 *Malleus Maleficarum*』를 발표하게 된다.

제네바 교구에 속한 샌트조리오즈 성당의 안토니아에 대한 1477년 종교 재판 기록은 마녀가 어떻게 만들어지는지, 그 수많은 예시 중의 하나를 우리에게 들려준다.

남편과 가정을 버린 피고인은 마세와 같이 〈라즈 페로이〉라 불리는 계곡 인근의 장소로 갔다. (……) 그곳에 있는 이단자들의 회당에서는 많은 남녀가 서로 구애를 하고 뛰놀고 제멋대로 춤추고 있었다. 그는 그녀에게 로비네라고 불리는 얼굴이 검은 악마를 보여 주며 말했다. 「이 분이 우리의 스승이다. 원하는 것을 얻으려면 경의를 표해야 하는 바로 그분이다.」 피고인은 자신이 어떻게 해야 하는지 물었다. (……) 그러자 마세는 그녀에게 대답했다. 「너의 창조주 신과 가톨릭 신앙과 동정녀 마리아를 부정하고, 로비네라는 이름의 이 악마를 주님이자 스승으로 받아들여라. 그리고 그분이 네게 바라는 것은 무엇이든지 해라.」 이 말을 들은 피고인은 안타까워

했으며 처음에는 따르려고 하지 않았다. 하지만 끝내 그녀는 다음과 같이 말했다. 「나는 나의 창조주 하느님과 가톨릭 신앙과 성스러운 십자가를 끊어 버리고, 악마 로비네를 나의 주님이자 스승으로 받아들입니다.」 그러곤 그 발에 입을 맞추며 악마에게 경의를 표했다. (……) 그러더니 신에 대한 경멸의 표시로 나무 십자가를 땅바닥에 던지고 왼쪽 발로 짓밟아 부서뜨렸다. (……) 그녀는 회당으로 이동하기 위해 길이가 발 하나 반 되는 막대기에다 성합에 담긴 기름을 발랐다. 그녀는 그 막대기를 허벅지 사이에 놓고 말했다. 「가라, 악마에게로 가라!」 그러자 그녀는 잽싸게 허공을 날아 회당이 있는 장소까지 곧장 이동되었다. 그녀는 회당에서 이단자들과 어울려 빵과 고기를 먹고 포도주를 마시고 춤을 추었다고 진술했다. 이제 그들의 스승 악마는 사람에서 검은 개로 변했다. 사람들은 그를 우러러보고 숭배하고 엉덩이에다 입을 맞추었다. 마침내 악마는 초록색 불꽃을 내며 회당을 밝히고 있던 불을 끄고는 큰소리로 외쳤다. 「멕레트! 멕레트!」 그 외침에 남자들은 여자들과 함께 짐승처럼 누웠고 그녀는 앞에서 말한 마세 가린과 같이 누웠다.*

십자가를 모욕하고 항문에 입을 맞추는 등의 상세한 내용이 기록된 이 증언은 150년 전에 있었던 성전 기사단에 대한 재판 증언을 떠올리게 한다. 위의 15세기 재판에서 심문관들이 법정 논쟁의 기준으로 앞선 재판을 따랐다는 것도 놀랍지만, 매우 간략해 보이는 심문의 마지막에서 희생자가 자신에게 불리하게 작용하는 혐의의 사

• 주세피나 바티스티와 에우제니오 바티스티의 저서 『마녀들의 문명 *La civiltà delle streghe*』에서 인용, 밀라노: Lerici 출판사, 1964 ─ 원주.

실을 스스로 수긍했다는 점 또한 놀라운 일이다. 마녀 재판은 적의 이미지를 만들고, 재판 과정에서 끝내 희생자는 하지 않은 일을 했다고 인정할 뿐만 아니라 그 자백 행위를 통해서 정말로 그것을 했다고 믿게 된다. 이와 비슷한 과정이 아서 케스틀러의 『한낮의 어둠 *Darkness at Noon*』(1941)에서 전개되었다. 스탈린 체제 아래의 모스크바 재판에서도 희생자로 하여금 먼저 적의 이미지를 그리게 한 뒤에 그 이미지 안에서 자신을 인식하게끔 했다.

호의적인 대우를 갈망하는 사람들 또한 적으로 만들어진다. 극장과 문학은 동족의 일반적인 이미지와 다르다는 이유로 멸시를 받는 〈미운 오리 새끼〉의 예시들을 보여 준다. 나는 대표적인 사례로 윌리엄 셰익스피어의 희곡 『리처드 3세 *Richard III*』를 인용하고자 한다.

하지만 나는 태어날 때부터 호색과는 거리가 먼데다
거울을 들여다볼 마음도 없게 생겨 먹었다.
(……)
나는 협잡꾼 같은 자연에 속아
신체의 아름다운 균형을 빼앗겨 버렸다.
기형에다가, 미완성이고, 절반도 만들어지기 전에
이 생동하는 세상에 나오고 말았다.
절뚝거리는 모양새가 얼마나 꼴사나웠으면
그 옆을 지나는 개들도 짖어 댄다.
(……)
나는 살아갈 아무런 낙이 없다.
고작해야 햇볕 아래 내 그림자나 보면서

그 추한 몰골을 노래로 읊어 볼 뿐

그러므로 나는 사랑하는 자가 되지 못할 바에야

(……)

차라리 악당이 되기로 마음먹었다.•

적을 만들지 않는다는 것은 불가능하다. 우리는 문명화의 과정을 거치면서도 적의 형상을 지워 버리지 못했다. 평화를 사랑하는 온순한 사람에게도 적의 필요성은 본능적이다. 이 경우 적의 이미지는 인간이라는 대상에서 자본주의 착취나 환경 오염, 제3세계의 빈곤 문제 등을 비롯한, 어떻게 해서든 우리를 위협하고 망가뜨리는 자연적인 힘이나 사회적인 힘으로 단순하게 이동된다. 하지만 이러한 현상들이 미덕을 지닌 경우일지라도, 브레히트가 우리에게 귀띔했듯이, 〈불의에 대한 분노도 표정을 일그러뜨린다〉.••

그렇다면 우리의 도덕관념은 적을 가져야 한다는, 예로부터 전해진 그 필요성 앞에서는 무력한 것일까? 도덕적인 호소는 우리에게 적이 없다고 속이지 않을 때에 가능하다. 다시 말해, 그들을 이해하고 그들의 처지에서 생각할 때 비로소 효력을 가진다. 고대 그리스의 작가 아이스킬로스는 페르시아인들을 증오하지 않았다. 그의 비극 『페르시아인들』은 적국 페르시아를 배경으로 그들의 관점에

• 윌리엄 셰익스피어, 『리처드 3세』, 이탈리아어 번역판(가브리엘레 발디니 번역), 밀라노: BUR 출판사, 1956, 1막 1장 — 원주.

•• 베르톨트 브레히트의 유명한 시 「후손들에게An die Nachgeborenen」에서 따온 표현이다. 본문에 인용된 구절을 포함하는 시 일부를 옮겨 적는다. 〈그러면서 우리는 알게 되었다 / 천박한 것을 증오해도 / 표정이 일그러지고 / 불의를 보고 분노해도 / 목소리가 쉰다는 것을 / 아, 우리는 친절한 우애의 터전을 마련하려 했으나 / 정작 우리 스스로 친절하지 못했다〉

서 전개되었다. 카이사르는 많은 존경심을 가지고 갈리아 사람들을 대했으며, 기껏해야 매번 투항하는 다소 겁쟁이들로 여겼다. 그리고 타키투스는 독일인들을 예찬하였다. 독일인들의 멋진 체격을 칭찬했으며, 그들이 지저분하고 더위와 갈증을 견디지 못해 힘든 일을 꺼린다고 불평하는 데에 그쳤다.

다른 사람들을 이해하려고 노력하는 것은 다름을 부정하거나 무시하지 않는 것이자 우리의 고정 관념을 파괴하는 것이다.

하지만 현실을 직시하자. 적을 이해하려는 이러한 노력은 시인이나 성인, 또는 변절자들의 특권일 뿐이다. 우리의 가장 내밀한 충동은 이와는 아주 다른 방향으로 뻗어 있다. 1968년 미국에서는 『평화의 가능성과 타당성에 관한 아이언 마운틴 보고서Report from Iron Mountain on the Possibility and Desirability of Peace』가 작자 미상(누군가는 갤브레이스가 저자라고 제안하기도 했다)으로 출간되었다*. 이 책은 분명히 전쟁을 반대하고 비판하는 소논문으로 보이겠지만, 전쟁이 불가피하다는 비관적인 견해를 밝히고 있다. 그리고 전쟁이 일어나기 위해서는 싸워야 하는 적이 필요하듯이, 전쟁의 필연성은 적을 규명하고 만들어 내는 필연성과 일치한다는 논리를 편다. 한편 이 책에서 미국 사회 전체의 재전환은 평화 상태에서 불가능하다는 의견이 아주 신중하게 제안되었다. 인간 사회의 조화로운 발전의 토대를 마련하는 것은 전쟁뿐이기 때문이다. 전쟁의 조직적인 소모전은 사회의 원활한 흐름을 조절하는 배출구를 제공한다. 그리고 전쟁은 공급의 문제를 해결하는 데에 있어 견인차 구실을 한다. 또한 전

---

* 레너드 C. 르윈 감수, 뉴욕: The Dial Press, 1968 / 이탈리아어 번역판, 밀라노, Bompiani 출판사, 1968 — 원주.

쟁은 한 공동체가 자신을 〈국가〉로 인식하게 한다. 전쟁의 견제 세력이 없다면 정부는 합법적인 자신의 영역을 설정할 수도 없을 것이다. 오직 전쟁만이 계급 간의 균형을 보장하고 반사회적인 요소들을 해결하고 이용하게 한다. 평화는 젊은이들의 불안정과 비행을 생산하지만, 전쟁은 그들에게 〈지위〉를 부여하면서, 통제하기 어려운 모든 힘을 가장 정당하게 사용하는 길로 안내한다. 군대는 사회에 적응하지 못하는 자들과 버림받은 사람들에게 마지막 희망이다. 생명과 죽음의 힘을 거머쥔 전쟁 시스템만이 사회 조직에서 비주류에 속하는 다른 기관들도 피의 대가를 치르게끔 한다. 환경적인 시각에서 볼 때, 전쟁은 잉여 생명체들을 배출하는 배기관 역할을 한다. 19세기까지는 전쟁에서 가장 용감한 사회 구성원들은 죽고 보잘것없는 사람들이 살아남았다면, 현대의 기술은 도심지에 폭격을 퍼부어 이 문제 역시 해결하게 되었다. 폭격은 영아 살해 의식이나 종교적인 금욕, 생식기 절단, 사형 제도의 확대보다 더 뛰어나게 인구 증가를 제한한다. 게다가 갈등 상황이 극으로 치닫는 가운데, 진정한 〈인본주의〉 예술이 발전하게끔 이끄는 것도 결국 전쟁이다.

사정이 이러하다면, 적 만들기는 치열하고 쉼 없이 진행되어야 한다. 조지 오웰은 소설 『1984』(1949)에서 이와 관련해 아주 탁월한 예시를 보여 주고 있다.

다음 순간 끔찍한 소음이 마치 기름을 치지 않은 거대한 기계가 굴러가듯, 방 끝에 있는 커다란 텔레스크린에서 터져 나왔다. 그 소음에 이가 떨리고 목덜미의 머리카락이 뻣뻣해졌다. 〈증오〉가 시작된 것이다.

여느 때처럼 인민의 적인 임마누엘 골드스타인의 얼굴이 화면에 나왔다. 사람들의 야유가 여기저기서 터져 나왔다. 옅은 갈색 머리카락의 작은 여자는 두려움과 혐오감이 뒤섞인 비명을 질렀다. 골드스타인은 변절자이자 반동분자로, 아주 오래전에는 (……) 당의 지도급 인물이었다. (……) 하지만 반혁명 활동에 가담하여 사형을 선고받았다가 기적적으로 탈출하여 종적을 감추었다. (……) 그는 최악의 배신자였고 당의 순수성을 가장 먼저 모독한 사람이었다. 그후에 당을 거역하며 일어난 모든 범죄, 즉 반역, 파업 행위, 이단, 탈선 등은 그의 가르침을 따른 것이다. 그는 세상 어딘가에 아직도 살아서 음모를 꾸미고 있다. (……)

윈스턴의 호흡이 거칠어졌다. 그는 골드스타인의 얼굴을 볼 때마다 고통스러운 감정이 일었다. 골드스타인은 유대인의 야윈 얼굴이었으며 커다란 후광같이 곱슬곱슬하고 하얀 머리에다 조그만 염소수염을 달고 있었다. 언뜻 보기에 지혜로워 보였지만, 끝 부분에다 안경을 걸치고 있는 길고 날카로운 콧등에는 노인의 어리석음이 서려 있어 천성적으로 어딘가 야비한 인상을 풍겼다. 그의 얼굴은 염소를 닮았으며 목소리조차 염소의 울음소리 같았다. 골드스타인은 언제나처럼 당의 정책에 대해 악의에 찬 공격을 퍼붓고 있었다. (……) 그는 유라시아와의 즉각적인 평화 협정을 요구하고 언론의 자유, 출판의 자유, 집회의 자유, 사상의 자유를 옹호했으며 혁명이 배반당했다고 신경질적으로 외쳤다. (……)

증오가 시작된 지 30초도 안 되어 방 안에 있던 사람 중 절반이 억제하지 못한 분노를 터뜨렸다. (……)

2분이 되자 증오는 광기로 변했다. 사람들은 자리에서 위아래로 펄

쩍펄쩍 뛰면서 스크린에서 나오는 미칠 것 같은 염소 소리를 잡아먹을 기세로 목청껏 소리를 질러댔다. 갈색 머리의 그 작은 여자는 벌겋게 달아오른 얼굴로 마치 물 밖에 나온 물고기처럼 입을 뻐끔거렸다. (……) 윈스턴의 뒤에 앉아 있는 검은 머리 여자는 〈돼지! 돼지! 돼지!〉하고 소리를 지르더니 별안간 묵직한 신어(新語)사전을 집어 들어 스크린을 향해 내던졌다. 사전은 골드슈타인의 코를 맞고 떨어졌다. 아우성은 끊임없이 계속되었다. 윈스턴은 제정신이 들자, 자기도 다른 사람들과 함께 고함을 지르고 발뒤꿈치로 의자의 가로대를 마구 차고 있다는 것을 알아차렸다. 이 〈2분간의 증오〉가 끔찍한 것은 어쩔 수 없이 의무적으로 가담해야 한다는 것이 아니라, 저절로 거기에 휘말려 들어간다는 것이다. (……) 공포와 복수심의 소름 끼치는 도취, 큼직한 쇠망치로 때려죽이고, 괴롭히고, 얼굴을 짓이기고 싶은 욕망이 전류처럼 모든 사람에게 퍼져서 사람들은 제 뜻과는 상관없이 얼굴을 찡그리고 비명을 지르는 광적 상태로 빠져드는 것이다.*

우리가 적을 필요로 하는 존재임을 인식하기 위해, 『1984년』의 광기를 들먹일 필요는 없을 것이다. 우리는 국내로 유입되는 새로운 이민자들을 향한 두려움을 목격하고 있다. 최근 이탈리아에서는 일부 구성원의 그릇된 행위를 민족 전체의 특징으로 확대하면서 루마니아인들을 적의 이미지로 그리고 있다. 이렇게 함으로써 변화의 과정(인종을 포함하여)에 휩쓸려 자신을 인식할 수 없는 사회를 위한 이

* 조지 오웰, 『1984』, 이탈리아어 번역판(가브리엘레 발디니 번역), 밀라노: Mondadori 출판사, 1950 — 원주.

상적인 희생양을 준비하는 것이다.

이와 관련해 장 폴 사르트르는 희곡 『닫힌 방Huis clos』*에서 가장 비관적인 시각을 보여 주고 있다. 우리는 다른 이들의 현존을 통해서 비로소 우리 자신을 인식할 수 있으며, 여기에 근거하여 공존과 순응의 규율들이 세워진다. 그런데 우리는 다른 이들에게서 못마땅한 구석을 더 쉽게 발견한다. 그들은 우리와 같을 수 없기 때문이다. 따라서 우리는 그들을 적으로 만들고 지상에다 산 자들의 지옥을 건설한다. 사르트르의 작품에서 3명의 남녀는 죽은 뒤에 출구가 없는 한 방에 갇히게 된다. 이후 그들 중 한 명은 그곳에서 무서운 사실을 깨닫게 된다. 바로 가장 끔찍한 지옥은 그들 서로라는 것, 즉 타인이 곧 지옥이라는 것이다.

얼마나 단순한지 알게 될 것이다. 순무처럼 무미한 단순함. 육체적인 고통은 없다. 멋지지 않은가? 하지만 우리는 지옥에 있다. 다른 이는 아무도 이곳에 올 수 없다. 그 누구도. 영원히 언제까지나 우리 셋만 이 방에 있을 것이다. (……) 요컨대 지옥의 형벌을 내릴 고문관도 없다. (……) 하지만 여기에 모든 것이 있다. (……) 우리 각각은 다른 두 사람에게 지옥의 고문과 같다.

2008년 5월 15일 볼로냐 대학교에서 열린 〈고전의 밤〉에서 발표. 이후 이바노 디오니지 교수의 『정치 찬가Elogio della Politica』(밀라노: BUR 출판사, 2009)에 실림.

• 장 폴 사르트르, 『닫힌 방』, 이탈리아어 번역판(마시모 본템펠리 번역), 밀라노: Bompiani 출판사, 1960 — 원주.

절대와 상대

내가 발표할 강연의 끔찍스러운 제목을 듣고도 오늘 밤 이곳을 찾은 여러분들은 모든 것을 각오한 사람일 것입니다. 그럴지라도 절대와 상대의 개념에 관한 진지한 강연은, 그 개념들에 대한 논쟁의 역사가 그러하듯 적어도 2,500년간은 계속되었을 것입니다. 올해 밀라네지아나 축제의 주제는 〈절대에 대한 투쟁〉입니다. 당연히 나는 〈절대〉라는 말이 무엇을 의미하는지부터 생각해 보았습니다. 모름지기 철학가라면 가장 기본적인 질문부터 시작해야 할 테니까요.

밀라네지아나 축제의 다른 행사에는 참석하지 못했기에, 나는 절대에 관해 다룬 예술가들의 작품을 인터넷에서 검색해 보았습니다. 르네 마그리트의 「절대 인식La connaissance absolue」을 비롯해 그 외의 다른 작가들이 완성한 절대의 이미지를 보았으며, 〈앱솔루트 보드카〉와 같은 광고 이미지도 여럿 보였습니다. 말하자면, 〈절대〉는 아주 잘 팔리는 이름인 듯했습니다.

절대의 개념은 그와 반대편에 있는 상대의 개념을 떠올리게도 합니다. 고위 성직자들과 일부 비종교인 사상가들까지 합류해서 소위 상대주의에 맞선 운동을 벌인 이래 상당히 유행하게 된 개념입니다. 베를루스코니가 〈공산주의〉란 말을 쓰듯이, 비방하고 헐뜯기 위해 경멸적인 의미로 사용되기도 했습니다. 그런데 오늘 나는 여러분에게 그 개념들을 명료하게 이해시키기보다는 더 혼란스럽게 만들려고 합니다. 상황과 관계에 따라서 이 용어들이 각각 아주 다른 것들을 의미한다는, 그러니까 야구 방망이라는 단어처럼 한 가지 의미로만 사용되지 않는다는 사실을 상기시키면서 말입니다.

철학 사전에 따르면, 절대라는 말은 연결이나 경계에서 자유로운, 〈얽매이지 않는ab solutus〉 모든 것을 뜻한다. 즉 다른 것에 종속되지 않고 그 자체로 이유와 근거를 가지며 설명되는 무엇이다. 따라서 신이 〈나는 존재하는 자다ego sum qui sum〉라고 밝힌 의미에서 볼 때, 절대는 신과 매우 유사한 무엇이다. 그 외의 나머지는 모두 우연적이며 그 자체로 존재의 필연성, 이유와 근거를 가지지 못한다. 그래서 설령 (우연히) 지금 존재하더라도 태양계나 우리 모두가 그러하듯, 존재하지 않거나 내일이면 존재하지 않을 것이라고 말하는 편이 나을 수도 있다.

우리는 우연의 존재들이기에 죽어야 할 운명을 가진다. 따라서 우리는 사라지지 않는 무엇, 즉 절대와 연결되어 있다는 생각을 절실하게 필요로 한다. 하지만 이 절대는 성경 속의 신성과 마찬가지로 추상적이거나 초월적일 수 있다. 그러므로 스피노자나 조르다노 브루노를 언급하지 않더라도, 우리는 이상주의 철학가들과 더불어 절대의 일부가 될 수 있다. 셸링의 이론을 예로 들자면, 절대는 의식의 주체와 자연이나 세상처럼 한때 주체와는 관계없는 것으로 여겨지던 객체의 굳건한 통합일 것이기 때문이다. 그 절대 안에서 우리는 신과 동일시되고 아직 완료되지 않은 무언가의 일부가 된다. 다시 말해 우리는 어떠한 과정과 발전, 무한한 성장, 그리고 끝없는 자기 인식 안에 있다. 그런데 만약 이 말이 사실이라면, 우리는 절대를 정의할 수도 인식할 수도 없을 것이다. 우리는 그것의 일부이기 때문이다. 절대를 이해하려는 시도는 늪에 빠진 허풍선이 남작이 자신의 머리카락을 끌어 늪지에서 빠져나오는 것과 같을 것이다.

그렇다면 다른 대안은 〈절대〉가 우리가 아닌 다른 것으로, 우리에게 의존되지 않는 다른 곳에 있는 무엇으로 생각하는 것이다. 자기 자신을 〈사유〉하는 아리스토텔레스의 신과 같거나 제임스 조이스가 『젊은 예술가의 초상A Portrait of the Artist as a Young Man』에서 언급한 존재와 같다. 다시 말해, 〈자기 작품의 안이나 뒤, 또는 그 너머나 그 위에서 보이지 않게 숨어 태연하게 손톱이나 다듬고 있는〉 존재인 것이다. 실제로 15세기의 니콜라우스 쿠사누스는 『학식 있는 무지에 관하여De docta ignorantia』에서 〈신은 절대자다Deus est absolutus〉라고 말했다.

하지만 쿠사누스는 신은 절대자이기 때문에 완전히 닿을 수 없는 존재라고 말했다. 우리의 인식과 신의 관계는 다각형과 그에 외접하는 원의 관계와 같다는 것이다. 순차적으로 변의 개수를 늘려가면 다각형은 원에 가까워지지만, 그것은 어디까지나 다각형일 뿐 원은 아니다. 다각형과 원주는 절대 같을 수 없다. 쿠사누스는 신은 중심이 어디에나 있고 원주가 아무 데도 없는 원과 같다고 정의했다.

그런 원을 상상할 수 있을까? 불가능한 일이다. 하지만 우리는 지금 내가 하고 있는 것에 이름을 붙일 수는 있다. 그리고 기하학적으로 불가능하거나 상상할 수 없는 경우가 아니라면, 내가 기하학과 연관된 무언가를 말하고 있다는 것을 여러분은 이해할 것이다. 그러므로 우리가 무언가를 이해할 수 있다는 것과 이해하지 못하더라도 그것에 이름을 달고 의미를 부여하는 것에는 차이가 있다.

말을 사용해서 그것에 어떤 의미를 부여하는 것은 무슨 의미일까? 많은 의미가 있다.

A. 사물이나 상황, 사건을 인식하는 설명이다. 예를 들어 〈개〉나 〈발을 헛디디다〉라는 말은 개를 인식하고 고양이로부터 구별하기 위해, 그리고 발을 헛디디는 것이 뛰는 것과 다르다는 것을 이미지의 형태로도 기술하고 있다.

B. 정의나 분류를 한다. 개에 대해 정의와 분류를 할 수 있을 뿐만 아니라, 〈과실 치사〉와는 구분되는 〈고의적 살인〉과 같은 사건이나 상황에 대해 정의하거나 분류한다.

C. 어떤 대상의 백과사전적인 정보나 실상, 기타 특징들에 관해 알게 한다. 가령 나는 개가 충직하고 사냥에 뛰어나고 집을 잘 지킨다는 점을 알고 있다. 그리고 고의적 살인은 형법에 따라 특정한 판결을 받을 수 있다는 사실을 안다.

D. 가능하다면, 해당 사물이나 사건이 어떻게 만들어지는지에 대해 설명한다. 나는 옹기장이가 아닐지라도 항아리가 어떻게 만들어지는지 알고 있기에 〈항아리〉라는 용어의 의미를 알고 있다. 그리고 〈참수형〉, 〈황산〉과 같은 용어도 마찬가지다. 반면 〈뇌〉와 같은 용어는 A와 B의 의미와 C의 일부 특징을 알지만, 어떻게 만드는지는 알지 못한다.

내가 알고 있는 A, B, C와 D의 속성들에 대한 훌륭한 예시가 찰스 샌더스 퍼스에 의해 제시되었다. 그는 다음과 같이 리튬을 정의하였다.

만약 당신이 리튬의 정의를 찾기 위해 화학 교과서를 본다면 원자량 7에 아주 근접하는 원소라는 말을 읽을 것이다. 그런데 저자가 더욱 논리적인 생각을 하는 사람이라면 다음과 같은 설명을 읽을 수 있다. 리튬은 유리 같은 물질로 반투명하고 회색이나 흰색을 띠며 매우 딱딱하고 깨지기 쉬우며 불용성이다. 불꽃이 일지 않는 불에 넣으면 진홍색 불꽃을 내게 한다. 이 광물을 석회나 가루 쥐약과 같이 가루로 빻아 섞으면 염산에 어느 정도 녹는다. 그리고 이 용액을 증발시킨 잔류물을 황산으로 처리하여 적절하게 정제시키면 염화물로 변화된다. 이 고체 상태의 염화물을 6개의 강력한 전지로 전기 분해하고 융합하면 휘발유 위에 뜨는 분홍빛을 띤 은색의 작은 덩어리를 얻게 될 것이다. 이 물질은 리튬의 견본이 된다. 이러한 정의(혹은 정의를 위한 보다 유용한 수칙)의 특징은 리튬이라는 말의 의미를 설명하면서 대상에 대해 지각 가능한 지식을 얻는 방법을 전달한다는 것이다. (『전집Collected Papers』, 2권, 330)•

위의 정의는 용어의 의미에 대해 완벽하고 충분하게 진술한 좋은 사례다. 하지만 우리가 알고 있는 다른 표현들은 흐릿하고 모호한 의미를 가지며 명료성이 떨어진다. 가령 〈가장 높은 짝수〉라는

• C. S. 퍼스, 『전집Opere』, 이탈리아어 번역판(마시모 A. 본판티니, 잠파올로 프로니 번역), 밀라노: Bompiani 출판사, 2003 — 원주.

표현도 짝수는 둘로 나눌 수 있다는 점을 알고 있고(따라서 가장 높은 홀수로부터 이를 구별하는 수준에 있는), 가장 높은 짝수를 만드는 어렴풋한 지식(짝수에서 홀수를 분리하여 더 높은 숫자의 세기를 상상할 수 있다는 의미에서)이 기반이 되어야 의미를 가진다. 우리가 깨닫기만 하고 닿을 수 없는 것은 꿈속에서 가질 수 없는 무언가를 움켜쥐는 것과 같다. 〈어디에나 중심이 있고 원주가 아무 데도 없는 원〉과 같은 표현은 부합하는 대상을 만들 어떠한 규칙도 제시하지 않는다. 정의를 내릴 수 없을 뿐만 아니라, 상상해 보려는 헛된 시도는 머릿속에 현기증만 일으킬 뿐이다. 〈절대〉를 정의하는 표현은 결국 동어를 반복하는 정의(우연이 아닌 것이 절대이고, 절대가 아닌 것이 우연이다)일 뿐 서술이나 설명, 분류를 제시하지 않는다. 따라서 우리는 그에 일치하는 무엇을 만들 지침을 생각할 수 없으며, 그것의 어떠한 특징도 알지 못한다. 다만 그것은 모든 것을 갖추고 있으며, 캔터베리의 안셀무스 성인이 말한 〈그보다 더 큰 것은 생각할 수 없는, 저편의 무언가id cujus nihil majus cogitari possit〉라고 추측할 뿐이다. 같은 맥락에서 폴란드의 피아니스트 아르투르 루빈스타인은 〈내가 신을 믿을까? 아니다. 내가 믿는 것은…… 훨씬 더 위대한 무엇이다〉라는 말을 남겼다. 우리가 신을 이해하려는 시도에서 상상할 수 있는 것은 기껏해야 암흑 속에서 모든 암소는 검다고 여기는 것이다.

분명히, 우리는 이해할 수 없는 것에 이름을 붙일 수 있을 뿐만 아니라 시각적으로 묘사할 수도 있다. 하지만 이 이미지들은 상상할 수 없는 것을 묘사하지 않는다. 이해할 수 없는 무언가를 상상하도록 단순히 부추기고는 결국 우리의 기대를 좌절시킨다. 그 이미지들을 이해하려는 우리의 무익한 시도는 단테가 『신곡』 천국편의 마지막 노래(제33곡, 82~96)에서 표현한 바로 그 무력감을 경험하게 한다. 단테는 신성을 응시했던 순간에 그가 본 것을 우리에게 설명하려고 했으나 그럴 수 없었다. 무한을 엮은 한 권의 책이라는 흥미로운 비유에 의지할 수밖에 없었다.

오, 풍성한 은총이여, 이로써 나는
영원의 빛에다 시선을 두었고,
거기서 나의 시력은 기운을 다하였구나!

그 심오한 곳에서 나는 보았노라,
전 우주에 흩어져 있는 것들이
한 권의 책 안에 사랑으로 엮여 있음을

실체와 우연과 그 작용들이
모두 하나로 녹아 있는 듯했기에
내가 하는 말은 그저 한 가닥 빛일지니

매듭으로 엮인 우주의 형상을
나는 보았다고 믿는 까닭에
이를 말하는 내 마음은 더욱 벅차오르니

아르고의 그림자가 포세이돈을 놀라게 했던
저 계략에 이십오 세기가 흐른 것보다
그 한순간이 나에게는 더 깊은 혼수(昏睡)의 상태로다

그리고 그 무력감은 시인 자코모 레오파르디가 「무한*L'infinito*」을 노래하면서 느낀 감정과 다르지 않다. 〈나의 생각은 이 광대함 속으로 빠져든다 / 그리고 이 바다로의 침몰은 달콤하다〉

바로 이런 이유로, 절대에 관해 이야기하려고 예술가들이 밀라네지아나 축제에 모인 것이다. 이미 위(僞) 디오니시우스는 〈신성한 자는 우리가 이해하지도 다다르지도 못할 만큼 우리와 멀리 떨어져 있기에 은유와 암시를 통해 말해져야 한다. 하지만 무엇보다도 우리 언어의 부족함을 분명하게 드러내면서 부정적인 상징들과 대조적인 표현들을 통할 수밖에 없다〉고 했다.

그리고 그들은 아주 비천한 사물들의 이름, 가령 향기로운 기름이나 주춧돌 등으로도 그를 부른다. 또한 사나운 짐승의 형태까지 갖다 붙이는데, 그는 표범이나 화난 곰과 같을 것이라고 말하면서 사자와 표범의 성격에 비유하기도 한다. (『천상계서론*De coelesti hierarchia*』, Ⅱ, 5)

일부 순진한 철학가들은 오직 시인만이 〈존재〉나 〈절대〉가 무엇인지 우리에게 말해 줄 수 있다고 제안했다. 그러나 시인들은 사실 불명확함만을 표현한다. 스테판 말라르메는 〈대지에 대한 오르페우스적인 설명〉*을 표현하기 위해 평생을 바친 시인이었다.

• 존재와 언어의 순수성으로 시의 이상을 추구했던 말라르메는 폴 베를렌에게 보낸 편지에서 시인의 유일한 임무는 〈대지에 대한 오르페우스적인 설명〉이라고 밝힌 바 있다.

나는 한 송이 꽃이라고 말한다. 나의 음성은 아무런 윤곽도 드러내지 않는 망각 속에서, 익숙한 꽃받침과는 다른 무엇으로, 아무런 향기도 없는 온화한 관념 그 자체가 되어 음악적으로 떠오른다. (「운문의 위기*Crise de vers*」, 1895)

사실 위의 구절은 해석이 불가능하다. 어떤 언어를 선택하여 말하는 것은 그 언어를 둘러싼 여백 속으로 홀로 고립되는 것이기에, 부재의 형태 아래서 무언(無言)의 총체를 불러일으킨다고만 전하고 있다.

어떤 대상을 지명하는 것은 천천히 추측하는 기쁨으로 이루어진 시에서 그 힘의 4분의 3을 제거하는 것이다. 암시하는 것. 이것이 바로 꿈이다. (『문학의 발전에 관해 ― 쥘 위레와의 대담에서*Sur l'évolution littéraire : Réponse à l'enquête de Jules Huret*』, 1891)

말라르메는 평생 이 꿈을 좇으며 살았지만, 그의 꿈은 닿을 수 없는 곳에 있었다. 단테는 처음부터 우리의 무능함을 인정했으며, 유한한 의미로 무한을 표현하려는 것은 사악한 교만이라고 인식했다. 그는 우리의 부족함을 시로 밝히면서, 즉 시는 표현할 수 없는 것을 말하는 것이 아니라 그 표현의 불가능성을 말하는 것이라 고백하면서 시의 무능함을 부인하였다.

단테는 위(僞) 디오니시우스나 니콜라우스 쿠사누스와 마찬가지로 신앙인이었다. 그런데 절대자를 믿으면서 그 절대자가 상상할 수 없고 정의할 수 없는 존재라고 단언할 수 있을까? 물론이다. 절대자에 대한 상상과 정의가 절대자에 대한 감정, 그러니까 〈희망하는 사물들의 실체이자 보이지 않는 것들의 증명〉(『신곡』 천국편, 제24곡, 64~65)과도 같은 신앙으로 대체된다면 말이다. 엘리 위젤*은 이번 밀라네지아나 행사에서 〈신과 말하는 것은 가능하지만, 신에 대해 말하는 것은 불가능하다〉는 프란츠 카프카의 말을 언급했다. 만약 〈절대〉가 철학적으로 모든 암소가 검게 보이는 밤이라면, 산 후안 데라 크루스**와 같은 신비주의자에게 절대는 〈어두운 밤〉(오, 나를 인도하는 밤, / 여명보다 더 자비로운 밤)이고 형언할 수 없는 감정의 근원일 것이다. 산 후안 데라 크루스는 시를 통해 그의 신비스러운 체험을 표현했다. 형언할 수 없는 절대 앞에서, 우리는 이 불만스러운 긴장이 완성된 형태 안에서, 물질적으로 해결될 수 있다는 사실에 마음을 놓을 수 있다. 이와 같은 맥락에서 존 키츠는 그의 「그리스 항아리에 부치는 시 Ode on a Grecian Urn」에서 아름다움을 보는 것으로 절대에 대한 체험을 대신하였다.

아름다움은 진리고, 진리는 아름다움이다.
이것이 우리가 이 세상에서 알고 있고, 알 필요가 있는 모든 것이다.

이와 같은 대안은 유미적인 종교를 따르려고 마음먹는다면 문제없을 것이다. 그런데 산 후안 데라 크루스는 그에게 성취 가능한 유

---

* Elie Wiesel(1928~). 미국의 유대계 작가이자 교수, 인권 운동가로 1986년 노벨 평화상을 받았다. 아우슈비츠 강제 수용소의 참상을 고발한 자전적 소설 『밤 La Nuit』(1959)로 주목을 받았다.
** San Juan de la Cruz(1542~1591). 스페인의 가톨릭 사제이자 신비주의 시인으로 아빌라의 성녀 테레사와 같이 수도원 〈맨발의 카르멜회〉를 설립했다.

일한 진리를 보장하는 것은 사실상 절대에 대한 신비스러운 체험뿐이었다고 암시한다. 이는 많은 신앙인이 다음과 같은 생각을 확신하게 이끌었다. 절대를 인식하는 가능성을 부정하는 철학가들은 자동으로 진리의 모든 기준을 부정하는 것이다. 또는 진리의 절대적인 기준이 존재하지 않는다는 견해는 절대를 체험하는 가능성을 부정하는 것이라고 말이다. 하지만 철학이 절대를 인식하는 가능성을 부정하는 것과 진리의 모든 기준을 부정하는 것은 별개의 문제다. 심지어 진리의 기준은 우연한 세상과 관련된 것이기도 하다. 그렇다면 과연 진리와 절대에 관한 체험은 이처럼 불가분의 관계에 있는 것일까?

어떤 것이 사실이라는 믿음은 인간의 생존에 필수적이다. 다른 사람의 말이 사실인지 거짓인지를 가려서 생각할 수 없다면 사회적인 삶은 불가능할 것이다. 가령 〈아스피린〉이라고 쓰인 상자에 〈스트리크닌〉이 들어 있지 않다는 사실을 믿을 수조차 없을 것이다.

진리의 거울 이론은 〈실상과 지성 간의 일치adaequatio rei et intellectus〉로, 우리의 정신은 거울과 같아서 왜곡되거나 퇴색되지 않고 제대로 기능한다면, 있는 그대로의 사물을 충실하게 반영해야 한다고 규정한다. 이는 아퀴나스의 이론일 뿐만 아니라, 레닌이 『유물론과 경험 비판론』(1909)에서 주장하기도 했다. 따라서 토마스 아퀴나스는 레닌주의자일 수 없기에 철학적으로 레닌은, 물론 자신은 인지하지 못했겠지만, 신(新)토마스주의자가 되는 셈이다. 실제로 우리는 무아의 상태일 때를 제외하고, 우리의 정신이 무엇을 비추는지 말하게 되어 있다. 그렇지만 우리는 사물 자체가 아니라 사물의 상태를 언급한 진술을 사실(혹은 거짓)이라 정의한다. 알프레드 타르스키의 유명한 명제 〈눈은 희다〉는 눈이 흴 때에만 참이다. 논란의 여지가 더 많은 눈의 흰색은 접어 두고 다른 예를 들어 보자. 가령 〈비가 오고 있다〉는 명제는 〈밖에서 비가 오고 있을 때〉에만 사실인 것이다.

〈비가 오고 있다〉는 진술은 언어적인 명시고 그 자체 외에 다른 것을 표현하지 않지만, 〈밖에서 비가 오고 있다〉는 두 번째 진술은 실제의 상황이 어떠한지 묘사하고 있다. 그렇지만 당위적으로 사물의 상태가 다시 말로 표현된 것이다. 이러한 언어적인 중재를 피하려면, 〈비가 오고 있다〉는 말은 거기에 그 사물이 있을 때(떨어지는 비를 가리키며) 사실이라고 말해야 할 것이다. 하지만 표현의 대상이 〈비〉라면 시각적 수단을 동원한 이러한 진술 방법이 실행될 수 있겠지만, 〈지구는 태양 주위를 돈다〉는 명제에다 적용하기는 쉽지 않을 것이다. 우리의 감각은 완전히 반대로 느껴지기 때문이다.

그 명제가 사물들의 특정한 정황에 일치하는지 가리기 위해서는, 먼저 〈비〉라는 용어가 해석되고 그에 대한 정의가 갖춰져야 한다. 다음과 같은 설정이 필요할 것이다. 1) 위에서 떨어지는 물방울을 모두 비라고 할 수 없다. 누군가가 꽃에 물을 주다가 발코니에서 물방울을 뿌릴 수도 있기 때문이다. 2) 물방울의 농도는 안개나 서리와 구별되게 일정 수치 이상이 되어야 한다. 3) 그 느낌은 지속적이어야 한다. 그렇지 않으면 비가 올 듯하다가 흐지부지되었다고 말할 것이다. 우리는 이런 여러 기준들을 설정하고서 경험적인 증명으로 나아간다. 비는 누구나 인지할 수 있기에 창밖으로 손을 내밀어 우리의 감각에 맡기는 것으로 충분할 것이다.

하지만 〈지구는 태양 주위를 돈다〉는 명제의 경우 그 증명 과정은 더욱 복잡하다. 그렇다면 다음의 명제들에서 〈사실〉이라는 말은 어떤 의미를 가질까?

1. 나는 배가 아프다.
2. 나는 간밤에 비오 성인이 나오는 꿈을 꾸었다.
3. 내일 분명히 비가 올 것이다.
4. 세상은 2536년에 끝날 것이다.
5. 사후의 삶이 있다.

명제 1과 2는 주관적인 사실을 표현하고 있다. 그런데 〈배가 아프다〉는 분명하고 강한 감각이지만 간밤에 꾼 꿈을 떠올리는 나의 기억은 정확하다고 확신할 수 없다. 더욱이 두 명제는 다른 사람들이 증명할 수 없는 것이다. 물론 의사는 실제로 내가 위염을 앓고 있는지 혹은 우울증 환자인지 몇 가지 도구로 검사할 수 있겠지만, 정신 분석학자는 꿈에서 비오 성인을 봤다는 말의 진위를 가리기가 쉽지 않을 것이다. 나는 얼마든지 그를 속일 수 있기 때문이다.

명제 3, 4와 5는 곧장 증명할 수 없다. 내일 비가 올지는 내일이면 증명할 수 있지만, 2536년에 세상이 끝날 것이라는 명제는 다루기 힘든 문제다. 우리는 예언자와 기상 예보관의 신뢰성을 구분하기 때문이다. 명제 4와 5의 차이에서, 4는 적어도 2536년에는 참인지 거짓인지 증명할 수 있겠지만, 5는 〈세세에 영원히per saecula saeculorum〉경험적인 판단이 불가능할 것이다. 이제 다음의 명제들을 살펴보자.

6. 모든 직각은 반드시 90도다.

7. 물은 언제나 섭씨 100도에 끓는다.

8. 사과는 속씨식물이다.

9. 나폴레옹은 1821년 5월 5일에 죽었다.

10. 우리는 태양의 길을 따라가다가 해안에 닿는다.

11. 예수는 신의 아들이다.

12. 성경의 정확한 해석은 교회의 교도권magisterium에 의해 결정된다.

13. 배아는 이미 인간이고 영혼을 가진다.

위에서 일부 명제는 우리가 정해 놓은 규칙에 따라서 사실이거나 거짓이다. 〈직각은 90도다〉는 유클리드 기하학 원론의 공준postulate 안에서 사실이고, 〈물은 섭씨 100도에 끓는다〉는 귀납적인 일반화를 통해 완성한 물리학 법칙을 받아들임과 동시에 섭씨온도라는 정의를 기반으로 하여 사실이다. 그리고 〈사과는 속씨식물이다〉는 식물학 분류의 기준에 따를 때에만 사실로 인정된다.

그리고 명제 9는 우리 이전의 사람들이 확인한 증명에 신뢰를 두어야 한다. 우리는 나폴레옹이 1821년 5월 5일에 사망했다고 믿는다. 역사책이 우리에게 알려 주는 내용을 받아들이기 때문이다. 하지만 당장 내일이라도 영국 해군성의 문서 보관실에서 그동안 알려지지 않았던 문서가 발견되어 나폴레옹이 다른 날짜에 죽었다고 증언할 가능성을 언제나 열어 두어야 한다. 이따금 우리는 실리적인 이유에서 거짓이라고 알고 있는 생각을 사실로 선택하기도 한다. 예를 들어, 사막에서 방향을 잡기 위해 태양은 동쪽에서 서쪽으로 움직이는 것이 사실이라고 여긴다.

종교적인 성격의 명제는 진위 판단이 불가능하다고 말할 수 없다. 복음서의 증언을 역사로 받아들인다면 기독교 전체가 예수의 신성에 대해 사실이라고 증명할 것이다. 하지만 이 경우 개신교가 로마 가톨릭교회의 교도권에 따라서 판단하지는 않을 것이다. 한편 배아의 영혼에 관한 명제의 판단은 〈생명〉, 〈인간〉, 그리고 〈영혼〉과 같은 어휘의 의미 규정에 전적으로 달려 있다. 가령, 토마스 아퀴나스(이 책에 실린 칼럼 「천국 밖의 배아들」 참고)는 배아가 동물과 마찬가지로 감각적인 영혼만을 가진다고 주장했다. 따라서 배아는 이성의 영혼을 갖춘 인간이 아니므로, 이후 육체의 부활에 참여하지 않을 것이라고 했다. 오늘날이라면 이단으로 비난받았을 테지만, 매우 문명화된 그 시기에 사람들은 그를 성인으로 받들었다.

따라서 문제는 우리가 사용하는 진리의 기준을 그때그때 어떻게 세우느냐는 것이다.

우리의 관용은 진리의 검증 가능성이나 수용성을 다양한 단계로 인식하는 데에 근거하고 있다. 물이 섭씨 90도에 끓는다고 시험지에 답한 학생은 과학적이고 교육적인 의무에서 낙제시켜야 마땅하다. 하지만 기독교인이라 하더라도 나와 다른 종교를 가진 누군가는 알라신이 유일신이라 믿고 무함마드가 신의 예언자라고 여긴다는 사실을 받아들여야 할 것이다. 마찬가지로, 이슬람교도도 기독교인은 기독교 교리를 따른다는 사실을 인정해야 한다.

그럼에도 최근에 불거진 논쟁을 고려해 볼 때, 현대 사상, 특히 논리 과학의 대표적인 특징으로 꼽는 진리의 다양한 기준에 대한 구분은 상대주의가 진리의 모든 개념을 거부하는 현대 문화의 역사적인 병폐로 보일 여지를 준다. 그런데 반(反)상대주의자들에게 상대주의는 어떤 의미인가?

일부 철학 사전은 우리에게 인식 상대주의의 존재를 알려 준다. 인식 상대주의에 따르면 사물들은 인간의 능력이 미치는 조건 아래에서만 인식될 수 있다. 그런데 이러한 의미에서는 칸트 역시 상대론자였을 것이다. 분명히 그는 보편적 가치의 법규들을 설계하는 가능성을 부정하지 않았으며, 더욱이 그는 도덕적인 이유에서 신을 믿었다.

반면 다른 철학 사전을 보면, 상대주의는 〈지식과 행동의 영역에서 절대 원리를 인정하지 않는 모든 개념〉을 의미한다고 되어 있다. 그런데 지식의 영역과 행동의 영역에서 절대적인 원리를 거부하는 것은 각기 다른 문제다. 〈소아성애는 사악하다〉라는 명제가 특정한 가치 체계와 관련해서만 〈참〉이라고 주장하는 사람들이 있을 수 있다. 어떤 문명에서는 소아성애가 허용되거나 묵인되는 가치이기 때문이다. 그렇지만 그들도 피타고라스의 정리는 시간과 문화를 초월해서 유효하다고 주장할 것이다.

그러하니, 상대주의 목록에다 아인슈타인의 상대성 이론을 포함할 사상가는 아무도 없을 것이다. 공간 측정이 관측자의 운동 상태에 따라 다르다는 상대성 이론은 시간과 공간을 초월해서 모든 인간에게 타당한 원칙으로 여겨졌다.

철학 이론으로서 제 이름을 갖춘 상대주의는 19세기 실증주의와 함께 등장했다. 상대주의는 절대를 인식할 수 없는 것으로 규정하고, 기껏해야 계속되는 과학 연구에서 변화 가능한 한계로 이해하였다. 하지만 실증주의자들은 객관적으로 증명할 수 있고 모두에게 유효한 과학적인 진리에 닿는 것이 불가능하다고는 주장하지 않았다.

피상적인 철학의 견해에서 보면, 소위 전체론은 상대주의적인 것으로 정의될 수 있다. 모든 명제는 소전제의 유기적인 체계와 주어진 개념 도식 안에서, 또는 특정한 과학적 패러다임 안에서만 사실 혹은 거짓(그리고 의미를 가지는)이기 때문이다. 전체론자는 아리스토텔레스의 체계와 뉴턴의 체계에서 공간 개념은 다른 의미를 가진다고 주장(마땅히)한다. 두 체계는 같은 표준으로 잴 수 없으며, 일련의 현상에 대해 설명할 수 있는 규모에서도 다르다. 하지만 전체론자들은 연속적인 현상을 설명할 수 없는 체계들이 있으며, 그러한 체계들은 다른 것들보다 더 우월하다는 것을 최초로 말한 사람들이었다. 따라서 전체론자 역시 분명하게 관용적인 태도 안에서 설명해야 하는 문제들을 처리했으며, 그렇다고 할 수 없을 때에는 적어도 내가 〈최소 실재론realismo minimo〉이라 정의하고 싶은 입장을 따랐다. 사물이 존재하거나 진행하는 데에는 어떤 방식이 있다는 믿음이다. 어쩌면 우리는 그 방식을 절대 이해하지 못하겠지만, 그것이 존재한다는 믿음이 없다면 우리의 연구는 의미를 잃을 것이고, 세상을 설명하는 새로운 체계들을 시도하려는 노력도 부질없을 것이다.

전체론자는 보통 실용주의 철학가로 여겨지는데, 이것도 너무 성급하게 판단해서는 안 될 것이다. 찰스 샌더스 퍼스와 같은 진정한 실용주의자는 생각은 오직 그것이 효과적이라고 판명되어야 참이 되는 게 아니라, 반대로, 생각이 참일 때 그 유효성을 보인다고 했다. 그리고 그는 오류가능주의, 즉 우리의 모든 인식은 의심스러울 경우에 언제든 철회될 가능성이 있다고 주장했으며, 그와 함께 인류 공동체는 거듭되는 인식의 수정을 통해 〈진리의 횃불〉로 나아간다고 단언했다.

이러한 이론들에서 상대주의라는 의심을 불러일으키는 것은 다양한 체계들을 같은 표준으로 잴 수 없다는 사실이다. 분명히 프톨레마이오스의 체계를 코페르니쿠스의 체계에다 대응시킬 수는 없다. 주전원epicycle과 대원deferent 개념은 프톨레마이오스의 체계에서만 정확한 의미를 가진다. 하지만 이것이 두 사상가의 체계를 비교할 수 없다는 의미는 아니다. 우리는 그 둘을 비교하면서 프톨레마이오스가 주전원과 대원 개념으로 설명한 것은 천상이며, 코페르니쿠스가 다른 개념 도식을 통해 설명하고자 했던 것도 같은 대상이었음을 이해한다.

철학의 전체론은 언어의 전체론과 유사하다. 언어의 전체론에 의하면, 특정한 언어는 그의 의미론과 통사론을 통해 일정한 세계관을 부여하기에, 그 언어의 사용자는 이를테면 포로나 다름없다고 할 수 있다. 예를 들어 벤자민 리 워프는 서양의 언어들은 많은 사건을 사물로 분석하려는 경향이 있다고 지적했는데, 〈삼 일three days〉과 같은 표현은 문법적으로 〈세 개의 사과three apples〉에 해당한다. 반면 일부 북미 원주민의 언어는 과정에 초점을 맞추기에 서양인들이 사물로 보는 것을 사건으로 본다. 따라서 현대 물리학에서 연구된 어떠한 현상들을 정의하기 위해서는 영어보다 호피어가 더 적합할 것이다. 그리고 워프는 에스키모인이 눈을 밀도에 따라 네 가지 다른 언어로 표현한다는 점을 주목하였다. 따라서 우리가 단지 하나로 보는 것을 그들은 더욱 다양한 사물로 볼 것이라고 지적했다. 하지만 이 견해는 반박됐는데, 서양의 스키 선수도 밀도에 따라 다양한 눈의 종류를 구별한다는 것이다. 그리고 우리가 〈눈〉이라고 말해도 그것을 네 가지 다른 방식으로 표현하는 에스키모인은 그 말의 의미를 얼마든지 이해할 것이다. 이와 같은 사례로 이탈리아어에서 얼음ghiaccio, 고드름ghiacciolo, 아이스크림gelato, 거울specchio, 창유리 cristallo di una vetrina라고 부르는 용어들을 프랑스인은 글라스glace라고 부른다. 그럼에도 불구하고 프랑스인들이 아침에 일어나 〈아이스크림〉을 바라보면서 면도를 할 정도로 자기 언어의 포로는 아닐 것이다.

끝으로, 모든 현대 사상이 전체론적인 관점을 받아들이지는 않을지라도, 전체론은 현실이 다양한 전망을 줄 수 있고 각각의 전망은 현실에다 일면을 맞춘다는 인식의 관점을 따른다. 현실은 언제나 특정한 관점(주관적이고 개인적인 의미가 아닌)에서 정의된다는 입장은 상대주의가 아니며, 우리가 특정한 기술 아래에서만 현실을 본다고 주장하는 것도 상대주의가 아니다.

백과사전은 인식 상대주의와 더불어 문화 상대주의를 설명하고 있다. 다양한 문화는 다양한 언어와 신화뿐만 아니라 각기 다른 도덕적 개념(그들의 환경에서는 모두 합리적인)을 가진다. 이러한 사실은 유럽이 더욱 비판적인 자세로 다른 문화와 접촉하게 됐을 때, 몽테뉴와 그 뒤를 이은 존 로크가 깨닫기 시작했다. 뉴기니 섬의 산림지대에 사는 일부 원주민들은 오늘날에도 여전히 식인 행위가 정당하고 바람직하다고 여긴다. 그리고 일부 국가에서는 간통한 여자를 우리와는 다른 방식으로 가혹하게 다룬다. 그런데 문화의 다양성에 대한 인식은 어떠한 행동 유형이 더 일반적이라는(예를 들어 자식에 대한 어머니의 사랑, 싫증이나 기쁨을 표현할 때 보이는 사람들의 비슷한 표정) 사실을 부정하는 것은 아니다. 그리고 그 인식을 도덕적인 상대주의와 자동으로 연관시키지 않는다. 모든 문화에 똑같이 적용되는 도덕적인 가치는 존재하지 않으므로, 우리의 바람과 관심에 따라 우리의 태도를 자유롭게 적응시킬 수 있다. 사회마다 문화가 다르고, 그 다름을 존중해야 한다는 인식이 우리 문화의 정체성을 포기하는 의미도 아니기 때문이다.

그렇다면 현대 문명의 병폐와 같은 상대주의의 망령은 어떻게 만들어졌을까?

먼저 문화 상대주의의 과잉을 겨냥해서 비난을 가했던 비성직자 계열의 사상가들이 있다. 마르첼로 페라*는 라칭거 추기경과 공동 집필한 책, 『뿌리 없이Senza radici』(밀라노: Mondadori 출판사, 2004)에서 문화에는 차이가 있지만, 서양 문화의 어떤 가치들(민주주의, 종교와 정치의 분리, 자유주의와 같은)은 다른 문화보다 더 뛰어난 가치를 드러낸다고 주장하였다. 오늘날 서양 문화는 이러한 가치들과 관련해 당연히 다른 문화보다 더 진보적이라 여기고 있지만 그러한 우월성은 일반적으로 분명하게 인정될 때에만 주장할 수 있다. 여기에서 페라는 다음과 같이 모호한 사실에 근거를 둔 주장을 펼친다. 〈만약 B 문화의 구성원들이 A 문화에 대한 호감을 자유롭게 드러내고 그 반대의 경우는 없다면, 가령 이슬람 국가에서 서양으로 이주자들이 밀려오고 그 반대 현상은 없다면 A 문화가 B 문화보다 더 낫다고 여기는 것이 옳다.〉 그의 주장은 19세기에 미국으로 대거 이주한 아일랜드인들을 떠올릴 때 설득력을 잃게 된다. 그 당시 대부분 가톨릭교도였던 아일랜드 사람들은 프로테스탄트 국가인 미국이 좋아서 간 것이 아니라 대기근이 몰아닥친 그들의 조국에서는 기아로 죽

* Marcello Pera(1943~). 이탈리아의 철학가이자 베를루스코니가 이끄는 전진이탈리아당과 자유국민당 소속의 정치인.

어 갔기 때문이었다. 페라의 문화 상대주의에 대한 거부는 다른 문명에 대한 관용이 묵인으로 변질되고 있기에 서양은 외부 문화에서 밀려드는 이주자의 압력에 굴복할지 모른다는 염려에서 비롯된 것이다. 페라의 논점은 절대를 옹호하는 것이 아니라 서양을 옹호하는 것이다.

조반니 제르비스*는 그의 저서 『상대주의 반대Contro il relativismo』 (로마-바리: Laterza 출판사, 2005)에서 후기 낭만주의자와 니체 철학을 따르는 포스트모던 사상가, 그리고 뉴에이지 사상의 추종자가 기이하게 혼합된 상대론자의 초상을 그리고 있다. 이를 통해 상대주의는 비이성적이고 비과학적인 형태인 듯 보인다. 그리고 제르비스는 문화 상대주의의 반동적인 성질을 고발하고 있다. 모든 사회 형태가 존중되고 정당화되고 심지어 이상화되어야 한다는 주장은 국민들의 분리를 조장하는 것이라 했다. 더욱이 문화 인류학자들은 국민의 생물학적인 특징과 일정한 행동을 규명하는 연구보다는 생물학적인 조건을 무시하고 문화적인 요인에만 집중함으로써 오직 문화에서 기인하는 다양성을 강조하는데, 이것은 간접적으로 물질에 대한 정신의 우위를 거듭 주장하는 것이며, 그렇게 함으로써 종교 사상의 논리를 옹호하는 것이라 했다.

그러므로 상대주의는 종교적인 정신에 어긋나는 것인지, 아니면 종교 사상으로 위장한 형태인지 분명하지 않다. 반상대주의자들만이 확고한 견해를 가질 것이다. 하지만 상대주의에 관해 이야기하는

• Giovanni Jervis(1933~2009). 이탈리아의 정신 의학과 의사이자 학자. 정신 분석에 관한 여러 저서를 발표했으며, 특히 『정신 의학 비평 교본Manuale critico di psichiatria』이 유명하다.

다양한 사람들은 서로 다른 현상으로 상대주의를 이해하고 있다.

한편 일부 신앙인들은 두 배의 두려움을 가진다. 문화 상대주의는 필연적으로 윤리 상대주의로 이어지고 명제의 참과 거짓을 밝히는 여러 방법이 있다는 주장은 절대적인 진리를 인식하는 가능성에 의심을 드리우기 때문이다.

문화 상대주의에 관해 당시 요제프 라칭거 추기경*은 신앙교리성**의 몇 가지 교리 해석에서 문화 상대주의와 윤리 상대주의 간의 밀접한 관련성을 주목했으며, 윤리 다원주의가 민주주의를 위한 조건이 된다는 여러 곳의 주장에 대해 유감을 표시했다.

이미 밝혔듯이, 문화 상대주의는 윤리 상대주의를 의미하지 않는다. 문화 상대주의는 파푸아뉴기니 사람의 코뚜레를 인정한다더라도 윤리의 가치에서 우리는 성인 남자(제사장이라 할지라도)가 일곱 살 아이를 범하는 것을 절대 용납하지 않는다.

교황 요한 바오로 2세는 그의 회칙enciclica*** 「신앙과 이성Fides et Ratio」에서 상대주의와 진리 사이의 뚜렷한 차이를 강조하였다.

현대 철학은 존재에 관한 자신의 연구 방향을 상실한 채 인간 의식 연구에 집중하였습니다. 그리고 진리를 인식하는 인간의 가능성을

* 2005년 4월 콘클라베에서 제265대 교황으로 선출되어 교황 베네딕토 16세가 되는 요제프 라칭거 추기경은 1981년부터 2005년까지 로마 교황청 산하 신앙교리성의 장관을 역임했다.
** 로마 교황청의 아홉 기구 중 하나로, 가톨릭 교리와 신앙, 윤리 도덕을 담당하는 부서이다.
*** 로마 교황이 주교들에게 보내는 서한으로 주교들을 통해 전 신자들에게 전달된다. 주로 가톨릭 교리와 도덕, 사회적인 내용을 담고 있다.

높여 주기보다는 한정되고 조절된 능력을 강조하는 것에 우위를 두 었습니다. 여기에서 다양한 형태의 불가지론과 상대주의가 비롯되 어 광범위한 회의론이 휩쓴 모래벌판에서 갈팡질팡하도록 철학 연 구를 이끌었습니다.

한편 라칭거 추기경은 2005년의 강론에서 다음과 같이 말했다.

아무것도 확실하게 인식하지 못하고서, 자아와 그의 욕망만을 유 일한 기준으로 삼는 상대주의의 독재가 설립되고 있습니다. 하지만 우리는 다른 기준을 가지고 있습니다. 그 기준은 바로 신의 아들, 진정한 인간입니다. (「교황 선출을 위한 기원 미사Missa pro eligendo romano pontefice」, 라칭거 추기경의 강론, 2005, 4, 18)

위의 두 글에서 〈진리verità〉의 개념은 상반되어 있다. 하나는 논 술의 의미론적인 특징과 같은 것이고, 다른 하나는 신성의 특성과 같은 것이다. 이는 성경에 나오는 진리의 두 개념(적어도 우리가 이해 하는 번역에 따르면)에서 비롯된다. 먼저 진리는 말하는 것과 사물이 존재하는 방식의 일치를 의미한다. 〈내가 진실로 진실로 너희에게 말한다In verità in verità vi dico〉는 〈내가 말하는 것은 사실〉이라는 의 미다. 그리고 〈나는 길이요 진리요 생명이다Io sono la via, la verità e la vita〉라는 말씀에서처럼, 진리는 신성의 고유한 특성이기도 하다. 이 두 번째 개념은 많은 기독교 교부들이 오늘날 라칭거 추기경이 상 대주의적이라고 여긴 입장을 취하게 이끌었다. 교부들은 세상에 관 한 어떤 진술이 사물의 존재 방식에 일치하는지의 문제는 중요하지 않다고 말했기 때문이다. 그보다는 구원의 메시지가 되는 유일한 진리에 집중해야 한다고 했다. 아우구스티누스 성인은 지구의 형태에 관한 논쟁에서 지구가 둥글다는 견해에 찬성하는 듯했으나, 그러한 지식은 영혼을 구하는 일에 도움이 되지 않는다고 강조했으며 정작 두 이론은 다를 게 없다고 했다.

한편 라칭거 추기경의 많은 글에서 언급된 진리는 모두 그리스도 안에서 계시되고 구현된 진리라고 정의할 수 있다. 그런데 만약 신앙의 진리가 계시의 진리라면 다른 목적과 성격을 가진 철학가와 과학자의 진리에 맞설 이유가 있을까? 그 이유를 토마스 아퀴나스의 사례에서 찾아보자. 아퀴나스 성인은 「세상의 영원성에 관하여 De Aeternitate Mundi」라는 논문에서 세상의 영원성을 주장한 아베로에스의 견해를 받아들이는 것은 끔찍한 이단이므로 신앙의 관점에서 세상의 창조설을 받아들였다. 그렇지만 우주론적인 관점에서는 세상이 창조된 것인지, 아니면 영원한 것인지는 이성적으로 증명될 수 없다고 인정하였다. 한편 라칭거 추기경은 『일신론Il monoteismo』 (밀라노: Mondadori 출판사, 2002)에 실린 그의 인터뷰에서 모든 현대 철학과 과학 사상의 핵심을 다음과 같이 밝히고 있다.

모두가 그렇게 여기듯이, 진리는 인식될 수 없지만 우리는 무엇이 사실이고 거짓인지 검증하는 작은 발걸음들을 통해서 서서히 진리로 나아갈 수 있다. 그런데 진리의 개념을 의견의 일치로 대체하려는 경향이 커지고 있다. 이것은 완전히 다수의 원칙에 굴복하는 것으로, 인간이 진리와 선과 악의 식별에서 분리되는 것을 의미한다. (……) 인간은 미리 정해진 기준 없이 세상을 〈건설〉하면서, 필연적으로 인간 존엄성의 개념을 위반하고 인권 문제 또한 일으킨다. 그러한 이성의 개념과 논리 안에는 신의 개념을 담아 둘 공간이 남아 있지 않다.

끊임없는 검증과 수정의 대상인 과학적 진리의 개념이 인간 존엄성을 파괴하는 선언으로 나아간다는 추론은 설득력이 없다. 모든 현대 사상이 〈사실이란 없고 해석만 있다〉는 논리를 따른다면 모를까. 만약 그러하다면 존재의 근거가 없기에 신은 죽었으며, 신이 존재하지 않는다면 무엇이든 가능하다는 선언으로 나아가기 때문이다.

라칭거 추기경과 반상대주의자들은 몽상가나 음모론자가 아니다. 중립적이거나 비판적인 반상대주의자들은 사실은 존재하지 않고 해석만 있다는 극단적인 상대주의 형태가 분명하게 확인될 때에만 적으로 여긴다. 반면 급진적인 반상대주의자들은 철학사 시험에서 낙제를 감수하고라도(적어도 내가 대학을 다닐 때는 가능한 일이었다) 사실은 없고 해석만 있다는 생각을 현대 사상 전체로 확대하여 적용한다.

사실이란 없고 해석만 있다는 이론은 프리드리히 니체가 주장한 것으로, 그의 소논문 「비도덕적 의미에서의 진리와 거짓에 관하여 *Über Wahrheit und Lüge im außermoralischen Sinn*」(1873)에서 아주 명료하게 설명되었다. 자연은 열쇠를 버렸기 때문에 사고는 진리라고 부르는 개념상의 허구 위에서 작용한다. 우리는 나무와 색깔, 눈과 꽃에 대해 말한다고 믿지만, 그것들은 본래의 실체가 아닌 은유들이다. 가지각색의 나뭇잎들을 생각해 볼 때, 〈우리가 서투른 손으로 엮고, 묘사하고, 측정하고, 물들이고, 둥글게 말고, 색칠하는 모든 나뭇잎의 전형이 되는〉 최초의 나뭇잎은 존재하지 않는다. 새나 곤충은 우리와는 다른 방식으로 세상을 지각한다. 그리고 어떤 지각이 더 적절한지 가리는 일은 의미가 없다. 〈정확한 지각〉의 기준이 없기 때문이다. 자연은 〈그 어떤 형태나 개념도 인식하지 않는다. 따라서 어떠한 부류에도 속하지 않으며 다만 우리가 도달할 수 없고 정의할 수 없는 X일 뿐이다〉. 그러므로 진리는 〈공허한 자연이 잊어버린 환영들〉이 지식으로 정착된 시적 창작물들의 〈은유와 환유, 의인화의 떠다니는 무리〉가 된다.

하지만 니체는 두 가지 현상에 대해 고찰하지 않았다. 첫째, 우리는 의심스러운 지식의 제약에 적응하면서 어떤 면에서는 자연을 예상해 나간다는 것이다. 개에게 물린 사람이 있다면 의사는 그 사람을 문 개를 모르더라도 환자에게 어떤 주사를 놔야 할지 알고 있다. 둘째, 이따금 자연은 우리가 환상과 같은 지식을 폭로하고 그 대안을 선택하게 강제한다는 것이다. 니체는 자연 통제의 실체는 우리의 〈과학적인〉 진리와 대립하면서 우리를 끊임없이 압박하는 〈끔찍한 힘〉으로 나타난다고 생각했다. 하지만 그는 그 힘을 개념화하지 않았는데, 우리가 방어 수단으로 삼는 개념의 갑옷은 그 힘에서 벗어나기 위한 것이기 때문이다. 변화는 가능하지만, 재편성의 형태가 아니라 영원한 시적 혁명으로 가능하다.

만약 우리가 저마다 사물을 다르게 지각한다면, 우리 각각은 새나 벌레, 혹은 식물들이 느끼는 것처럼 지각할 수 있을 것이다. 또는 같은 자극체를 두고 우리 중 누군가는 빨간색으로 보고 다른 이는 파란색으로 보고 또 다른 사람은 그것을 소리로 듣는다면 그 누구도 자연의 규칙성에 대해 말할 수 없을 것이다.

그러므로 (신화와 더불어) 예술은 다음과 같다고 말할 수 있다.

새로운 해석과 은유, 환유들을 소개하면서 개념들의 구획과 범주들을 끊임없이 어지럽힌다. 깨어 있는 인간들이 존재하는 세상에 꿈속에서나 나올 법한 다채롭고 불규칙적이고 두서없고 모순투성이고 매력적이고 영원히 신선한 형상을 부여하려는 욕망을 거듭해서 드러낸다.*

만약 전제가 이러하다면, 변화의 가능성은 현실의 탈출구로서 꿈속으로 도피하는 것일 게다. 하지만 삶에서 예술의 지배권은 최고로 즐거운 것이지만 속임수일 거라고 니체 자신이 인정하였다. 그리고 후대인들이 받아들이는 니체의 진정한 가르침은, 〈예술은 그가 말하는 것을 말할 수 있다〉는 것이다. 존재 그 자체는 근거가 없는 것이기에 어떠한 정의라도 받아들이기 때문이다. 이와 같은 존재의 소멸은 신의 죽음을 선언한 니체의 이론과 일치한다. 이는 일부 기독교 신자들이 잘못된 도스또예프스끼적인 결론을 끌어내게 했는데, 만약 신이 없거나 더는 존재하지 않는다면 모든 것이 허용된다는 생각이다.

하지만 지옥이나 천국이 없다면, 지상에서 우리를 구원할 가장

• 프리드리히 니체, 「그리스 비극 시대의 철학과 1870년~1873년 작품 *La filosofia nell'epoca tragica dei greci e Scritti dal 1870 al 1873*」, 『니체 전집』, III, 2, 이탈리아어 번역판(조르조 콜리 번역), 밀라노: Adelphi 출판사, 1973 ― 원주.

중요한 덕목은 자비와 이해, 도덕일 것이다. 에우제니오 레칼다노*
는 2006년에 출간한 책**에서 풍부한 자료들을 인용하며, 우리는 신
을 따로 남겨 두어야 진정으로 도덕적인 삶이 가능해진다고 주장하
였다. 나는 여기에서 레칼다노와 그가 인용한 저자들의 주장이 타당
한지 논의할 마음은 없다. 다만 윤리적인 문제를 참작하더라도 신
의 부재를 주장하는 자가 있음을 지적하고 싶다. 그리고 밀라노에
비종교인들을 위한 교단을 설립했던 카를로 마리아 마르티니 추기
경***은 이를 익히 잘 알고 있었을 것이다. 이후 마르티니 추기경이 교
황으로 선출되지 못한 것은 콘클라베의 신성한 영감에 의심을 품게
하지만, 어쨌든 그러한 문제는 내 권한 밖의 일이다. 한편 얼마 전에
엘리 위젤****도 모든 것이 허용된다고 생각했던 사람들은 신이 죽었다
고 믿은 것이 아니라 자신이 신이라고 믿었던 사람들(크고 작은 독재

* Eugenio Lecaldano(1940~). 이탈리아 철학가로 생명 윤리학 분야를 집중적으로
다루고 있다.

** 에우제니오 레칼다노, 『신이 없는 윤리학Un'etica senza Dio』, 로마-바리:
Laterza 출판사, 2006 ― 원주.

*** Carlo Maria Martini(1927~2012). 이탈리아 가톨릭교회의 추기경이자 성서학자
로 1979년부터 2002년까지 밀라노 교구의 대주교를 역임했다. 가톨릭교회의 관료
주의와 보수성을 비판하며 개혁적인 목소리를 낸 종교인으로 유명했다. 종교 간의
대화와 대중과의 소통을 중요하게 여겨서 〈대화의 추기경〉이라는 별명이 붙기도 했
다. 또한 2005년에 열린 콘클라베에서 유력한 교황 후보자로 꼽힐 정도로 교회 내
영향력이 컸다. 마르티니 추기경과 움베르토 에코가 네 차례 걸쳐 주고받은 서신 대
화를 묶은 책 『믿지 않는 사람은 무엇을 믿을 것인가In cosa crede chi non crede?』
(1996)가 출간되기도 했는데, 국내에서는 『세상 사람들에게 보내는 편지』(서울: 열
린책들, 2009)로 소개되었다.

**** Elie Wiesel(1928~). 루마니아 태생의 유대인으로 미국에서 작가와 교수로 활동
하고 있다. 1944년 가족과 함께 나치의 아우슈비츠 강제 수용소에 갇혔으며, 이 체
험을 기록한 자전 소설 『밤La Nuit』을 출판하여 주목을 받았다. 전쟁 반대와 인종
차별 철폐, 인권 운동에 이바지한 공로로 1986년에 노벨 평화상을 받았다.

자의 공통된 결점)이라고 우리에게 상기시켰다.

　어쨌든 현대 사상 전체가 〈사실이란 없고 해석만 있다〉는 사고에 동조하는 것은 분명히 아니다. 따라서 니체와 그의 추종자들에게 다음과 같은 반론을 제기할 수 있다.

1. 만약 〈사실이란 없고 해석만 있다〉면, 해석은 무엇에 대한 해석인가?
2. 만약 해석들이 서로 해석한다면, 해석의 원동력이 되는 최초의 사건이나 대상이 있어야 할 것이다.
3. 존재는 정의될 수 없는 것일지라도, 그에 관해 비유적으로 말하는 우리가 누구인지는 설명해야 할 것이다. 그리고 사실인 무언가를 말하는 문제는 대상에서 인식의 주체로 이동할 것이다. 신은 죽었는지 몰라도 니체는 아니다. 우리는 어떤 근거로 니체의 현존을 증명할 것인가? 그가 단지 하나의 은유라고 말하면서? 만약 그렇다면 누가 그것을 진술하는가? 이뿐만이 아니다. 현실조차도 종종 은유로 표현되는데, 그러려면 문자적 의미를 가진 말이 필요하고 우리가 경험을 통해 인식한 사물들이 지시되어야 한다. 가령, 나는 탁자의 받침대를 〈다리〉라고 부르지 못할 수도 있다. 그 형태와 기능을 인식하고 인간 다리에 대한 은유적인 개념을 가지지 않는다면 말이다.
4. 끝으로, 상호주관적인 증명 기준이 존재하지 않는다고 단언하면서, 우리는 우리의 밖에 있는 것(니체가 〈끔찍한 힘〉이라고 부른)을 이따금 잊어버리고, 은유적일지라도 그것을 표현하려는 우리의 시도들에 반대한다. 예를 들어 우리는 시행을 통해, 플로지스톤

설phlogiston theory로는 염증을 치료할 수 없지만 항생제로는 나을 수 있다는 것을 안다. 다른 것과 비교해서 더 나은 의학 이론이 존재하기 때문이다.

따라서 절대는 아마도 존재하지 않거나, 만약 존재하더라도 생각할 수 있거나 달성할 수 없을 것이다. 하지만 자연의 힘들은 우리의 해석을 찬성하거나 반대하면서 존재하고 있다. 만약 내가 트롱프뢰유* 기법으로 그려진 문을 진짜 문이라 생각하고 앞으로 곧장 걸어간다면, 그 문이 통과할 수 없는 벽이라는 사실은 나의 해석을 무너뜨릴 것이다.

사물이 존재하거나 흘러가는 방식은 있을 것이다. 그에 대한 증명은 모든 인간이 죽는다는 것뿐만 아니라 그 벽을 통과하려다가 내 코가 깨진다는 것도 있다. 죽음과 그 벽은 우리가 의심할 수 없는 절대의 유일한 형태다.

우리가 존재하지 않는다고 해석할 때, 〈노우!〉라고 말하는 그 벽의 현존은 아마도 절대의 수호자들에게는 아주 소박한 진리의 기준일 것이다. 하지만 존 키츠의 말을 인용하자면, 〈그것이 그대가 이 세상에서 알 수 있는 전부요, 알아야 할 전부〉다.

2007년 7월 9일 〈절대〉를 주제로 삼은 밀라네지아나 축제의 간담회에서 발표.

* trompe-l'œil. 눈속임이라는 뜻으로 회화에서 대상을 사실적으로 묘사하여 실물처럼 보이게 하는 착시 기법.

불꽃의 아름다움

올해 밀라네지아나 축제의 주제는 4대 원소(불, 공기, 흙, 물)다. 고대인들이 우주를 구성하는 기본 요소라고 믿었던 네 가지 원소를 모두 다루기에는 내 역량이 부족하므로 여기서는 불에 관해서만 이야기하려고 한다.

내가 불을 주제로 선택한 이유는 4대 원소 모두가 여전히 우리의 삶에 필수적인 요소로 남아 있지만 불은 자칫 잊히기 쉬운 것이기 때문이다. 우리는 항상 공기를 들이마시고 매일매일 물을 사용하고 한평생 땅 위에 발을 딛고 살아간다. 하지만 불에 대한 우리의 기억은 서서히 감소하고 있다. 예전에 불이 수행했던 기능은 보이지 않는 에너지의 형태가 맡게 되었다. 우리는 불꽃에서 빛의 개념을 분리했기에, 이제 불꽃은 가스 불(거의 보이지 않는)과 성냥이나 라이터(적어도 아직 담배를 피우는 사람이라면), 그리고 촛불(성당을 다닌다면)로만 경험 가능하다.

간혹 아직까지 거실 벽난로가 있는 집에 거주하는 복 받은 사람들도 있을 텐데, 나는 바로 이 벽난로에서부터 이야기를 시작하려고 한다. 1970년대에 나는 멋진 벽난로가 달린 시골집을 샀다. 당시 열 살과 열두 살이었던 내 아이들에게 활활 타는 장작, 불꽃의 경험은 완전히 새로운 현상이었다. 나는 벽난로가 타고 있을 때 아이들이 텔레비전을 찾지 않는다는 사실을 깨달았다. 불꽃은 텔레비전의 어느 프로그램보다 더 다채롭고 흥미진진했기 때문이다. 끊임없이 이야기를 들려주었고 언제든지 활활 타올랐으며 텔레비전 쇼와 같이 정해진 양식을 따르지도 않았다.

동시대의 철학가 중에서 시와 신화, 심리학, 그리고 불의 정신 분석에 대해 가장 진지하게 고찰했던 이는 아마도 가스통 바슐라르*일 것이다. 태초 이래로 존재하는 인간 상상력의 원형을 찾고자 한 그에게 불은 빼놓을 수 없는 연구 주제였다.

불의 열기는 그 자체가 하나의 불덩이로 보이는 태양의 열기를 상기시킨다. 불은 유혹하는 속성을 지니기에 판타지의 주요한 대상이자 동기가 된다. 불은 인류에게 보편적으로 적용되는 첫 금기 사항(손대지 마라)을 상기시키며 이는 법률의 탄생을 이끌었다. 불은 생명을 얻고 성장하기 위해 자신을 일으킨 두 나뭇조각을 먹어 치운 최초의 창조물이다. 그리고 불씨는 마찰을 통해 발생하기에 불의 탄생은 강한 성적 의미를 지닌다. 한편 우리는 프로이트의 이론을 통해 정신 분석학적인 해석으로 이어갈 수 있다. 그의 이론에서 불을

• Gaston Bachelard(1884~1962). 철학가, 문학 비평가, 시인 등 다양한 활동을 펼친 프랑스 철학가다. 전통적인 대학 교육을 받지 않았으나 철학 교수 자격시험에 합격하여 디종 대학과 소르본 대학에서 철학을 강의했다. 그의 독창적이고 새로운 철학 사상은 20세기 후반 프랑스 철학자들에게 많은 영향을 주었으며, 우주를 구성하는 4대 원소 중에서 불에 관해 다룬 『불의 정신 분석』은 무의식과 의식의 중간 지대인 몽상의 영역을 탐구한 작품이다.

지배하기 위한 조건은 오줌을 누어 불을 끄는 즐거움을 포기하는 것, 그러니까 충동적인 삶을 단념하는 것이다.

그렇지만 불은 분노가 타오르는 것에서 사랑의 감정에 불이 붙는 것까지 많은 충동의 은유로 사용된다. 불은 피같이 붉은색을 가지므로 언제나 생명과 은유적으로 연결된 데다 열정에 관한 모든 담화에도 은유적으로 존재한다. 열기를 발산하는 불은 물과 더불어 음식물의 소화 작용을 주재하고, 타오르기 위해 끊임없이 연료를 공급해야 한다는 사실은 생물의 영양 공급 과정과 공통점을 가진다.

또한 불은 온갖 변신의 도구로 제시되는데, 다른 것으로 모습을 바꾸고 싶을 때는 불을 부른다. 불이 꺼지지 않게 하려면 신생아를 다룰 때처럼 극진한 보살핌이 필요하다. 불은 우리 삶의 본질적인 모순을 그대로 드러낸다. 생명을 가져다주는 요소이자 죽음과 파괴, 고통의 요소다. 그리고 불은 순결과 정화의 상징이기도 하지만 배설물과 같은 재를 남기기에 더러움의 상징이기도 하다.

우리가 태양 빛을 정면으로 바라볼 수 없듯이 불은 너무도 강렬한 빛이 되기도 한다. 하지만 촛불을 밝히는 온화한 빛은 깜빡거리며 일렁이는 그림자를 드리운다. 깊은 밤의 동반자가 되는 그 유일한 불꽃은 어둠 속으로 광선을 퍼뜨리며 우리의 상상력을 자극한다. 양초는 생명의 근원을 암시함과 동시에 서서히 사그라지는 태양 빛을 암시한다. 불은 물질에서 태어나 더 가볍고 공기 같은 성분으로 변한다. 심지의 발그레하고 푸르스름한 불꽃에서 꼭대기의 희끗한 불꽃을 거쳐 연기로 사라진다. 그러한 의미에서 불의 성질은 상승하는 것이며, 이는 우리에게 초월성을 일깨워 준다. 그렇더라도 화산이 폭발할 때에만 갑자기 분출하는, 지구의 심장에서 사는 불은 지옥의 심연을 상징한다. 불은 생명이지만 한없이 연약한 것이자 삭아서 없어지는 소멸이다.

나의 대략적인 고찰을 마무리하는 의미에서 바슐라르의 저서, 『불의 정신 분석La Psychanalyse du Feu』의 일부를 흔쾌히 인용하고 싶다.

냄비 걸이에는 시커먼 냄비가 걸려 있었다. 다리가 셋 달린 솥이 뜨거운 재 속으로 들어갔다. 나의 할머니는 뺨을 부풀려서 강철관에다 바람을 불어넣으며 잠든 불꽃을 일으키셨다. 돼지들에게 줄 감자와 우리 가족이 먹을 질 좋은 감자들이 한꺼번에 구워지고 있었고 내가 먹을 신선한 달걀 하나가 재 아래에서 구워졌다. 불의 세기는 모래시계로 조절되지 않았다. 달걀은 물 한 방울이나 침 같은 액체가 껍질 위에서 증발될 때쯤 다 익었다. 나중에 나는 물리학자 드니 파팽이 할머니가 하던 방법으로 솥을 관찰했다는 얘기를 듣고서 놀랐다. 달걀을 먹기 전에 나는 빵 수프를 먹어야 했다. (……) 그러나 내가 착하게 구는 날에는 할머니가 와플 굽는 틀을 가져다주셨다. 그 사각형의 틀이 글라디올러스 꽃대처럼 시뻘건 가시 불꽃을 짓누르면 입술에 댈 때보다 손으로 집을 때가 더 뜨거운 와플이 어느새 완성되었다. 그때 내가 먹은 것은 불이었다. 나는 불의 황금을 먹었고 불의 냄새를 먹었으며 뜨거운 와플이 내 이 사이에서 바삭거릴 때는 불꽃의 타닥거리는 소리까지 먹었다. 언제나 그렇게, 식사 후의 디저트같이 일종의 사치스러운 즐거움으로 불은 자신의 인간성을 보여 준다.•

• 가스통 바슐라르, 『순간의 직관, 불의 정신 분석L'intuizione dell'istante, La psicoanalisi del fuoco』, 이탈리아어 번역판(안토니오 펠레그리노와 조반나 실베스트리 번역), 바리: Dedalo 출판사, 1984 — 원주.

따라서 불은 매우 많은 것들이며, 물리적인 현상에 더하여 상징이 된다. 그리고 모든 상징이 그러하듯이 불이 가진 상징도 모호하고 다의적이며 상황에 따라서 다양한 의미들을 불러일으킨다. 그러므로 나는 이 자리에서 불에 관한 정신 분석이 아니라, 우리의 몸을 데우기도 하고 이따금 죽음으로도 몰아넣는 불이 가진 다양한 의미들을 살펴보면서, 개략적이고 느슨한 기호학적인 탐구를 하려고 한다.

신적인 요소가 되는 불

불에 대한 우리의 첫 경험은 태양 빛을 통해 간접적으로 일어나고, 제압하기 힘든 화재와 번갯불을 통해 직접 일어나므로, 불은 분명히 처음부터 신성과 연결되었다. 그리고 모든 원시 종교에서 불에 대한 숭배를 볼 수 있는데, 고대인들은 태양을 향해 절을 하거나 신전의 지성소에다 절대 꺼트려서는 안 되는 신성한 불을 보관하기도 했다.

성경에서 불은 언제나 신이 출현하는 이미지다. 구약 성경의 예언자 엘리야는 불 수레를 타고 하늘로 올라갔다고 전해지는데, 불꽃의 광채는 의인들의 의기양양한 승리와 영광을 기린다.

야훼여, 임의 원수들은 모두 이처럼 망하고 임을 사랑하는 이들은 해처럼 힘차게 떠오르게 하소서. (「판관기」 5, 31)
슬기로운 지도자들은 밝은 하늘처럼 빛날 것이다. 대중을 바로 이끈 지도자들은 별처럼 길이길이 빛날 것이다. (「다니엘서」 12, 3)
하느님께서 그들을 찾아오실 때 그들은 빛을 내고 짚단이 탈 때 튀기는 불꽃처럼 퍼질 것이다. (「지혜서」 3, 7)

한편 기독교의 교부들은 그리스도를 가리킬 때 〈lampas, luci-fer, lumen, lux, oriens, sol iustitiæ, sol novus, stella〉와 같이 〈빛〉과 관련된 표현을 써서 말했다.

초기 철학가들은 우주의 원칙으로서 불에 대해 고찰했다. 아리스토텔레스에 의하면, 헤라클레이토스에게 만물의 근원, 즉 〈아르케arché〉는 불이었는데, 그가 남긴 몇몇 단편들에서 그러한 견해를 확인할 수 있다. 그는 우주의 만물은 불을 통해서 재생을 거듭해 간다고 생각했다. 마치 상품이 금과 교환되고 금이 상품과 교환되듯이 만물은 불과, 불은 만물과 서로 교환된다고 여겼다. 그리고 고대 그리스의 철학사가 디오게네스 라에르티오스의 기록에 의하면, 헤라클레이토스는 불이 응집되거나 옅어지는 변화의 과정을 통해 만물은 불에서 만들어져 불로 돌아간다고 주장했다. 불이 응축되어서 습기가 되고, 이것이 더 농축되어 흙이 되고, 땅이 액화되어 물이 되는데, 이 물은 새로운 불을 지피는 빛나는 수증기를 생산한다는 것이다. 하지만 헤라클레이토스는 이해하기 어려운 〈어둠의 철학가〉로 정의된다. 델포이 신전에서 신탁하는 무녀가 말하지도 숨기지도 않고 암시로 전하듯이, 많은 철학가는 헤라클레이토스의 불에 관한 언급은 만물의 극심한 가변성에 대한 비유일 것으로 생각한다. 다시 말해 〈판타 레이panta rei〉, 즉 만물은 끊임없이 흘러가고 변하므로 우리는 같은 강물에 두 번 들어갈 수 없을 뿐만 아니라 사물은 같은 불꽃에서 두 번 타오를 수 없다는 것이다.

우리는 성스러운 불에 대한 가장 아름다운 정의를 플로티노스의 작품에서 찾을 수 있을 것이다. 그가 주장한 바로는 불은 신성에 대한 표현이다. 역설적이게도 우주 만물은 〈하나〉에서 나오는데 언어로 표현할 수 없는 대상이다. 창조 행위를 통해서도 변하거나 소모되지 않는 이 최초의 〈하나〉는 주변으로 발산되는 광채로만 상상할 수 있다. 변함없이 원래의 그 모습을 고스란히 유지하며 빛나는 태양 주위를 감싸는 빛과 같다(『엔네아데스Enneades』, V, 1, 6).

만약 사물이 광채에서 탄생했다면 신성한 광채와 닮은꼴인 불보다 더 아름다운 것은 지상에 존재하지 않을 것이다. 색의 아름다움은 단순한 무엇이다. 그것은 물질의 어둠을 제압하는 형태와 그 외형을 밝히는 무형의 빛에서 나온다. 따라서 비물질적인 형태의 불은 다른 어떤 사물보다 그 자체로 아름답다. 거의 무형의 존재라고 할 수 있기에 다른 어느 물질보다도 가볍다. 불은 언제나 순수하게 남아 있는데, 그 자신 안에 물질을 구성하는 다른 요소들을 담지 않기 때문이다. 반면 다른 모든 사물은 자신 안에 불을 받아들인다. 실제로 다른 사물들은 데워질 수 있지만 불은 차가워질 수 없다. 오로지 불만 자신의 본성에 따른 색을 가진다. 다른 사물들은 불을 통해서 형태와 색깔을 부여받으며 불빛에서 멀어지면 자신의 아름다움을 잃게 된다.

중세 미학 전체에 영향을 끼친 위(僞) 디오니시우스의 문서들은 신플라톤주의적인 성격을 강하게 띠고 있다. 이를 그의 『천상계서론 De coelesti hierarchia』에서 확인할 수 있다.

나는 불이야말로 가장 신성한 하늘의 지혜를 표상한다고 여긴다. 실제로 성스러운 작가들은 형체가 없는 초현실적인 본질을 종종 불로 상징하여 묘사한다. 만약 눈에 보이는 사물 중에서 신성을 표현할 수 있다면 불은 많은 면에서 그러한 성격을 지니고 있기 때문이다. 이를테면 우리가 감지하는 불은 만물 속에 존재하고 만물을 관통하지만 다른 것들과 섞이지 않고 모든 것에서 떨어져 있다. 그리고 자신의 행동을 표출할 수 있는 어떤 물질이 그 앞에 놓이기 전까지는 온통 빛을 발하면서 그 본질 속에 숨어 드러나지 않는다. 그 본질은 잡히지도 보이지도 않으면서 모든 것에 닿아 있다.*

중세 시대에 미의 개념은 균형과 더불어 선명함과 밝음의 개념에 지배되었다. 영화와 비디오 게임은 중세 시대를 잇단 〈어둠의〉 시대로 생각하게 한다. 이것은 비단 비유적인 의미에서만이 아니라 시각적인 면에서도 암흑의 색과 짙은 그림자로 중세를 연상하게 한다. 얼토당토않은 말이다. 분명히 중세 시대의 사람들은 어두운 환경, 즉 삼림이나 성채, 벽난로로 불을 밝힌 좁은 방에서 살았다. 하지만 당시의 사람들은 일찍 잠자리에 들었고 (낭만주의자들은 더 좋아할) 밤보다는 낮에 더 익숙했다는 점은 별개로 하더라도 중세는 선명한 색조로 자신을 드러낸 시대였다.

중세는 균형이나 비례와 더불어 빛과 색깔을 아름다운 것으로 여겼으며, 이 색깔들은 언제나 원색적이었다. 색의 농담이나 명암 대비 없이 빨간색, 파란색, 금색, 은색, 흰색과 녹색으로 연주하는 교향곡과도 같았다. 외부에서 사물을 감싸거나 형상의 윤곽을 넘어 색을 발산시키는 그 화려한 광채는 하나의 빛에서 나온 것이 아니라 전체가 어우러진 효과에서 발생한다. 중세의 채색 사본을 보면 빛은 사물들 각각에서 발산되는 듯하다.

* 위(僞) 디오니시우스 아레오파기타, 『천상계서론 *Gerarchia celeste*』, 이탈리아어 번역판(피에로 스카초조 번역), 밀라노: Bompiani 출판사, 2009 ― 원주.

시인들은 이처럼 찬란한 색의 감성을 언제나 지니고 있었다. 녹색의 풀, 빨간 피, 순백의 우유, 그리고 귀도 귀니첼리*에게 아름다운 여인은 〈눈같이 하얀 얼굴〉을 하고 있었다. 훗날 서정시집 『칸초니에레*Canzoniere*』에서 〈맑고 상쾌하고 달콤한 물〉이라고 노래한 프란체스코 페트라르카는 말할 것도 없다.

불은 신비주의자들의 계시에 영감을 불어넣었는데, 특히 힐데가르트 폰 빙엔의 글에서 두드러지게 나타난다. 그녀의 『쉬비아스*Scivias*』(Ⅱ, 2)를 한번 읽어 보자.

나는 눈부신 빛을 보았고 그 안에서 인간의 형상과 온통 사파이어 색으로 타오르며 온화하게 빛을 발하는 불을 보았습니다. 그 찬란한 빛은 밝은 불 전체로 퍼지고, 이 불은 찬란한 빛과 더불어 영롱하게 빛났습니다. 그리고 그 찬란한 빛과 밝은 불은 인간 형상 전체로 퍼져 유일무이한 미덕과 힘을 상징하는 단 하나의 불빛을 만들었습니다. (……) 불꽃은 눈부신 투명함, 고유의 활력, 불같은 열정으로 이루어져 있으나, 눈부신 투명함은 불꽃이 빛나게, 고유의 활력은 불꽃이 유지되게, 불같은 열정은 불꽃이 타오르게 하는 능력을 갖추고 있습니다.**

단테의 『신곡』 천국편에 나오는 찬란한 빛의 광경들을 빼놓을

---

* Guido Guinizelli(1235~1276). 이탈리아 시인으로 청신체Dolce Stil Novo의 창시자로 알려졌다. 순수하고 감미로운 서정시들과 독창적인 시풍은 단테에게 영향을 주기도 했다. 단테는 『신곡』, 연옥편, 제26곡에서 이 시인을 언급하고 있다.

** 힐데가르트 폰 빙엔, 『쉬비아스』, 이탈리아어 번역판(엘레미레 졸라 번역), 밀라노: Garzanti 출판사, 1963 — 원주.

수 없을 것인데, 19세기 예술가 구스타프 도레*는 이 빛에 최고의 장관을 부여하였다. 그는 마치 〈동이 트는 지평선처럼〉(천국편, 제14곡, 69) 나타나는 광채, 불꽃의 소용돌이, 불빛, 태양, 그 투명함을 시각적인 것으로 묘사하려고(불가능한 것이기에, 그가 할 수 있는 선에서) 했다. 신곡의 세 번째 편에서는 순백의 장미들, 불그레한 꽃들도 빛을 발하고 신의 모습조차도 불꽃의 황홀경처럼 나타난다.

> 드높은 빛의 깊고 투명한 실체 안에서
> 빛깔은 셋, 부피는 하나인
> 세 개의 둘레가 내 눈에 보였는데
>
> 마치 무지개에서 무지개처럼
> 하나가 다른 하나에서 반사되는 듯 보였고
> 셋째 것은 그 둘이 골고루 발산하는 불꽃같았다.
> (『신곡』, 천국편, 제33곡, 115~120)

중세 시대는 빛의 우주론에 의해 지배되었다. 이미 9세기에 위대한 철학가 요하네스 스코투스 에리우게나는 다음과 같이 주장했다.

세계라는 이 총체적인 공장은 수많은 빛이 여러 부분으로 결합한 아주 거대한 등불이다. 그 빛들은 관념적인 사물의 순수한 성질을

---

* Paul Gustave Doré(1832~1883). 프랑스의 삽화가이자 판화가로 성서의 내용을 소재로 한 판화와 문학 작품의 삽화를 그렸으며, 특히 단테의 『신곡』에 실린 삽화가 유명하다.

드러내고, 신실한 학자들의 마음 안에 신의 은총과 이성의 도움을 심어 주면서 그 사물을 지성의 눈으로 인식하게 이끈다. 그러므로 신학자가 신을 등불의 아버지라고 부르는 것은 옳다. 그로 인해 만물이 존재하고 만물을 통해서, 또 그 안에서 신은 자신을 드러내며, 신의 지혜라는 등불의 빛 안에서 만물을 만들고 통합하기 때문이다. (『천상계서론 해설*Expositiones super Ierarchiam celestem*』, 1)•

13세기에 영국의 신학자 로버트 그로스테스트가 제안한 빛의 우주론은 빛을 발산하는 에너지의 유출로 형성된 우주의 이미지를 그렸다. 일종의 빅뱅을 떠올리게 하는 빛 에너지는 아름다움과 존재, 둘 모두의 근원이 된다. 유일무이한 한 줄기의 빛이 서서히 뭉치고 풀어지는 과정을 통해 별의 구체와 그 성분이 되는 자연 지대가 창조되었으며, 그 뒤를 이어 색깔의 무한한 농담과 사물들의 부피가 만들어졌다. 중세 시대의 뛰어난 신학자 보나벤투라 다 바뇨레지오는 『명제집 해설*Commentaria in Quatuor Libros Sententiarum*』(Ⅱ, 12, 1; Ⅱ, 13, 2)에서 빛은 하늘이든 땅이든 모든 물체에 깃들어 있는 공통적인 성질이자 사물들의 실체적 형상이기에 그 빛을 더 많이 가질수록 가치 있고 진실한 존재가 된다고 강조하였다.

지옥의 불
불은 땅의 가장 깊은 곳에서 분출하여 죽음의 씨를 뿌리기 때문

• 요하네스 스코투스 에리우게나, 『천상계서론 해설*Commento alla Gerarchia celeste*』, 이탈리아어 번역판(로코 몬타노 번역), 밀라노: Marzorati 출판사, 1954 — 원주.

에 태초부터 지옥의 왕국과도 연결되었다.

구약 성경의 「욥기」(41, 11~13)에서는 괴물 레비아단을 묘사하며 〈아가리에서 내뿜는 횃불, 퉁겨 나오는 불꽃을 보아라. 연기를 펑펑 쏟는 저 콧구멍은 차라리 활활 타오르는 아궁이구나. 목구멍에서 이글이글 타는 숯불, 입에서 내뿜는 저 불길을 보아라〉고 쓰고 있다. 또한 「요한의 묵시록」에서는 일곱 번째 봉인이 해제되었을 때 우박과 불덩어리가 떨어져 땅을 불태우고, 지옥 구덩이가 열려 연기 속에서 메뚜기들이 나오고, 유프라테스 강에 매여 있던 네 천사가 풀려나 불꽃 방패를 가슴에 단 수많은 기마병을 거느린 채 사람들을 죽이고, 대재앙과 최후의 심판 이후 짐승과 거짓 예언자는 산 채로 유황이 타오르는 불 호수에 던져질 것이라고 예언하고 있다.

복음서에서 죄인들은 지옥의 불에 떨어지는 형벌을 받는다.

그러므로 추수 때에 가라지를 뽑아서 묶어 불에 태우듯이 세상 끝 날에도 그렇게 할 것이다. 그 날이 오면 사람의 아들이 자기 천사들을 보낼 터인데 그들은 남을 죄짓게 하는 자들과 악행을 일삼는 자들을 모조리 자기 나라에서 추려 내어 불구덩이에 처넣을 것이다. 그러면 거기에서 그들은 가슴을 치며 통곡할 것이다. (「마태오 복음서」 13, 40~42)

그리고 왼편에 있는 사람들에게는 이렇게 말할 것이다. 〈이 저주받은 자들아, 나에게서 떠나 악마와 그의 졸도들을 가두려고 준비한 영원한 불 속에 들어가라.〉 (「마태오 복음서」 25, 41)

이상하게도, 단테의 지옥에서는 우리가 기대하는 것보다 불의 광경이 적게 나온다. 고통의 종류를 어떻게든 다양하게 묘사하려고 했기 때문일 것이다. 하지만 뜨거운 관 속에 누워 있는 이단자들, 끓고 있는 피의 강에 잠긴 폭력적인 자들, 쏟아지는 불의 비를 맞는 신성 모독자, 동성애자, 고리대금업자, 발바닥에 불을 붙인 채 거꾸로 박혀 있는 성직 매매자, 펄펄 끓는 역청에 빠진 탐관오리 등에 대한 묘사로 만족할 수 있을 것이다.

지옥의 불은 분명히 바로크 시대의 작품에서 더욱 광범위하게 다뤄졌다. 예술적인 영감에 한껏 고취된 시기였기에 단테가 들려준 끔찍함을 능가하는 지옥의 고통을 묘사하였다. 그 당시 가톨릭 주교이자 신학자였던 알폰소 마리아 데 리구오리 성인의 글을 사례로 들어 보자.

지옥에 떨어진 사람들의 감각에 가장 큰 고통을 주는 형벌은 지옥의 불입니다. (……) 이승에서도 불의 형벌은 가장 고통스럽습니다. 하지만 우리의 불과 지옥의 불은 많이 다릅니다. 아우구스티누스 성인은 우리의 불이 가짜인 것처럼 여겨진다고 했습니다. (……) 따라서 비참한 사람은 아궁이 속의 장작처럼 불길에 휩싸입니다. 지옥에 떨어진 사람들은 아래에서 올라오는 불의 심연, 위쪽에서 올라오는 불의 심연, 그 주위를 둘러싼 불의 심연에 놓입니다. 만약 그들이 만지거나 보거나 호흡한다면 그것은 오직 불뿐입니다. 그들은 물속의 물고기와 마찬가지로 불 속에 있을 것입니다. 그런데 이 불은 지옥에 떨어진 사람들의 주위에만 있는 게 아니라 그들의 몸 안으로도 들어가 고통을 줄 것입니다. 그들의 몸은 온통 불로 변해서 배 속의 내장과 가슴 속의 심장, 머리 속의 뇌, 혈관 속의 피를 태울 것이고 뼛속마저도 태울 것입니다. 지옥에 떨어진 모든 영혼은 그 자체가 불의 용광로로 변할 것입니다. (『죽음에 대한 고찰*Apparecchio alla morte*』, XXVI)

한편 에르콜레 마티올리 백작*은 『피에타 일루스트라타*Pietà illustrata*』(1694)에서 다음과 같이 썼다.

위대한 신학자들의 견해에 따르면, 놀라운 일은 불이 홀로 그 자체에 얼음의 차가움, 가시와 철의 쓰라림, 독사의 앙심, 살무사의 독, 온갖 맹수의 잔인함, 모든 원소와 별들의 증오를 완벽하게 담고 있다는 것입니다. (……) 하지만 더 놀라운 일, 불의 덕성을 넘어서는et supra virtutem ignis 것은 그러한 불이 단 한 종류일지라도 죄의 경중을 구분하여 더 큰 죄를 지은 자에게는 더 많은 고통을 준다는 것입니다. 테르툴리아누스가 지혜의 불sapiens ignis이라 불렀으며, 에우세비우스가 심판자 불ignis arbiter이라고 부른 불은 탄원자들의 중요도와 다양성에 따라서 죄악의 중요도와 다양성을 맞춥니다. (……) 죄인과 죄인을 구별하는 천부적인 이성과 완벽한 인식을 갖추고 있는 불은 정도의 차이를 둔 고통으로 그의 엄격한 처벌을 적용할 것입니다.

• Ercole Antonio Mattioli(1640~1694). 이탈리아의 정치가이자 외교관으로 만토바의 곤차가 궁정에서 재상으로 일했다. 일부 역사가들은 알렉상드르 뒤마의 소설 『철가면』의 실제 주인공이라고 주장한다.

그리하여 우리는 양을 치는 소녀였던 루치아 수녀가 밝힌 파티마의 마지막 비밀에 이르게 된다.

비밀은 세 부분으로 뚜렷하게 구분되어 있는데, 그중에서 두 개의 비밀을 밝히려고 합니다. 첫째 비밀은 지옥의 환시였습니다. 성모님께서는 저희에게 땅 밑에서 흐르고 있는 듯한 거대한 불바다를 보여주셨습니다. 그 불 속에는 악마들과 인간의 영혼들이 빠져 있었는데 투명하게 타오르는 불꽃 같았고 검거나 구릿빛을 띠고 있었습니다. 그들은 불바다 속에서 떠다니다가 그 속에서 치솟는 불꽃에 실려 자욱한 연기와 같이 위로 올랐다가 중심과 균형을 잃고서 고통과 절망의 비명과 신음을 내며 화염 속의 불똥처럼 사방으로 곤두박질치고 있었습니다. 저희는 그 광경을 보며 겁에 질려 벌벌 떨었습니다. 악마들은 무섭고 흉측한 모습 때문에 알아볼 수 있었는데, 투명하고 검은 것이 무시무시한 정체불명의 짐승과 같았습니다.*

연금술의 불

신성한 불과 지옥의 불의 중간에는 연금술의 장치와 같은 불이 자리하고 있다. 일반 금속을 황금으로 변화시키는 현자의 돌을 얻는 연금술에서 불과 도가니는 원료를 처리하는 과정의 필수적인 요소다.

원료의 처리 과정은 재료가 서서히 띠게 되는 색깔에 따라 세 단계로 구분된다. 바로 〈검게 하기, 희게 하기, 붉게 하기〉의 단계다. 〈검게 하기〉는 원료를 가열하고(그러니까, 불이 개입되는 단계다) 분해

• 교황청 신앙교리성, 「파티마의 메시지*Il messagio di Fatima*」, 2000년 6월 26일 ─ 원주.

하는 작업이고, 〈희게 하기〉는 승화나 증류의 과정이며, 〈붉게 하기〉는 마지막 단계다. 붉은색은 태양의 색으로 흔히 태양은 황금을 상징하고 황금은 태양을 상징한다. 이 과정의 기본적인 도구는 밀폐된 도가니, 즉 아타노르athanor지만 증류기와 사발, 절구, 그리고 저마다 상징적인 이름을 붙인 재료들, 가령 철학의 알, 신혼방, 펠리컨, 구체, 무덤 등도 사용되었다. 기본적인 물질은 유황, 수은, 소금이지만 그 공정은 매우 불분명하다. 연금술사들의 언어는 다음 세 가지 원칙에 근거하고 있기 때문이다.

1. 연금술은 최대의 비밀이자 누설해서는 안 되는 비밀 중의 비밀이기에, 그것이 말하는 것은 어떠한 표현으로도 전달할 수 없고 상징적인 어떠한 해석으로도 정의할 수 없을 것이다. 그 비밀은 항상 다른 곳에 있기 때문이다. 〈가엾은 멍청이여! 우리가 자네에게 공공연히 가르친 가장 크고 중요한 비밀을 곧이곧대로 믿을 정도로 어찌 그리 순진한가? 내가 장담하지! 누구든지 헤르메스주의 철학가들의 문헌을 문자 그대로 일반적인 의미에서 이해하려는 자는 아리아드네의 실타래도 없이 이리저리 꼬인 미로에 휘말려 헤어나지 못할 것일세.〉 (아르테피우스)
2. 금, 은, 수은과 같이 일반적인 물질을 말할 때에도 사실은 그것과 아무런 관계가 없는 철학가들의 금이나 수은 등 다른 것들에 대해 말하고 있다.
3. 어떠한 담론도 말하고자 하는 바를 분명하게 기술하지 않으며, 모든 담론은 언제나 똑같은 비밀에 대해서만 말할 것이다. 『철학가들의 집회Turba Philosophorum』에서 다음과 같이 말하듯이 말이다.

〈우리가 뭐라고 말하든 모두가 동의할 것이다. (……) 누군가는 다른 사람이 숨긴 것을 드러낼 것이고, 진정으로 찾는 사람은 모든 것을 발견할 수 있을 것이다.〉

여하튼 불은 연금술의 과정에서 언제 개입될까? 만약 연금술의 불이 소화나 수태에 작용하는 불과 유사하다면 불은 〈검게 하기〉의 과정에 개입되어야 한다. 즉 원료에 열기가 작용하여 끈적거리고 기름진 금속 본연의 습기에 대항해서 〈니그레도nigredo〉(검게 하기)를 완수하는 것이다. 동 페르네티의 『신화—연금술 사전Dictionnaire Mytho-Hermétique』(파리: Delalain 출판사, 1787)을 참고해 보자.

이 재료들에 열기를 가하면 먼저 가루로 변하고, 그다음 용기의 꼭대기로 증발하는 기름지고 끈적끈적한 물기로 변한다. 그러곤 이 슬이나 비처럼 바닥으로 다시 내려와 기름지고 검은 수프와 비슷하게 된다. 따라서 이 공정은 승화와 휘발, 승천과 하강이라 불린다. 그 물이 더욱더 응고되면 검은 역청처럼 변한다. 이런 이유로 악취가 나고 냄새가 고약한 땅이라 불리게 되었다. 또한 묘지와 무덤의 퀴퀴한 냄새를 내뿜기 때문이기도 하다. (「공정의 핵심La clef de l'oeuvre」, pp. 155~156)

하지만 교본에 나오는 증류, 승화, 배소(焙燒), 소화나 굽기, 반향, 용해, 하강, 그리고 응고 등의 용어는 같은 용기에서 수행되는 동일한 〈작업〉, 다시 말해 물질에 열을 가하는 일과 다를 것이 없다는 사실이 발견된다. 따라서 페르네티는 다음과 같은 결론을 내린다.

이 공정은 유일한 것이지만 다양한 용어들로 표현된다고 생각해야 한다. 그러면 다음의 표현들은 모두 다 똑같은 것을 의미한다고 이해할 것이다. 증류기에서 정제하다, 육체에서 영혼을 분리하다, 태우다, 배소하다, 성분들을 합치다, 그것들을 변환하다, 하나를 다른 것으로 바꾸다, 부패시키다, 녹이다, 생성하다, 잉태하다, 낳다, 떠내다, 적시다, 불로 씻다, 망치로 치다, 검게 만들다, 분해하다, 빨갛게 하다, 해체하다, 승화시키다, 갈다, 가루로 만들다, 절구에서 빻다, 대리석에서 분쇄하다. 그리고 다른 많은 비슷한 표현들도 진한 붉은색이 나올 때까지 오직 똑같은 방식으로 가열한다는 것을 의미하고 있다. 그러므로 불에서 용기를 떼지 않도록 주의해야 한다. 만약 재료들이 식으면 모든 게 허사가 되기 때문이다. (「일반 규칙 Règles générales」, pp. 202~206)

그런데 연금술의 불은 어떠한 불을 말하는 것일까? 여러 작가들은 페르시아의 불, 이집트의 불, 인도의 불, 원초적인 불, 자연의 불, 인위적인 불, 재의 불, 모래의 불, 줄밥의 불, 융합의 불, 불꽃의 불, 자연을 거스르는 불, 알지르 불, 수은 불, 하늘의 불, 부식성의 불, 물질의 불, 사자의 불, 부패의 불, 용의 불, 퇴비의 불 등등으로 서술하고 있으니 말이다.

불은 작업의 맨 처음부터 〈붉게 하기〉의 과정까지 내내 도가니를 달군다. 그런데 불이라는 용어는 연금술의 과정에서 나오는 붉은색 물질에 대한 은유는 아닐까? 다시 페르네티의 말을 인용하자면, 실제로 붉은색 돌은 다음의 여러 가지 이름으로 불린다. 붉은 고무, 붉은 오일, 루비, 황산, 타타르의 재, 붉은 덩이, 열매, 붉은 돌, 붉은 마그네슘, 별 모양의 돌, 붉은 소금, 붉은 유황, 피, 양귀비, 적포 도주, 붉은 황산, 코치닐, 그리고 바로 〈불, 자연의 불〉로도 불린다. (「상징들*Signes*」, pp. 187~189)

그러므로 연금술사들은 언제나 불을 가지고 연구했고, 불은 연금술의 기본적인 요소가 된다. 그렇지만 불 그 자체는 연금술의 가장 불가해한 미스터리 중의 하나로 여겨진다. 나는 황금을 만들어 본 적이 없기에 이 문제에 대한 답변을 주지 못한 채 불의 다른 유형으로 넘어가려고 한다. 불이 새로운 탄생의 도구가 되어 예술가들이 신들을 모방하는 또 다른 연금술, 바로 예술의 불이다.

예술의 동기가 되는 불

플라톤은 『프로타고라스*Protagoras*』에서 다음 설화를 들려준다.

옛날에 신들은 있었으나 유한한 생명체들은 없었던 때가 있었다. (……) 그 생명체들이 세상으로 나올 때가 되자, 프로메테우스와 에피메테우스는 그들에게 능력을 적절하게 나눠 주는 일을 맡게 되었다. 그런데 에피메테우스는 프로메테우스에게 자기 혼자서 그 일을 하겠다고 간청하고는 말했다. 「내가 분배하고 난 뒤에 와서 검사하게나.」 프로메테우스를 설득한 에피메테우스는 능력을 분배하기 시작했다. 일부 생명체에게는 속력 없는 힘을 주었고, 힘이 약한 무리는 빠르게 달리는 능력을 갖추게 했다. 그리고 다른 종족에게는 공격과 방어의 무기를 주었고, 무장을 갖추지 못한 종족에게는 자신을 보호하는 다른 능력을 궁리해서 대안을 마련해 주었다. 덩치를 작게

해서 날개를 달아 주거나 땅 밑에 숨을 수 있게 했고, 반대로 덩치를 크게 한 생물은 몸집 자체가 자신을 보호할 수 있게 했다. 다른 능력들도 이런 식으로 균형을 유지하며 고르게 분배하였다. (……) 다양한 생물들에게 서로의 학살을 피할 수단을 갖추게 한 다음, 이제 자연재해에 대비하는 방편을 마련해 주었다. 겨울의 추위와 여름의 무더위를 피하고자 풍성한 털과 두꺼운 껍질을 입혔는데 잠을 잘 때에는 그 자체가 자연스러운 침구가 되었다. 그리고 일부 동물에게는 굽을 주었고 다른 동물에게는 피가 없는 단단한 껍질을 가지게 했다. 이어서 다양한 종족들에게 각기 다른 먹이를 마련해 주었는데, 땅에서 나는 풀이나 나무의 열매, 식물의 뿌리들을 나눠 주었다. 그런가 하면 어떤 동물에게는 다른 동물의 고기를 식량으로 허락하기도 했다. 이와 같은 육식동물들은 새끼를 많이 낳을 수 없게 했으며 대신 먹이가 되는 동물들은 그 종을 보호할 수 있도록 다산을 보장했다.

그런데 에피메테우스는 아주 현명하지는 못한 인물이었다. 모든 능력을 짐승들에게만 다 써버리고 말았다. 뒤늦게 아직 인간 종족이 남아 있다는 사실을 깨닫고는 어찌할 바를 모르고 당황하기만 했다. 이러는 사이 프로메테우스가 와서는 다른 동물들은 모든 능력을 공평하게 나눠 가졌으나 인간은 벌거숭이인데다 맨발이고 침구가 될 만한 것도 무기도 없는 걸 보고 말았다. (……)

따라서 프로메테우스는 인간을 위해 무엇을 마련해야 할지 고심하다가 헤파이스토스와 아테나에게서 기술을 사용하는 지혜와 불(불 없이는 가질 수도 활용할 수도 없는 지혜였으므로)을 훔쳐서 인간에게 주었다.*

• 이탈리어아 번역판(조반니 레알레 번역), 밀라노: Bompiani 출판사, 2001, pp.

적어도 그리스가 이해한 〈기술〉의 의미에서 볼 때, 예술은 불의 정복으로 탄생하였고 이로써 인간은 자연을 지배하게 되었다. 플라톤이 클로드 레비스트로스의 글을 읽지 못했고, 따라서 불의 발견을 통해 음식을 요리하게 되었다는 점을 말하지 않아서 유감이다. 하지만 결국 요리는 예술이기에 플라톤의 〈테크네techne〉 개념 아래에 포함된다고 할 수 있다.

르네상스 시대의 이탈리아 조각가 벤베누토 첼리니는 그의 자서전, 『인생La Vita』에서 불과 예술의 밀접한 관계를 아주 뛰어나게 서술하고 있다. 첼리니는 밀랍 모형에다 점토의 옷을 입히고 약한 불을 이용해 그 밀랍을 녹여 빼내는 등 그의 청동상 〈페르세우스〉의 주조 과정을 들려주고 있다.

밀랍이 녹아서 내가 만든 여러 개의 공기창을 통해 밖으로 흘러나왔다. 공기 통로가 많을수록 거푸집은 더욱 잘 채워진다. 밀랍이 웬만큼 빠져나왔을 때, 나는 페르세우스 모형 주위에다 용광로를 만들었다. 불이 잘 일어나도록 공기창을 많이 만들기 위해 벽돌을 하나씩 걸쳐서 쌓아 올렸다. 그러곤 거기에다 조심스레 장작을 넣고 이틀 밤낮을 계속해서 불을 지폈다. 드디어 밀랍이 완전히 빠지고 거푸집이 잘 구워졌을 때, 그 거푸집이 들어갈 구덩이를 팠다. 나는 전문적인 미술 기법을 모두 동원해서 이 작업을 수행했다. (……) 그리고 거푸집을 매달아 정확히 구덩이의 한가운데로 방향을 잡아서 천천히 용광로의 바닥까지 내렸다. (……) 나는 거푸집이 잘 고정되었고 공기가 통하는 도관이 알맞게 배치된 것을 보았다. (……) 다

40~41 ─ 원주.

량의 구리 덩어리와 청동 조각들을 채워 넣은 용광로로 몸을 돌렸다. 이것들도 전문적인 미술 기법에 따라 하나 위에 또 하나씩 쌓아 올렸다. 그래서 불길들이 자유롭게 움직여서 가능한 한 빠르게 금속이 달구어지고 녹아 액체로 변하게 했다. 나는 조수들에게 용광로에 불을 붙이라고 우렁차게 소리쳤다. 내 작은 용광로가 아주 잘 만들어진데다 연료로 쓴 소나무 장작에서 배어 나온 송진의 기름기 덕분에 작업은 순조롭게 진행되었다. (……) 그런데 작업장에 불이 붙었고 우리는 지붕이 머리 위로 떨어지지 않을까 겁이 났다. 한편 텃밭 쪽에서 몰아치는 비바람은 내 용광로를 차갑게 식혔다. 이렇게 몇 시간 동안 고약한 조건들과 싸우면서, 나는 내 강한 체력의 한계를 넘어서까지 안간힘을 써댔다. 그러다 갑작스러운 열 기운이 나를 덮쳤고 그 엄청난 열 기운을 견디다 못한 나는 침대에 누울 수밖에 없었다. (Ⅱ, 75).

이렇게 우발적인 불과 인공적인 불, 그리고 몸에서 나는 열기 사이를 오가며, 많은 궁리 끝에 그의 유명한 청동상 〈페르세우스〉가 만들어졌다.

그런데 만약 불이 신적인 요소라면, 인간이 불을 지피는 법을 터득하는 것은 신들에게 주어진 능력을 갖춘다는 것이다. 그러므로 신전을 밝히는 불도 인간의 오만한 행동에서 나온 결과일 것이다. 그리스 문명은 불의 정복에다 인간의 오만함이라는 의미를 곧바로 부여하였다. 그리고 신기하게도 그리스 비극뿐만 아니라 프로메테우스의 일화를 다룬 후대의 예술에서도 불의 선물보다는 불의 정복에 뒤따르는 응징을 강조하고 있다.

현시적 경험과 같은 불

예술가의 긍지와 오만에서, 예술가가 신들과 비슷한 존재라고 인식(또는 인정)하고 예술 작품이 신의 창작물을 대신한다고 여길 때, 퇴폐적인 감성이 분출하고 미학적 경험과 불을, 그리고 불과 현시 epiphany를 같은 것으로 보게 된다.

〈현시〉의 개념은 영국의 평론가 월터 페이터가 쓴 르네상스에 관한 에세이의 결론에서 처음 등장한다. 이 유명한 결론이 〈만물은 유전하며, 머물러 있는 것은 없다〉는 헤라클레이토스의 말을 인용하면서 시작한 것은 당연하다. 현실은 발생했다가 서서히 사라지는 힘과 원소들의 집합이고, 우리는 피상적인 경험을 통해 그것들이 끈질긴 현존 안에 견고하게 고정된 듯이 여기는 것이다. 〈하지만 반성(反省)이 그 대상들에 작용하기 시작하면 그 영향 아래에서 대상들은 분해되어 버리고 그들의 응집력은 마술을 부리듯이 해체되어 버린다.〉 그러므로 우리는 이 인상들의 세계, 불안정하고 깜빡거리고 변덕스러운 인상들의 세계에서 사는 것이다. 습관은 깨져 버리고 일상은 사라져 버린다. 이런 이유로 한순간 포착되었다가 이내 사라져 버리는 단 하나씩의 순간들이 머무른다.

매 순간 어떤 손 혹은 얼굴이 완벽한 형상으로 나타나고 어느 언덕 혹은 바다의 색조가 다른 것보다 더 아름답게 보인다. 또한 열정이나 직관, 지적 흥분의 어떤 상태는 우리에게 너무도 현실적이고 매력적으로 느껴진다. 오직 그 순간에서만은.

이 희열의 상태를 유지하는 삶이야말로 성공적인 인생일 것이다.

우리의 발밑에서 모든 것이 녹아 버리는 사이, 우리는 얼마든지 그 어떤 강렬한 열정에 사로잡히거나 잠시나마 영혼의 자유를 주는 인식의 영감에 빠져들 수 있다. 그리고 신비로운 색채나 진기한 향기 같은 감각적인 자극들, 예술가의 손이 빚은 작품이나 친구의 얼굴을 포착할 수 있을 것이다.*

모든 퇴폐주의 작가들은 탐미적이고 관능적인 희열을 광채라는 용어에서 느낀다. 하지만 불의 개념에 미학적인 희열을 처음으로 연결한 작가는 가브리엘레 단눈치오**일 것이고, 우리는 그저 〈불꽃은 아름답다〉는 아주 상투적인 표현으로 단눈치오를 떠올리지는 않을 것이다. 불의 경험과 같은 미학적 희열의 개념은 바로 〈불〉이라는 제목을 붙인 그의 소설에서 나온다. 베네치아의 아름다움 앞에서, 주인공 스텔리오 에프레나는 불을 경험한다.***

순간마다 엄청난 위력의 번갯불 같은 것이 사물에서 진동하였다. 둥그런 쿠폴라의 꼭대기에 세운 십자가에서 다리 아래에 맺힌 희미

---

* 월터 페이터, 『르네상스에 관한 에세이 Saggio sul Rinascimento』, 이탈리아어 번역판(마리오 프라즈 번역), 밀라노: Garzanti 출판사, 1944 — 원주.

** Gabriele D'Annunzio(1863~1938). 이탈리아의 시인, 소설가, 극작가, 군인, 정치가로 이탈리아 데카당스(퇴폐주의) 문학의 상징과도 같은 인물이다. 풍부한 감수성과 독창성을 바탕으로 하는 그의 문학은 관능적이고 극단적인 탐미주의를 추구하며 니체의 초인 사상도 엿보인다. 놀라운 시적 재능, 다채로운 경력, 귀족적이고 세련된 취향과 수많은 연애 사건, 정치적 지도력 등으로 당대의 가장 주목받는 인물이었다. 제1차 세계 대전에 참전해서 전쟁의 영웅으로 추대되었으며 전투 중에 한쪽 눈을 잃기도 했다. 말년에는 가르다 호숫가의 별장 일 비토리알레Il Vittoriale에서 은둔하며 지냈다.

*** 가브리엘레 단눈치오, 『불Il fuoco』, I, 「불의 현시L'epifania del fuoco」 — 원주.

한 소금 결정체에 이르기까지, 모든 것은 빛의 숭고한 환희 안에서 빛났다. 돛대의 망루에서 폭풍우의 조짐을 큰소리로 외치듯이, 가장 높은 탑에 서 있는 금빛의 천사는 확 타오르며 배의 도착을 알려 주었다. 이윽고 배가 나타났다. 그 배는 진홍색 옷자락을 뒤로 나부끼면서 불 마차를 타듯 구름을 타고 왔다.

현시에 대한 최고의 이론가 제임스 조이스는 단눈치오의 소설을 읽고 사랑했으며, 그 불에서 영감을 받았다. 〈스티븐에게 현시란 천박한 말이나 몸짓, 혹은 기억할 만한 사고들의 순환에서 발생하는 갑작스러운 정신적 계시를 의미했다(『스티븐 히어로우-Stephen Hero』).〉이 체험은 조이스의 작품에서 언제나 불의 경험으로 나타난다.『젊은 예술가의 초상』에서 〈불fire〉이라는 말은 59번 반복되었고, 〈불꽃flame〉과 〈불타는flaming〉은 35번 나왔으며, 〈광채radiance〉나 〈광휘splendour〉 등 비슷한 다른 표현들은 말할 것도 없다. 단눈치오의 『불』에서 포스카리나는 스텔리오의 말을 듣고서, 〈대장간의 용광로처럼 강렬한 분위기에 매혹되었음〉을 느낀다. 스티븐 디덜러스에게 미학적인 희열은 언제나 광채의 번뜩임으로 나타나며 태양의 은유들을 통해 표현된다. 그리고 스텔리오 에프레나에게도 같은 일이 일어난다. 아래의 두 대목을 비교해 보자. 먼저 단눈치오의 소설이다.

배는 격렬하게 방향을 틀었다. 기적과도 같았다. 태양의 첫 광선이 펄럭이는 돛을 가로질렀으며 산마르코 성당과 산조르조마조레 성당의 종탑 위에 솟은 근엄한 천사상들을 비추었다. (······)
오, 영광의 기적이여! 힘과 자유가 넘치는 초인적인 느낌은 마치 바람이 돛을 부풀리듯이 젊은이의 심장을 벅차오르게 했다. 그는 자신의 피가 발산하는 진홍색 광채 속에 있듯이 돛에서 내리쬐는 진홍빛 광채 속에 머물러 있었다. (단눈치오, 『불』, 제1권)

그리고 조이스의 『젊은 예술가의 초상』을 보자.

그의 사색은 의혹과 자기 불신이 어둑하게 깔려 있었다. 때로는 직관의 빛이 번뜩이기도 했지만, 그 광채의 빛은 너무나 선명해서 그 순간 세상은 불에 휩싸인 듯 발밑에서 사라져 버렸다. 그럴 때면 그의 입은 무거워지고 다른 누구와 눈길이 마주쳐도 그의 눈은 반응하지 않았다. 왜냐하면 그는 미의 정신이 망토처럼 자기를 감싸고 있다고 느꼈기 때문이다.•

재생시키는 불

헤라클레이토스의 견해에 따르면, 우주는 어느 시대든지 불을 통해 자신을 재생한다. 그리스의 철학가 엠페도클레스는 불을 가장 친근하게 여긴 인물이었다. 스스로 신이라 자처했으며 (일부의 말에 따르면) 에트나 화산의 분화구에 몸을 던져서 영원히 신으로 남으려고 했기 때문이다. 이 마지막 정화, 그가 불 속으로 뛰어들어 최후를 맞았다는 일화는 시대를 막론하고 시인들의 마음을 사로잡았다. 횔덜린의 비극 「엠페도클레스의 죽음」을 떠올리는 것으로 충분하다.

• 제임스 조이스, 『디덜러스. 젊은 예술가의 초상 *Dedalus. Ritratto dell'artista da giovane*』, 이탈리아어 번역판(체자레 파베제 번역), 토리노: Frassinelli 출판사, 1951, p. 226 — 원주.

보이지 않니? 내 인생의 황금 시절이

오늘 다시 돌아오고 있구나.

지금껏 보지 못했던 가장 아름다운 시절이.

아들아, 올라가자꾸나,

고대의 신성한 에트나 산 정상으로!

높은 산에서는 신들이 더 잘 보인단다.

바로 오늘 나는 이 두 눈으로

강물과 섬과 바다를 내려다보고 싶구나.

황금빛 물결 위에서 머뭇거리는 일몰의

태양 빛은 나에게 복을 빌어 주겠지.

그 옛날 내가 처음으로 사랑했던

찬란하고 젊은 그 태양 빛이.

그러면 영원한 별들이

우리 주위에서 조용히 반짝일 것이고

산속 깊은 곳에서부터 대지의 화염이 솟구치면

모든 것을 움직이는 에테르의 정신이

우리를 부드럽게 감싸 줄 거야. 오, 그렇게 된다면!•

여하튼 헤라클레이토스와 엠페도클레스에게 불은 창조자일 뿐
만 아니라 파괴자와 재생자라는 의미도 가진다. 스토아학파 철학가
들은 만물이 불에서 생성되어 불로 돌아간다는 우주론에서, 끊임없
이 반복되고 우주의 파멸과 재탄생을 일으키는 큰 불과 같은 에크

• 프리드리히 횔덜린, 『엠페도클레스의 죽음La morte di Empedocle』, 이탈리아어
번역판(라우라 발비아니 번역), 밀라노: Bompiani 출판사, 2003 ─ 원주.

피로시스Ekpyrosis에 대해 다루었다. 에크피로시스 이론이 불을 통한 정화가 인간의 계획과 실행으로 달성될 수 있다고 주장하는 것은 아니다. 하지만 분명히 불을 토대로 하는 많은 제물 의식에는 불이 파괴하면서 정화하고 다시 태어나게 한다는 생각이 깔려 있다. 이런 생각을 통해 화형이 신성한 의식으로 여겨지게 되었다.

과거에 화형은 빈번하게 시행되었다. 중세 시대 이단자들뿐만 아니라 더 최근, 적어도 18세기까지는 마녀들에게 화형을 내렸다. 오직 단눈치오의 탐미주의에서만 화형대의 불꽃을 아름답다고 말할 수 있을 것이다. 많은 이단자를 산 채로 불살랐던 화형은 다른 고문들을 동반했기 때문에 더욱 끔찍한 형벌이었다. 『이교도의 우두머리, 프라 돌치노 이야기Storia di fra Dolcino eresiarca』에서 프라 돌치노*가 고문당하는 장면을 인용하는 것으로 충분할 것이다. 프라 돌치노와 그의 아내 마르게리타는 종교 재판소의 판결을 집행하는 기관에 넘겨졌다. 종소리가 울려 퍼지자 그들은 수레에 실려 도시 전체를 돌았다. 수레 주위에는 사형 집행인들이 둘러싸고 군인들이 뒤따랐다. 수레 행렬이 한 구역에 도착할 때마다 죄인들은 시뻘겋게 달군 집게가 살을 파고드는 고통을 당해야 했다. 마르게리타는 돌치노보다 먼저 불에 태워졌다. 돌치노는 이를 지켜보며 얼굴을 움찔하지 않았다. 집게가 그의 살을 찢을 때에 터져 나오는 오열을 삼켰

• fra Dolcino(c. 1250~1307). 이탈리아의 종교 설교자로 게라르도 세가렐리가 창설한 급진적인 기독교 종파 〈사도파〉를 이끌었다. 회개와 청빈을 강조하면서 나름의 생활 규율을 세우고 교리를 재해석했으며 교회와 성직자의 권위를 비난했다. 이탈리아 북부 피에몬테의 산악 지대에 공동체를 설립하는 등 한때 수많은 추종자가 따르기도 했으나, 결국 십자군의 개입으로 〈사도파〉는 해체되었고 돌치노는 이단의 죄목으로 체포되어 1307년에 화형을 당했다.

을 때처럼. 그런 뒤에, 사형 집행인들이 불타는 화덕에다 그들의 쇠 집게를 밀어 넣는 동안 수레는 제 갈 길을 계속 이어갔다. 돌치노는 다른 고문들을 당했으며 여전히 입을 꾹 다물고 있었다. 하지만 그들이 그의 코를 잘라냈을 때 어깨를 조금 움츠렸으며, 그의 남근을 뽑았을 때는 앓는 듯한 긴 신음을 뱉었다. 그는 끝까지 참회하지 않았는데, 셋째 날에 부활할 것이라는 마지막 말을 남겼다. 돌치노는 불태워졌고 그의 재는 바람 속으로 흩어졌다.

시대와 인종, 종교를 막론하고, 종교 재판관들에게 불은 인간의 죄뿐만 아니라 책의 죄도 정화하는 도구였다. 책을 불사른 이야기는 무수하다. 부주의로 인한 사고나 무지에 의해서 일어난 경우도 있지만, 나치들은 퇴폐적인 예술의 흔적들을 정화하고 파괴하기 위해 책을 불태웠다. 돈키호테의 열성적인 친구들은 도덕적인 이유와 그의 정신 건강을 위해 기사도 책들이 있는 도서관을 불사르기도 했다. 엘리아스 카네티의 소설 『화형Auto-da-Fé』에서 도서관이 불타는 장면은 엠페도클레스의 최후를 연상시킨다. 〈마침내 불길이 그에게 닿았을 때 그는 큰 소리로 웃는다. 마치 평생 웃어 본 적이 없는 사람처럼.〉 레이 브래드버리의 『화씨 451Fahrenheit 451』에서도 화형을 선고받은 책들이 불태워진다. 내 소설 『장미의 이름Il nome della rosa』에 나오는 수도원의 도서관은 숙명적으로 불타지만 그 원인은 근본적으로 검열 행위에서 나온 것이다.

페르난도 바에스는 『책 파괴의 세계사Historia universal de la destrucción de los libros』(2004)에서 어떤 이유로 불이 책 파괴의 주된 방식이 되었는지 밝히고 있다.

불은 구원의 요소다. 이런 이유로 거의 모든 종교는 그들 각자의 신에게 불을 바친다. 생명을 수호하는 이 힘은 파괴적인 힘이기도 하다. 인간은 파괴의 도구로 불을 사용하면서 생명과 죽음의 불을 관장하는 신처럼 행동한다. 이렇게 하여 정화의 태양 숭배는 불을 통해 일어나는 위대한 파괴 신화와 동일시된다. 불을 사용하는 이유는 아주 분명하다. 불은 작업의 정신을 순수한 물질로 만들어 버리기 때문이다.

현대의 에크피로시스

모든 전쟁에서 불은 파괴자가 된다. 비잔틴 제국의 우화적이고 전설적인 병기 〈그리스의 불〉(분명히 군사상의 기밀이었는데, 루이지 말레르바의 소설 『그리스의 불*Il fuoco greco*』은 이에 관해 멋지게 다루고 있다)에서부터 독일의 수도자이자 연금술사 베르트홀트 슈바르츠가 우연히 화약을 발견한 것에 이르기까지 불은 파괴의 대명사다. 불은 전쟁의 반역자에게 내리는 형벌이며, 〈발사fire!〉라는 외침은 총살 집행의 명령어이기도 하다. 마치 죽음의 종결을 재촉하기 위해 생명의 근원에게 기원하듯이 말이다. 하지만 아마도 인류에게 가장 위협적인 전쟁의 불은 원자 폭탄의 폭발이었을 것이다. 지구의 어느 한곳에서 일어난 그 폭발은 처음으로 전 세계의 인류가 인식할 정도로 위협적이었다. 나가사키에 폭탄을 투하한 조종사들 중 한 명은 다음과 같이 회고했다. 〈갑자기 수천의 태양 빛이 기내로 쏟아졌다. 나는 선글라스를 쓰고 있었지만 2초 동안 눈을 뜰 수가 없었다.〉 힌두교의 경전 『바가바드기타』에는 다음과 같은 구절이 나온다. 〈만약 천 개의 태양 빛이 하늘에서 한꺼번에 폭발한다면 그것은 전능한 자의 광채와 같을 것이다. (……) 이제 나는 죽음이 되었고, 세계의 파괴자가 되었다.〉로버트 오펜하이머*는 인류 최초의 핵폭발을 지켜본 뒤 이 구절을 언급했다.

이제 내 강연은 막바지로 향하고 있고, 지구에서 인간의 현존, 혹은 우주에서 지구의 실존 역시 막바지에 달해 있다. 우주를 구성하는 세 개의 기본 원소가 전에 없는 위기를 맞고 있기 때문이다. 공해와 이산화탄소로 신음하는 공기, 오염된 데다 더욱더 부족해지는 물, 오직 불만이 열기의 형태로 기세등등하다. 그 열기는 계절을 교란하면서 지구를 건조하게 만들고, 만년설을 녹여 해수면을 상승시키고 있다. 우리는 깨닫지 못한 채 진정한 최초의 에크피로시스를 향해 행진하고 있다. 부시와 중국이 「교토 의정서」 비준을 거부하는 동안에도 우리는 불로 인한 죽음으로 나아가고 있다. 그리고 우리가 파멸된 뒤에 우주가 재탄생될지는 별로 중요하지 않다. 그 우주는 우리의 것이 아니게 될 테니 말이다.

석가모니는 그의 〈불의 설교〉에서 다음과 같은 설법을 전하고 있다.

모든 것은 불타고 있느니라. 무엇이 불타고 있는가? 눈이 불타고 있고, 형태와 색채들이 불타고 있다. 눈으로 지각하는 것도, 눈과 마주치는 것도 불타고 있다. 눈의 접촉으로 생기는 모든 감각, 좋거나

---

* Robert Oppenheimer(1904~1967). 미국의 이론 물리학자로 제2차 세계 대전 중에 원자 폭탄 제조를 지휘하고 세계 최초로 성공을 거두었다. 국가적인 영웅이 되어 미국 과학계의 대표자로 활동했으나 1950년 수소 폭탄 제조에 반대한 이후 모든 정책 결정에서 제외되었다. 오펜하이머는 1965년 TV 인터뷰에서 원자 폭탄의 위험을 경고하며 『바가바드기타』의 구절을 인용했다.

나쁘거나 혹은 그 어느 쪽도 아닌 무엇도 불타고 있다. 무엇에 의해서 불타고 있는가? 탐욕의 불로 타고 있다. (……) 태어나서 늙어가며 죽는 것, 슬픔과 탄식, 고통과 고난 그리고 절망들로 타고 있다. 귀가 불타고 소리가 불탄다. (……) 코가 불타고 냄새가 불탄다. (……) 혀가 불타고 맛이 불탄다. (……) 촉감이 불탄다. (……) 의식이 불탄다. (……) 배움을 따르는 고귀한 제자는 모든 것을 이처럼 보아서, 시각과 형태와 색깔에 지배되지 않고 (……) 청각과 소리에 지배되지 않고 냄새에도 지배되지 않는다. (……) 혀의 접촉으로 생기는 모든 것, 좋거나 나쁘거나 혹은 그 어느 쪽도 아닌 모든 감각에서 벗어난다.

하지만 인류는 냄새와 맛, 소리에 대한 애착과 감촉이 주는 즐거움을 포기할 수 없을 것이며, 마찰을 통한 불의 생산도 단념할 수 없을 것이다. 아마도 불은 아주 가끔 번갯불의 형태로만 우리가 경험할 수 있는, 신들의 권한으로 남겨 뒀어야 했을지도 모른다.

2008년 7월 7일 〈4대 원소: 불, 공기, 흙, 물〉을 주제로 한 밀라네지아나 축제의 간담회에서 발표.

보물찾기

보물찾기는 아주 매력적인 경험이다. 적절하게 여행 계획을 세우고, 교회의 흥미진진한 보물들을 추적하는 여정은 충분히 가치 있는 일이다. 작은 수도원에서 진귀한 보물들을 발견하는 일은 얼마나 멋지겠는가! 파리 근교의 생 드니 수도원의 경우는 더 이상 방문할 필요가 없을 것이다. 12세기 생 드니 수도원장 쉬제르는 보석, 진주, 상아, 금 촛대, 제단 장식물의 열성적이고도 아주 고상한 수집가였으며, 이곳에서 그의 값진 수집품들을 종교와 신비 철학의 일종으로 탈바꿈시켰다. 그런데 안타깝게도 성 유물함들, 성합과 성작들, 왕들이 대관식 때 착용했던 예복들, 루이 16세와 마리 앙투아네트의 장례 왕관, 태양왕이 기증한 〈목동들의 경배〉는 뿔뿔이 흩어져 버렸다. 그가 수집한 아주 뛰어난 보물들의 일부는 여전히 루브르 박물관에서 볼 수 있지만 말이다.

반면 프라하에 있는 성 비투스 대성당은 놓쳐서는 안 될 곳이다. 그곳에는 아달베르토 성인과 벤체슬라우스 성인의 유골이 안치되어 있으며, 스테파노 성인의 검, 성 십자가의 일부, 최후의 만찬의 식탁보, 마르게리타 성녀의 치아, 비탈리스 성인의 경골 일부, 소피아 성녀의 갈빗대, 에오바노 성인의 턱, 모세의 지팡이, 성모 마리아의 옷이 있다.

베리 공작의 굉장한 보물 목록에 있던 요셉 성인의 약혼반지는 파리의 노트르담 대성당에 있다. 한편, 빈 제국의 감탄스러운 황실 보물에는 베들레헴의 구유, 스테파노 성인의 가방, 예수의 옆구리를 찔렀던 창과 성 십자가에 박혔던 못, 카롤루스 대제의 검, 세례자 요한의 치아, 안나 성인의 팔뼈, 사도의 쇠사슬, 사도 요한의 옷 조각, 최후의 만찬 때 쓰인 식탁보의 다른 한 조각이 있다.

그러나 우리는 보물에 관심을 보이면서도 정작 아주 가까이에 있는 것들은 놓치기 마련이다. 예를 들어, 관광객은 말할 것도 없고 밀라노에 사는 시민 중에도 밀라노 두오모의 보물들을 관람한 적이 없는 사람들이 있을 것이다. 이곳에는 11세기 아리베르토 대주교가 지녔던 복음집의 표지가 있는데, 칠보와 금세공, 갖가지 보석으로 장식된 그 매혹적인 아름다움에 감탄을 금치 못할 것이다.

보물 애호가들이 즐기는 취미 중의 하나는 보석과 그것의 다양한 가치를 연구하는 것이다. 그들은 다이아몬드, 루비, 에메랄드 등 대표적인 보석뿐만 아니라 성경에서 자주 언급되는 오팔, 녹옥수, 녹주석, 마노, 벽옥 등에도 관심을 둔다. 뛰어난 안목을 갖춘 사람들은 진짜 보석과 가짜 보석을 구별하기도 한다. 밀라노 두오모의 보물 중에는 바로크 시대에 은으로 만든 카를로 보로메오 성인의 큼지막한 인물상이 있다. 의뢰인이나 기증자에게 은은 다른 재료에 비해 보잘것없는 것으로 여겨졌을 것이다. 따라서 인물상 전체는 반짝이는 보석으로 장식되었다. 안내 책자에 따르면, 이 보석 중 일부는 진짜고 일부는 채색 크리스털이다. 하지만 상업적인 가치의 문제는 접어 두고, 우리는 무엇보다도 이러한 성물의 제작자들이 얻고자 했던 결과, 즉 사물 전체를 휘감은 풍성한 광채의 효과에 탄복하게 된다. 이는 보석 재료의 대부분이 진짜이기 때문이기도 하지만 파리에 있는 최고급 보석 가게의 진열대보다 벼룩시장의 좌판이 더 황홀하게 보이는 이유 때문이기도 하다.

그다음으로는 카를로 보로메오 성인의 후두(喉頭)도 눈길을 끌지만, 교황 비오 4세의 작은 예배당에 더 주의 깊은 시선을 두게 된다. 금과 청금석으로 만든 두 기둥에는 그리스도를 성묘에 안치하는 장면이 묘사되어 있다. 위쪽으로는 원형의 줄무늬 마노에 13개의 다이아몬드가 박힌 황금 십자가가 있으며, 작은 페디먼트는 금과 마노, 청금석과 루비로 꾸며졌다.

더 과거로 가서 암브로시우스 성인 시대의 보물로는 사도들의 유물을 담은 작은 궤가 있다. 은으로 만들어진 유물 보관함은 근사한 부조로 장식되어 있다. 그러나 상아를 조각해서 만든 5세기 라벤나의 예술품「다섯 부분으로 이루어진 두 폭 제단화Dittico delle cinque parti」의 부조가 더욱 매력적이다. 사각형의 틀 안에 예수의 생애를 묘사한 장면들을 담았으며, 중앙에는 하느님의 거룩한 어린 양이 도드라지게 표현되었다. 각각의 장면은 오래된 상아를 배경으로 흐릿한 빛깔을 띠고 있다.

역사적인 전통은 부당하게도 우리가 위의 장식품들을 소예술*이

• 중세 시대부터 서양 예술은 중요도에 따라 대예술arti maggiori과 소예술arti minori로 분류되었다. 건축, 조각, 회화 등은 대예술이라 정의했으며, 도자기, 금속, 유리, 목각 등의 공예를 포함하는 장식이나 실용적인 목적의 예술은 소예술이라 불렀다.

라고 부르게 했다. 분명히, 불명예스러운 형용사를 붙일 이유가 없는 훌륭한 예술이다. 만약 〈작은〉(예술적으로 가치가 더 낮은)이라는 형용사를 붙여야 한다면, 두오모 성당 그 자체일 것이다. 만약 홍수가 나서 밀라노 두오모와 〈두 폭 제단화〉 중 하나를 구해야 한다면, 나는 주저하지 않고 후자를 선택할 것이다. 방주에 싣기가 더 수월하다는 이유 때문이 아니다.

그러하기에 나는 두오모 지하에 있는 카를로 보로메오 성인의 무덤을 방문했을 때, 성인의 육체를 담은 은과 크리스털로 만든 용기가 그 속에 든 것보다 더 기적적으로 보였다. 밀라노 두오모는 모든 보물을 다 공개하지 않는다. 『밀라노 두오모의 제의와 제구들의 목록*Inventario dei paramenti e delle suppellettili sacre del Duomo di Milano*』을 읽어 보면, 전시된 보물은 여러 성구실에 분산되어 보관된 소장품의 아주 작은 일부일 뿐이라는 것을 깨닫게 된다. 그중에는 화려한 제의들, 각가지 그릇들, 상아와 금 세공품, 그리고 예수의 가시관을 엮었던 가시 몇 개, 성 십자가의 조각, 성녀 아녜제와 성녀 아가타, 성녀 카테리나, 성녀 프라세데, 성 심플리치아노, 성 카이오, 성 게론티우스의 유해 일부나 유품과 같은 성유물(聖遺物)들을 포함하고 있다.

우리가 성유물을 견학할 때 과학적인 태도로 접근할 필요는 없을 것이다. 합리적인 사고로 본다면 신앙심을 잃을 수도 있기 때문이다. 예를 들어, 12세기 독일의 한 성당에 열두 살 나이의 세례자 요한의 두개골이 있었다는 전설이 전해지기도 했다. 언젠가 나는 아토스 산에 있는 한 수도원에서 도서관 사서 수도사와 이야기를 나눈 적이 있었다. 나는 그가 파리에서 롤랑 바르트의 학생이었으며

1968년의 저항 운동에 가담했다는 사실을 알게 되었다. 따라서 그가 교양과 의식을 갖춘 사람이라 여기고 다음과 같은 질문을 했다. 그가 매일 아침 새벽에, 그리고 한없이 이어지는 장엄한 종교 의식 동안에 마음을 다해 입을 맞추는 그 성유물들이 진짜라고 믿는지. 그는 이해한다는 눈빛을 담아 부드러운 미소를 지었다. 그리고 문제는 성유물의 진위에 있는 것이 아니라 신앙에 있으며, 그는 성물에 입을 맞추면서 신비스러운 향기를 느낀다고 했다. 요컨대 성유물이 신앙심을 갖게 하는 것이 아니라 신앙이 그 유물을 만든다는 것이다.

무신론자일지라도 두 가지 경이로운 매력에 끌리게 된다. 우선, 실물 그 자체다. 본능적인 거부감이 느껴지면서도 애잔하고 신비스러운 느낌을 일으키는 정체불명의 누르스름한 연골들, 어느 시대 누군가가 입었을 색이 바래고 때가 묻고 너덜너덜해진 옷 조각, 그 천조각은 이따금 병 속에 담긴 불가사의한 필사본처럼 유리병 안에 둥글게 말려 있다. 그리고 직물이나 금속, 혹은 그 아래에 놓인 뼈가 하나가 되어버린 듯 부스러기가 된 물질들⋯⋯. 둘째는 종종 입이 딱 벌어질 정도로 화려하게 장식된 용기들이다. 어떤 경우는 브리콜뢰르bricoleur(손재주꾼)의 작업을 통해 여러 개의 상자가 모인 탑이나 첨탑과 쿠폴라를 갖춘 작은 성당의 형태로 제작되기도 한다. 이러한 바로크풍의 유물 상자들(가장 아름다운 것들은 빈에 있다)은 시계나 악기, 마술 상자처럼 보이는 작은 조각품들이 모여 숲을 이루고 있다. 이것 중 일부는 현대 예술 애호가들에게 조셉 코넬의 초현실주의 상자들과 아르망 페르난데스의 질서 정연한 사물로 가득한 상자들을 떠올리게 한다. 하지만 이러한 세속적인 작품들도 낡고 먼지투성이 재료에다 갖가지가 덕지덕지 쌓여서 유물 상자와 비슷한 분위기를 풍기고 있으며, 감상하는 이들의 세심한 눈길을 요구하고 있다.

보물찾기는 중세 시대 예술 후원자들의 취향뿐만 아니라 르네상스와 바로크 시대 수집가들의 기호가 어떠했는지 이해하는 것이고, 독일 왕자들의 개인 수장고Wunderkammern까지도 기웃거리는 일이다. 성물과 신기한 물건, 그리고 예술품 간의 구별은 명확하지 않다. 상아 부조는 세공 기술(오늘날 예술성이라고 부르는)에서나 원료의 가치에서나 모두 뛰어나다. 그리고 신기한 물건은 귀중하고 흥미롭고 경이로운 것으로 여겨졌다. 따라서 베리 공작의 컬렉션에는 미사 때 사용되는 성작들과 예술적인 가치가 높은 도자기들이 박제된 코끼리, 바실리스크, 어떤 성직자가 달걀 안에서 발견한 달걀, 사막의 만나, 유니콘의 뿔 등과 어깨를 나란히 하고 있다.

신기한 보물들은 모두 사라졌을까? 그렇지 않다. 유니콘의 뿔은 빈의 황실 보물관에도 있으며, 이는 유니콘이 존재했다는 증거로 쓰인다. 비록 안내 책자는 실증주의의 냉혹함으로 그것이 일각 고래의 뿔이라고 알려 주고 있지만 말이다.

그럴지라도 열성적인 보물 애호가의 정신이 깃든 방문객은 유니콘의 뿔에 쏟는 것과 똑같은 정도의 관심으로 그 뿔을 바라볼 것이다. 성배라고 여겼던 4세기의 마노로 만든 잔, 황제의 왕관과 구슬과 홀(중세의 현란한 보석 장신구들)도 그러할 것이다. 그리고 빈의 황실 보물은 시간의 경계를 모르기에, 〈로마의 왕〉이라 불린 나폴레옹의 불행한 아들이 잠을 잤던 황제의 기둥 침대도 경이로운 눈으로 바라보게 할 것이다. 그러는 순간, 이 보물들은 유니콘이나 성배와 같은 전설이 된다.

경이로운 무리와 기적의 행렬, 초자연적인 현시를 제대로 즐기려면, 우리는 예술사에서 읽은 내용을 싹 잊어버리고 호기심과 걸작을 구분하는 감각을 잃어야 한다. 그리고 12살 나이의 세례자 요한의 두개골을 열망하면서, 발그레한 표면과 움푹 들어간 잿빛 구멍, 바스러지고 부식된 관절들의 아라베스크 무늬를 상상한다. 그에 걸맞은 유물 함은 베르됭의 제단처럼 푸른빛의 광택이 돌고, 바닥에는 누르스름한 색의 푹신한 공단이 깔렸으며, 시든 장미꽃에 덮여 2,000년 전부터 진공 상태인 크리스털 장식장 안에 들어 있어야 한다. 성인의 다른 두개골, 다시 말해 신비로움과 감동이 덜한 어른이 된 성인의 두개골은 로마의 산 실베스트로 인 카피테 성당에 보관되어 있다. 그런데 오랜 전설에 따르면 아미앵 대성당에 있는 것이 성인의 두개골이라는 주장도 있다. 좌우간 로마에 있는 성인의 머리에는 턱이 빠져 있어야 할 것이다. 성인의 턱은 비테르보의 산 로렌초 성당에 있다고 전해지기 때문이다.

우리는 지도책을 보면서 실현 가능한 보물찾기 여정을 계획할 수 있을 것이다. 가령, 콘스탄티누스 황제의 어머니 성녀 헬레나가 예루살렘에서 발견한 진짜 성 십자가는 7세기에 페르시아인들에게 빼앗겼고, 이후 비잔틴 제국의 황제 헤라클리우스가 되찾았다. 그러다 1187년 살라딘과의 전쟁에서 승리를 확신한 십자군 기사들이 하틴 전투의 전쟁터로 성 십자가를 옮겼다. 하지만 그 전투는, 우리가 알고 있듯이 십자군의 패배로 끝이 났고, 이로써 성 십자가는 영원히 그 자취를 감추게 되었다. 하지만 수세기 동안 수많은 조각으로 잘려 나간 십자가의 파편들은 여전히 많은 성당에 보관되어 있다.

성 십자가에 박혀 있는 채로 발견된 세 개의 못(예수의 손에 박힌 두 개와 두 발에 박힌 한 개의 못)은 성녀 헬레나가 아들 콘스탄티누스 황제에게 주었다고 전해진다. 전설에 따르면 그 못들 중 하나는 황제의 투구 위에 달았고 다른 하나는 황제가 타던 말의 재갈에 달았다고 한다. 세 번째 못은 로마에 있는 산타 크로체 인 제루살렘메 성당에 보관되었다. 성스러운 재갈Sacro Morso은 밀라노의 두오모에 있으며 일 년에 두 차례 신자들에게 개방된다. 투구 위의 못은 행방이 묘연한데, 몬차의 두오모에 있는 코로나 페레아Corona Ferrea(철왕관)를 만들 때 들어갔다고도 전해진다.

예수의 가시관은 오랫동안 콘스탄티노플에 있다가 프랑스의 루이 9세에게 양도되었으며, 루이 9세는 이를 안치하기 위해 파리에다 특별히 생트 샤펠 성당을 지었다. 원래는 10개의 가시가 달려 있었으나 수세기를 거치면서 여러 성당과 성지, 주요 인사들에게 기증되어 현재는 쓰개 모양을 엮은 나뭇가지들만 남아 있다.

예수가 매질을 당했던 기둥은 로마의 산타 프라세데 성당에 있다. 예수의 옆구리를 찌른 창은 카롤루스 대제와 그의 후손들이 소유했다가 현재는 빈의 황실 보물관에 전시되어 있다. 아기 예수의 할례 의식에서 잘라낸 음경의 포피는 비테르보 인근의 작은 마을 칼카타에 보관되어 매년 설날에 공개되었으나 1970년에 도둑을 맞았다. 하지만 로마, 산티아고 데 콤포스텔라, 샤르트르, 브장송, 메스, 힐데스하임, 샤루, 콩크, 랑그르, 앤트워프, 페캉, 그리고 르퓌앙벌레이 등의 도시에서는 그와 똑같은 유물을 가지고 있다고 주장하였다.

예수의 옆구리에서 흘러내린 피는 (창으로 예수의 옆구리를 찌른) 로마 병사 롱기누스가 받았다고 한다. 그는 예수의 피를 만토바로 가져왔으며, 혈액이 담긴 작은 유리병은 그 도시의 성당에 보관되었다. 예수가 흘린 다른 피는 벨기에의 브뤼주에 있는 성혈성당에 있으며 투명한 원통함에 담겨 있다.

아기 예수의 구유는 로마의 산타 마리아 마조레 성당에 있고, 예수의 시신을 감싼 것으로 전해지는 사크라 신도네Sacra Sindone는 잘 알려진 대로 토리노에 있다. 제자들의 발을 씻기면서 예수가 사용했던 린넨 수건은 로마의 산 조반니 인 라테라노 성당에 있지만 독일에도 있다. 독일에 있는 수건은 유다의 발자국이 찍혀 있다고 한다.

아기 예수를 둘렀던 강보는 아헨에 있다. 수태 고지가 일어났던 마리아의 집은 천사들에 의해서 공중을 날아 나자렛에서 로레토로 이동됐다고 한다. 마리아의 머리카락(한 올의 머리칼은 메시나에 있다)과 모유는 많은 성당에서 보관하고 있다고 주장하며, 승천의 징표로 사도 토마스에게 남겼다는 성모 마리아의 허리띠는 프라토에 있다. 요셉의 결혼반지는 페루자의 두오모에 있고, 요셉과 마리아의 약혼반지는 파리의 노트르담 성당에 있다. 요셉 성인의 허리띠(1254년 주앵빌이 프랑스로 가져온)는 파리 푀양 수도원의 성당에 있고, 지팡이는 피렌체의 카말돌리 수도회의 성당에 있다. 게다가 그 지팡이의 파편은 로마의 산타 체칠리아 성당과 산타나스타지아 성당, 볼로냐의 산 도메니코 성당에 있다. 요셉 성인을 안장한 관의 파편은 로마의 산타 마리아 알 포르티코 성당과 산타 마리아 인 캄피텔리 성당에 있다.

성모 마리아의 머릿수건 일부와 요셉 성인의 옷은 시칠리아 섬의 도시 산타 마리아 디 리코디아에 있으며, 17세기에 만들어진 우아한 은 유물함에 담겨 있다. 1970년대까지 그 유물함은 매년 8월 마지막 토요일, 도시의 수호성인을 기념하는 축제 의식 행렬에 운반되었다.

베드로 성인의 육체는 그가 순교한 로마의 네로 경기장 인근에 묻혔다. 콘스탄티누스 황제는 그 자리에 성인의 이름을 딴 성당을 지었으며, 이후 현재의 바티칸에 있는 성 베드로 대성당이 되었다. 1964년에 시행된 유적 발굴 작업에서 사도의 뼈가 발견되었다고 발표됐고, 오늘날 유골은 대성당의 중앙 제대 바로 아래에 안치되었다.

전설에 따르면 제베대오의 아들 야고보의 시신은 해류를 따라 스페인의 대서양 연안까지 이동되었고, 캄푸스 스텔라Campus Stellae 라고 불린 장소에 묻혔다고 한다. 이곳은 중세 시대부터 로마, 예루살렘과 같이 주요 순례지의 하나인 현재의 산티아고 데 콤포스텔라 성지가 되었다.

사도 토마스의 유해는 현재 이탈리아 키에티 인근의 도시 오르토나에 있다. 72년 사도 토마스가 순교한 인도의 마드라스에서 230년경에 세베루스 알렉산데르 황제의 명령에 따라 메소포타미아의 고대도시 에데사로 옮겨졌다. 1146년에 에데사가 몰락한 이후 기독교인들은 에게 해의 키오스 섬으로 안전하게 옮겼으며 1258년 현재의 장소에 이르게 되었다.

가리옷 사람 유다가 예수를 배신한 대가로 받았던 은화 30닢 중 한 닢은 이탈리아 비소에 있는 참사회성당의 성구 보관실에 있다. 바르톨로메오 사도의 유해는 로마의 테베레 강에 있는 작은 섬 티베리나에 있다. 또한 베네벤토의 산 바르톨로메오 성당에 있다고도 한다. 여하튼 두 곳의 유해는 모두 두개골이 없어야 할 것이다. 왜냐하면 두개골 하나는 프랑크푸르트 성당에 있고, 다른 하나는 뤼네부르크의 수도원에 있기 때문이다. 게다가 쾰른의 카르투지오회 수도원에 있는 세 번째 두개골은 어느 육체에서 나왔는지 알 수 없다. 그리고 바르톨로메오 성인의 한쪽 팔은 캔터베리 대성당에 있으며, 피사는 성인의 피부 일부를 보유하고 있다며 자랑스러워한다.

성 루카 복음사가의 육체는 파도바의 산타 주스티나 성당에 있다. 마르코 성인의 유해는 본래 터키 남부 안타키아에 있다가 베네치아로 옮겨졌다.

동방 박사들의 유해는 예로부터 밀라노에 있다가, 12세기에 신성 로마 제국의 황제 프리드리히 1세가 전리품으로 획득한 뒤 쾰른에다 두었으며 지금도 그곳에 남아 있다. 일부 유물들은 1950년대에 밀라노로 반환되어 산테우스토르조 성당에 있다.

성 니콜라우스 혹은 산타클로스라 불린 성인의 유해는 소아시아의 뮈라에 있었는데, 1087년 이탈리아 바리에서 온 선원들이 훔쳐서 그들의 도시로 가져갔다.

밀라노의 수호성인 성 암브로시우스의 유해는 성인에게 헌정된 산탐브로조 성당의 지하에 안치되었으며, 게르바시우스와 프로타시우스 성인들의 무덤도 이곳에 있다.

파도바의 성 안토니오 성당에는 안토니오 성인의 혀와 손가락이 보관되어 있고, 헝가리의 성 이슈트반 1세의 손은 부다페스트의 성당에 있다. 야누아리오 성인의 혈액이 든 작은 유리병들은 나폴리에 있으며, 유디트 성녀의 몸 일부는 느베르 성당에 있고 뼈 일부는 수정으로 만든 근사한 유물함에 담겨 피렌체의 산 로렌초 성당에 있는 메디치 예배당의 지하 묘지에 있다.

시칠리아의 미스테르비안코에서는 매년 1월 17일에 성 안토니우스의 팔이 공개된다. 누르시아의 베네딕토 성인의 팔은 8세기에 데시데리우스 왕의 명령에 따라 브레샤 인근의 레노 수도원에 기증되었다.

카타니아의 성녀 아가타의 유해는 여러 상자로 나뉘어 담겼다. 리모주의 금세공인들은 성녀의 팔다리, 즉 양다리의 대퇴골과 하퇴골, 양쪽 팔뼈를 하나씩 담을 상자를 제작하였다. 1628년에는 성녀의 젖가슴*을 위한 유골함이 만들어졌다. 하지만 팔뚝의 척골과 요골은 시칠리아의 카타니아가 아니라 팔레르모의 왕실 예배당에 있다. 그리고 성녀의 팔뼈는 메시나에 있는데, 산티시모 살바토레 수도원과 알리에서 하나씩 보관하고 있다. 성녀의 손가락은 베네벤토 인근의 도시 산타가타 데이 고티에 있다. 베로나 출신의 베드로 성인의 유해는 밀라노 산테우스토르조 성당의 포르티나리 예배당에 있으며, 신자들은 두통을 예방하기 위해 매년 4월 29일 성인의 석관에 머리를 부딪친다.

나지안조스의 그레고리우스 대주교의 유물은 로마의 성 베드로 성당에 있다. 하지만 2004년에 교황 요한 바오로 2세는 그 일부를 콘스탄티노플의 총대주교에게 기증하였다. 루치노 성인의 유해는 살레르노 인근의 아콰라에 있다. 그동안 여러 차례 도둑을 맞았으나 마침내 1999년에 경찰들은 한 개인 주택에서 성인의 두개골을 찾아냈다. 판탈레오네 성인과 관계된 유물들은 아브루초 주의 도시 란치아노에 있는, 그의 이름을 딴 성당에 있다. 성인의 머리를 잘랐던 칼, 성인을 고문했던 바퀴, 살갗을 태울 때 썼던 횃불, 성인의 몸이 닿자 싹이 돋아났던 올리브 나무의 줄기가 있다.

> • 로마 제국 데키우스 황제의 박해 기간에 순교한 카타니아의 아가타 성녀는 불에 달군 쇠집게로 양 가슴을 도려내는 고문을 당하기도 했다. 성화상이나 예술 작품에서 주로 가슴이 담긴 접시를 든 젊은 여인의 모습으로 묘사되었으며, 수유하는 여성들의 수호성인이다.

카테리나 성녀의 갈비뼈는 벨기에의 아스테네트에 있다. 성녀의 한쪽 발은 베네치아의 산티 조반니 에 파올로 성당에 있고 손가락 하나와 머리(교황 우르바노 6세의 뜻에 따라 1381년 육체에서 분리된)는 시에나의 산 도메니코 성당에 있다.

블라시우스 성인의 혀 일부는 타란토 인근의 도시 카로지노에 있고 한쪽 팔은 바리 인근의 루보 디 풀리아 성당에 있으며 두개골은 크로아티아의 두브로브니크에 있다. 또한 우리는 아폴로니아 성녀의 치아*를 포르투갈의 포르투 대성당에서 볼 수 있으며, 치리아코 성인의 유해는 안코나의 두오모 성당, 알피오 성인의 심장은 렌니티에 있다. 그리고 로코 성인의 유해는 베네치아에 있는 아르치콘프라테르니타 스쿠올라 그란데 성당의 중앙 제단에 있다. 그런데 성인의 어깨뼈 일부와 다른 뼛조각들은 칼라브리아 주의 도시 쉴라에 있고 팔뼈 일부는 파비아 인근 보게라의 산 로코 성당에 있으며 팔뼈의 다른 일부는 로마의 산 로코 성당에 있다. 정강이뼈와 다른 작은 뼈들, 성인이 지녔다고 하는 지팡이는 프랑스 몽펠리에의 산 로코 성지에 있으며, 손가락뼈 하나는 라티나 인근의 치스테르나 디 라티나의 성당에 있고 뒤꿈치 일부는 프리젠토의 성당에, 그리고 토리노에 있는 마우리지아나 성당과 콘프라테르니타 디 산 로코 성당에도 뼛조각 일부가 있다.

성모 마리아의 망토(마포리온maphorion), 그리스도의 샌들, 세례자 요한의 옷, 엄숙한 문서들에 서명할 때 사용됐던 예수의 혈액이 든 앰플, 예수가 사마리아 여인과 대화를 나누었던 우물가의 우물 난

---

* 이집트 알렉산드리아에서 3세기에 순교한 선교사로 이를 뽑히는 고문을 당했다. 집게로 치아를 집어 든 젊은 여인의 모습으로 묘사되며, 치과 의사의 수호성인이다.

간, 예수의 시체를 올려 두었던 돌, 솔로몬 왕의 옥좌, 모세의 지팡이, 헤로데 왕의 명령으로 학살된 어린아이들의 유해, 예수가 예루살렘에 입성할 때 탔던 당나귀의 배설물, 복음사가 루카가 그렸다고 전해지는 성모자상(베르지네 오디지트리아Vergine Odigitria), 인간의 손으로 그려지지 않은(아케로피테acheropite) 경이로운 이콘화들, 예수의 얼굴이 새겨진 만딜리온Mandylion(에데사가 무적의 도시로 유명을 떨치던 당시 성벽에 걸어 두었던 직물 천)과 같은 유물들은 콘스탄티노플에서 공경되었으나 제4차 십자군 전쟁 이후 뿔뿔이 흩어졌다.

나는 유물을 보존하는 것이 기독교의, 더 정확히 말해 가톨릭만의 관행이라는 인상을 주고 싶지는 않다. 플리니우스는 오르페우스의 리라, 헬레네의 샌들, 안드로메다를 공격했던 괴물의 뼈와 같은 그리스-로마 시대의 진귀한 유물들에 대해 우리에게 들려준다. 그리고 이미 고대 시대에도 유물의 존재는 어떤 도시나 신전이 명소가 될 수 있는 이유를 제공하였기에, 유물은 신성한 물건일 뿐만 아니라 가치가 높은 관광 〈상품〉이기도 했다.

성물 숭배는 모든 종교와 문화에서 발견되는 현상이다. 이 현상은 한편으로는 물질주의적인 신화라고 정의할 수 있는 어떤 충동에서 유래한다. 위인이나 성인들의 몸 일부를 만짐으로써 그들의 어떠한 힘을 경험할 수 있다고 여기는 것이다. 다른 한편으로는 단순히 골동품을 수집하는 취미에서 비롯된다. 골동품 수집가는 유명한 책의 초판뿐만 아니라 과거의 중요한 인물이 지녔다는 이유로도 책에 돈을 쓸 준비가 되어 있다.

두 번째 의미(어쩌면 첫 번째도)는 비종교적인 유물 숭배도 관계된다. 크리스티 경매의 카탈로그를 보면 르네상스 시대 화가의 그림보다 유명 여가수가 신었던 신발 한 컬레가 더 비싼 가격으로 책정되는 경우가 있다. 재클린 케네디가 실제로 착용했던 장갑이거나 리타 헤이워스가 영화 「길다Gilda」를 촬영하면서 그저 소품으로 썼던 장갑 같은 것들 말이다. 나는 테네시 주의 내슈빌에서 엘비스 프레슬리의 캐딜락을 보러 가는 많은 관광객을 본 적도 있는데, 안타깝게도 그 차는 프레슬리의 유일한 캐딜락이 아니었을 것이다. 그는 6개월마다 차를 바꾸었기 때문이다.

시대를 통틀어 가장 유명한 유물은 당연히 성배일 것이다. 하지만 나는 누구에게도 그것을 찾으러 가라고 권유하고 싶지 않다. 과거의 경험들이 그 무모한 여정을 만류하고 있기 때문이다. 좌우간 성배를 찾기엔 2,000년의 시간으로도 부족하다는 사실이 경험적으로 증명되었다.

〈보물찾기〉라는 제목을 단 첫 번째 글은 로베르타 코르다니의 『밀라노. 놀라움, 기적, 미스터리Milano. Meraviglie, miracoli, misteri』, 밀라노: CELIP 출판사, 2011에 실렸으며, 내용을 덧붙인 두 번째 글 〈보물의 기호학을 기대하며〉는 스테파노 야코비엘로를 비롯한 여러 작가가 출간한 『구성. 오마르 칼라브레제를 통한 진지한 글쓰기와 장난스러운 스케치Testure. Scritti seriosi e schizzi scherzosi per Omar Calabrese』, 시에나: Protagon 출판사, 2009에 실렸다.

들끓는 기쁨

나와 피에로 캄포레지*는 서로 존경하는 관계였으며 서로에게 언제나 매우 호의적이고 다정한 사이였다. 최소한 나는 그랬다고 생각한다. 나는 『장미의 이름*Il nome della rosa*』이나 『전날의 섬*L'isola del giorno prima*』과 같은 소설들을 쓸 때 그의 작품들을 탐욕스럽게 인용했으며, 그는 피에 관한 저서의 영어판 서문을 내게 부탁할 정도였기 때문이다. 그런데 우리의 만남은 대학 교수 위원회나 학교 건물의 복도, 주랑 아래와 같은 대학 공간에서만 늘 이뤄졌기에, 내가 그의 개인적인 삶을 잘 알게 되거나 그의 서재를 구경하게 되는 일은 없었다.

내가 알기로 캄포레지는 좋은 음식을 사랑하는 미식가였다. 뿐

* Piero Camporesi(1926~1997). 이탈리아 역사가, 문헌학자, 문화 인류학자로 볼로냐 대학교에서 이탈리아 문학을 가르쳤다. 그의 연구 활동은 초기에 페트라르카, 알피에리, 디 브레메 등의 작가들을 주요 대상으로 삼았으나 펠레그리노 아르투지의 요리책을 접한 이후 새로운 전환점을 맞았다. 이탈리아 식문화와 요리의 전통을 통합하고 재정비하는 그의 작업은 민족의 정체성을 찾는 과정이기도 했다. 캄포레지는 특히 문학, 과학, 사회, 문화인류학과 민속학 등 다양한 영역에 걸친 독창적이고 깊이 있는 연구로 유명한데, 방대한 문헌과 자료들을 탐색하고 정확하게 분석하는 작업을 통해 현대를 재조명했다.

만 아니라 그가 좋은 요리사였다는 얘기도 들었다. 그가 고통뿐만 아니라 육체의 기쁨과 우유, 소스, 육수에 대해서도 많은 페이지를 바친 작가였다는 것은 그리 놀랄 일이 아니다. 1985년 8월 일간지 「라 스탐파La Stampa」와의 인터뷰에서 페트라르카, 바로크 문학, 알피에리와 낭만주의를 공부한 뒤인 1960년대 말경에 가진 펠레그리노 아르투지*와의 만남이 자신에게 엄청난 충격이었다고 밝힌 사람에게 다른 무엇을 기대하겠는가!

하지만 음식을 향한 캄포레지의 열정에 대해 내가 아는 것들은 단지 책을 통해서일 뿐이다. 나는 캄포레지가 쓴 책의 활자 안에서만 그와 함께 식사했다.

따라서 나는 그의 열렬한 독자로서 오직 미식가 캄포레지를 기념할 자격을 갖추고 있다. 그는 우리에게 가난과 오물, 육체의 부패에 대해 들려주었고, 무아지경과 욕정에 대해서도 들려주었다. 그런데 그는 책의 육체 안에서, 다시 말해 육체에 관해 이야기하는 책 안에서 자신의 메스를 들고 탐색했으니, 현대의 몬디노 데 리우치**와

---

* Pellegrino Artusi(1820~1911). 이탈리아 작가이자 문학 평론가이지만 미식가와 요리책 저술가로 더 유명하다. 자비로 출간하여 큰 성공을 거둔 『요리의 기술과 올바른 식사법La Scienza in cucina e l'Arte di mangiar bene』은 1891년에 초판이 발행된 이래 대표적인 이탈리아 요리책으로 꼽히며 현재도 널리 읽히고 있다. 저자가 적절한 설명을 곁들인 요리법 대부분은 이탈리아 전역을 여행하며 직접 모은 것으로 가정 요리 레시피를 담고 있다. 아르투지가 태어난 에밀리아로마냐 주의 도시 포를림포폴리에서는 1997년부터 매년 6월에 그를 기념하는 음식 및 문화 축제 La Festa Artusiana가 개최되고 있다.

** Mondino de Liuzzi(1275~1326). 이탈리아 의사이자 해부학자로 볼로냐 대학에서 의학과 해부학을 가르쳤다. 인체 해부의 경험과 연구를 바탕으로 1316년에 쓴 『해부학Anothomia』은 최초의 해부학 연구서로, 유럽에서 해부학을 공부하는 학생들에게 권위 있는 교과서로 이용되었다.

같다고 할 수 있다. 다만 그는 묘지에서 도난당한 시체가 아니라 도서관의 퀴퀴한 구석에서 흔히 최고의 즐거움을 감춘 채 숨죽이고 있는 책들을 발굴하여 해부하였다. 조리스 카를 위스망스의 소설『거꾸로À rebours』의 주인공 데제셍트가 기억에서 잊힌 중세 초기의 연대기들을 재발견하는 것처럼 말이다. 〈고대의 시적 유산으로 경건한 육수를 준비하는 수도사들의 어눌한 기도, 이따금 매혹적이기도 한 그 서투름 (……) 고상함이 느껴지는 동사 (……) 향냄새가 피어오르는 명사 (……) 고트족의 장신구처럼 야만적이고 이국적인 취향이 묻어나는 투박하고 기이한 형용사.〉

만약 캄포레지가 지나치게 퇴색되고 무절제한 언어들을 음미하면서 입술을 핥는 문학을 추구했더라면, 분명히 그는 프란체스코 콜론나의 〈히프네로토마키아 폴리필리Hypnerotomachia Poliphili〉나 테오필로 폴렌고의 〈마케로니 마케로니치〉와 같은 타락한 언어의 고전들로 향했거나, 현대성을 탐닉하며 카를로 에밀리오 갓다로 향했을 것이다. 하지만 그는 알려지지 않은 텍스트나 어떤 이유로 인해 이미 유명해진 텍스트들을 찾아 나섰다. 우리가 캄포레지의 작품들을 읽으며 배고픔, 벌레, 가래톳과 연주창, 섬유질, 창자, 구토, 식탐, 축제와 카니발 등 엉뚱하고 기상천외한 것들을 접함과 동시에 피와 빵과 포도주와 초콜릿에 대해 더 많이 알게 된 것은 사실이다. 그런데 나는 캄포레지가 들려주는 현상들이 비록 검증되지 않았고, 그가 말한 육체와 육체의 자양분에 대한 이야기가 우리에게 끌림이나 혐오감을 불러일으키기에는 다른 행성에서 온 것처럼 아주 생경하고 현실감 없게 들릴지라도 이러한 탐험들은 무척 흥미로운 일이라 생각한다. 부랑자들의 무리가 판을 치던 아주 먼 옛날을 돌아보는 것도 흥미진진한데, 그것을 순수한 〈바람 소리flatus vocis〉로 여기고 가짜 수도사, 돌팔이, 불한당, 사기꾼, 거지와 부랑아, 문둥이와 병신, 보따리장수, 유랑자, 음유 시인, 떠돌이 설교자, 뜨내기 학자, 야바위꾼, 마술사, 상이군인, 방랑하는 유대인, 미치광이, 도망자, 귀가 잘린 범죄자, 남색자들의 이야기로 읽는 것은 더 매력적이다.

우리가 그의 책에서 양귀비 시럽, 연고, 고약, 욕조, 흡입, 분말, 훈증, 아편의 즙을 적신 마취 스펀지, 사리풀, 독미나리, 맨드레이크 등에 대한 서술을 읽으면서 의식하는 것은 약리학이 아니라 사전학이거나 언어학사일 것이다.

캄포레지의 저서 『감각 연구Le officine dei sensi』의 제1장은 〈저주받은 치즈〉다. 치즈는 순수하고 감미로운 액체인 우유에서 만들어지지만, 부패를 통해 고유의 맛을 얻고 보통 우리가 발을 씻고 비데를 해서 없애려는 육체의 악취와 곰팡이를 떠올리게 한다. 이는 대식가나 전문적인 미식가만이 아니라 모두가 알고 있는 바다. 그런데 나는 캄포레지가 단순히 고르곤졸라 치즈와 스틸턴 치즈의 냄새를 맡거나 토굴 치즈, 르블로숑, 로크포르, 바슈랭 치즈를 천천히 혀로 음미하면서 스물여덟 페이지에 달하는 치즈에 관한 악담을 썼으리라고는 생각하지 않는다. 그는 톰마조 캄파넬라의 『만물과 마술의 의미De sensu rerum et magia』의 망각된 페이지들을 탐색해야 했고, 게다가 실제 치즈의 냄새에다 더욱 부패하고 코를 찌르는 인용의 콜라주를 덧붙이기 위해 가장 방치된 페이지들을 찾아서 니콜로 세르페트로의 『자연의 경이로운 시장Il mercato delle maraviglie della natura』, 요한 요아힘 베허의 『지하의 물질Physica subterranea』, 요하네스 로티키우스의 『치즈의 역겨움에 대해De casei nequitia』, 파올로 보코네의 『유제품에 관하여Intorno ai latticini』를 탐험해야 했다.

수세기 동안 많은 사람은 치즈에 고유한 악성이 있으며, 그것의 〈역겨움〉은 많은 이들에게 구역질과 메스꺼움을 일으키는 냄새에서 예고되고 감지된다고 여겼다. 치즈는 〈죽은〉 물질의 확실한 표식으로, 건강에 해로운 성분이자 체액을 변질시키는 끔찍한 부패물이었다. (⋯⋯) 역겹고 악취가 나는 것, 해로운 찌꺼기로 된 우유의 배설물, 순백의 액체에서 진흙 같은 최악의 성분으로 만든 응고물이었다. (⋯⋯) 치즈는 우유의 가장 나쁜 부분으로 되어 있지만, 버터는 우유의 가장 순수하고 좋은 부분을 선택하여 만들어져 제우스의 골수Iovis medulla라고 부를 만큼 신성한 진미였다고 한다. 하지만 〈역겹고 악취가 진동하고 불결하고 부패한〉 치즈는 〈우유의 찌꺼기에서 응결된 고약한 냄새가 나는 볼품없는 덩어리〉일 뿐이었다. 그것은 〈노동자나 하층 계급〉에게나 어울리는 음식이었으며, 품위 있는 사람들과 명예로운 시민들에게 이처럼 〈투박하고 불결한〉 음식은 적합하지 않았다. 다시 말해 〈질 나쁜 음식들〉에 길든 가난한 소작농들의 먹을거리였다. (⋯⋯) 로티키우스는 치즈를 먹는 사람들을 두고 썩은 음식을 좋아하는 추잡하고 타락한 자들이라고 비난했다. 과학 발명 이전의 의학은 그의 견해에 손을 들어 주었을 뿐만 아니라 치즈의 부정함을 드러내는 간단한 논거도 제시해 주었다. (⋯⋯) 치즈를 먹는 것은, 정상적인 상태에서도 〈내장에 숨어 와글거리는〉 벌레들의 걷잡을 수 없는 증식을 촉발시키는 것이었다. 이것은 끔찍한 사실이었다. 치즈는 어둡고 구불구불한 창자와 인간 내부의 깊숙한 곳에서 이미 진행되고 있는 부패에 박차를 가하면서 역겨운 작은 괴물들을 발생시켰다. (……) 독일의 의사 로티키우스는 다음과 같은 의문을 던졌다. 소똥에서 바퀴벌레, 애벌레, 말벌과 수벌이 자연적으로 발생하고, 이슬에서 나비, 개미, 메뚜기, 매미가 나오는데, 점액과 부패의 잔류물로 끈적거리는 인간의 창자에서도 그런 일이 일어나지 않겠는가? 혐오스러운 작은 생물들이 교접과 난자 수정을 거치지 않고도 무수히 번식하는 그 놀랍고도 거침없는 과정이 발생하지 않겠는가? 오물로 가득한 인간의 아랫배에서도 인류에게 고통을 안겨 주는 그 골치 아픈 작은 생물들이 우글거리지 않겠는가? (……) 〈지렁이와 촌충이 끈적거리고 뻑뻑하고 거친 물질에서 그들의 생명을 끌어낸 것〉을 생각해 볼 때 그와 같은 일이 일어나지 않겠는가?•

치즈를 찾아 망각된 문서로 떠나는 캄포레지의 탐험은 타타르족이 발효된 우유로 어떻게 술을 제조했는지 알려 주는 18세기 니콜라우스 오세레츠코우스키의 저서 『우유의 뜨거운 성질에 대하여 De spiritu ardente ex lacte bubulo』에서 멈추지 않았다. 그렇더라도 예수의 성스러운 심장을 처음으로 체험한 성녀의 이야기, 『마르가리타 마리아 알라코크의 숭고한 인생La vita della venerabile madre Maria Margherita Alacoque』(1784)을 읽었을 몇 안 되는 신앙인들 중에서 성녀와 치즈에 관한 놀라운 정보를 발견한 이는 오직 캄포레지뿐이었을 것이다. 감각에서는 어떤 고행이든 감내할 준비가 되었던 이 신비주의 성녀에게 치즈의 역겨움만은 극복할 수 없는 고통이었다. 성녀는 소

• 피에로 캄포레지, 『감각 연구』, 밀라노: Garzanti 출판사, 1985, pp. 53~55 ─ 원주.

박하지만 끔찍한 그 음식을 먹으며 치르는 최고의 고행 앞에서 수도원 생활을 포기하고 싶은 생각이 들 정도였다고 한다. 이에 대해 캄포레지는 〈절망과 자해의 벼랑으로 내모는 믿기 어려울 정도의 갈등. 치즈 조각을 두고 고뇌하는 영혼의 힘겨운 전투〉라고 표현했다.

그 일화는 분명히 성녀의 전기에 존재했으며 존재하고 있지만, 어느 누가 치즈에 관한 몇 줄을 위해 아주 성스러운 그 일대기 사이를 탐색할 엄두를 내겠는가! 아마도 캄포레지는 치즈를 먹은 적이 없지만(순전히 역설을 사랑하는 마음에서 추측해 보건대), 분명 그는 끝을 알 수 없는 무수한 책장을 신성하고도 죄 많은 카망베르 치즈로 여기며 사도와 같은 자세로 탐식했을 것이다.

만약 나의 의견이 지나치다 싶으면, 치즈와 같이 형편없는(혹은 적어도 형편없었던) 음식이나 누구든 군침을 흘리게 하는 요리의 기쁨, 연약한 영혼에 구역질을 일으키는 고해의 실천을 이야기할 때에도 캄포레지는 언제나 한결같은 희열로 묘사했다는 사실을 떠올려 보시라. 그는 라이몬도 디 산그로 왕자의 기괴한 미라들을 탐험할 때도 다른 이들이 으레 그러하듯 신경과 근육, 그리고 정맥을 낱낱이 드러내기보다는 오히려 갖가지 음식을 이용하는 아르침볼도의 상상을 통해 탐구했다.

모든 것이 지극히 풍성한 가운데, 그는 어떤 날에는 오직 채소로만 다른 날에는 과일만을 이용해 저녁 식사 전부를 준비하게 했는데, 때로는 온통 달콤하고 감미로운 음식으로 때로는 우유로만 만든 음식으로 차리게 했다. 그는 달콤한 재료와 유제품을 자유자재로 다루는 전문적이고 숙련된 요리사들을 거느렸다. 그들은 우유와 꿀을 이용해 고기와 생선, 그리고 다양한 종류의 육류로 만든 요리들을 기가 막히게 모방했으며, 온갖 종류의 과일을 갖가지 요리로도 바꿀 수 있었다.

마찬가지로, 그는 여전히 들끓는 희열로 세바스티아노 파울리의 『사순절 설교집Prediche quaresimali』을 읽었으며, 우리의 머리카락을 쭈뼛 서게 하는 죽음의 광경을 평온하고 경건한 의식으로 지켜보고 있다.

이 육체는 단정하게 수습된 다음 관으로 옮겨진다. 이후 누르스름하고 창백한 색으로 변하는데, 그 색은 역겨움과 두려움을 일으키는 누렇게 뜬 흙빛에 가깝다. 그러곤 머리에서 발끝까지 검어지는데, 불기운이 가신 석탄의 칙칙하고 음울한 빛이 드리워진다. 그다음에 얼굴과 흉부, 복부가 기이하게 부어오르기 시작한다. 이 구역질 나는 부기에서 악취가 나고 끈적끈적한 곰팡이가 피기 시작하는데 이는 곧 부패가 진행된다는 불쾌한 징조다. 이내, 누렇게 부어오른 배가 여기저기서 파열과 분출을 일으키며 갈라지기 시작한다. 그 갈라진 부위에서는 검게 썩어 가는 살에서 나온 고름과 불결한 액체가 용암처럼 천천히 흘러나온다. 눈에는 구더기가 들끓고 갈라진 입술은 곪아 문드러지고 창자는 찢어지고 거무죽죽하게 된다. 이 끈적끈적한 진창 속에서 작은 파리들과 구더기, 역겨운 다른 작은 생물들이 발생한다. 이것들은 부패한 피 속에서 득시글거리고 썩

• 피에로 캄포레지, 『인도 육수Il brodo indiano』, 밀라노: Garzanti 출판사, 1990, p. 132 ― 원주.

은 살에 들러붙어 그 살을 파먹는다. 이 구더기들의 일부는 흉부에서 발생하고 다른 일부는 이물질과 점액으로 둘러싸인 콧구멍에서 나온다. 또 다른 벌레들은 입을 통해 부패된 육체로 드나들고 잔뜩 포식한 녀석들은 이리저리 오락가락하며 목구멍 아래로 떼 지어 흘러들어간다. (『감각 연구』, pp. 124~125)

캄포레지의 묘사에서 트라말키오의 방탕한 연회(다리오 포의 희곡 『기묘한 신비Mistero Buffo』에 나오는 굶주린 이의 꿈 장면을 연상시키는)나 로몰로 마르켈리의 사순절 설교집에 나오는 지옥에 떨어진 사람들의 끔찍한 장면, 그리고 파올로 세녜리의 설교에서 절대자의 웃음을 보는 가장 큰 형벌은 어떤 차이가 있을까?

그들이 눈을 들어 위대한 신을 보았을 때, 그곳에다 불을 놓은 신은 그들에게 (……) 네로 황제처럼 보였다. 그의 부당함 때문이 아니라 엄격함 때문이었다. 신은 그들을 위로하거나 구원하거나 동정하려 하지 않았다. 오히려 양손으로 손뼉을 치고 믿기 힘들 정도로 즐거워하며 그들을 비웃었다. 끔찍한 불안과 격정의 도가니에 휩싸인 죄인들을 상상해 보라. 우리는 불 속에서 타고 있는데 신은 웃고 있다니? 오, 잔인하기 그지없는 신이여! (……) 우리의 가장 큰 고통은 분노한 신의 얼굴을 보는 것이라고 말한 자는 거짓말쟁이다. 인간의 가장 큰 고통은 신의 웃는 얼굴이라고 말해야 했다.*

• 피에로 캄포레지, 『영원의 집La casa dell'eternità』, 밀라노: Garzanti 출판사, 1987, p. 131 — 원주.

캄포레지는 조반 바티스타 바르포의『농업과 별장의 기쁨과 결실*Le delizie e i frutti dell'agricoltura e della villa*』의 페이지를 오가며 음미할 때에도 그 열정적인 어조에는 차이가 없었다. 그는 소금 간을 한 황소와 암양, 숫양, 돼지와 어린 소, 그리고 새끼 양, 수탉, 암탉과 거위의 고기를 음미했으며, 데치고 밀가루를 입혀 기름에 튀겨낸, 칠성장어 요리와 다를 바 없는 식물의 뿌리들과 파슬리 요리, 또는 밀가루, 장미즙, 사프란과 설탕, 그리고 약간의 말바지아 포도주를 넣어 반죽해서 창유리처럼 둥글게 자른 뒤 빵가루, 사과, 카네이션 꽃, 호두 가루로 속을 채운 튀김들을 맛보았다. 부활절의 새끼 염소 고기, 송아지 고기, 아스파라거스, 비둘기 고기와 그 뒤를 이을 커드 치즈와 리코타 치즈, 완두콩, 양배추, 데치고 밀가루를 입혀 튀긴 콩 요리들을 기다리면서 말이다(『감각 연구』). 이처럼 미각적인 목록들과 더불어 청각에 관련된 목록들도 똑같이 게걸스러운 탐식의 대상이 되었는데, 유스타키오관의 욕망은 목구멍의 식탐만큼이나 왕성하였다. 게다가『부랑자들의 책*Il libro dei vagabondi*』에서 볼 수 있듯, 악당들의 목록도 열렬한 탐식의 대상이 되었다. 도박꾼, 사기꾼, 악당, 불량배, 건달, 무뢰한, 협잡꾼, 야바위꾼, 뚜쟁이, 걸인, 낙태 시술자, 기적의 물 판매상, 돌팔이 의사, 기도 판매자, 자식을 앞세워 거리에서 구걸하는 부모, 가짜 사프란 상인, 다른 악당들에게 사기 치는 악당, 성유물 판매자, 밀가루 도둑, 세례를 주는 유대인, 가짜 탁발승, 정신병자, 가짜 정신병자, 부적 소지자, 거짓 기적을 행하는 사람, 고리대금업자, 가짜 장애인, 마약 밀매인, 길거리 가수, 간질 환자, 거짓으로 곡하는 사람, 사이비 학자 등 그의 탐식은 끝이 없다.

한편 톰마조 카라파가 지은 『시적인 이야기, 혹은 아주 모호한 서술과 학술적인 담화*Poetiche dicerie, overo vaghissime descrittioni e discorsi accademici*』에서 발견한 여성의 결점에 대한 (정치적으로 올바르지 않은) 열거를 보면 여성을 마치 아주 희귀한 야생 동물로 묘사하는 것처럼 보인다.

여자는 불안정의 초상, 허약함의 표본, 교활함의 어머니, 변덕의 상징, 간계의 스승, 속임수의 대표, 사기의 발명가, 자신의 결함을 감추는 위장술의 친구로 불린다는 것을 모르는가? 여자는 목소리에 힘이 없고, 말수가 많고, 걸음걸이는 느리고, 금방 화를 내고, 언제나 증오에 차 있고, 툭하면 시샘을 하고, 쉽게 피곤해지고, 악에 정통하고, 거짓말을 잘하므로 황야에 잠복한 독사와 같고, 불붙은 숯을 아래에 숨긴 시커먼 재와 같다. 얕은 물속에 숨은 가짜 암초, 백합과 장미꽃에 가려진 날카로운 가시, 수풀과 꽃 사이에 둘러싸인 독사, 희미해지는 빛, 꺼져 가는 불꽃, 추락하는 영광, 사그라지는 태양, 기우는 달, 사라지는 별, 어두워지는 하늘, 도망가는 어둠, 그리고 파도를 일으키는 바다와 같다.*

캄포레지가 끝없는 목록을 자랑하는 대식가였다는 사실을 여전히 모르겠다면, 성인들의 초라하고 비참한 식탁마저도 유쾌하게 기술한 그의 뻔뻔스러운 식탐을 보길 바란다. 가령 18세기에 나온 일대기에 의하면, 코페르티노의 성 요셉(1603~1663)의 식탁에는 채소

* 피에로 캄포레지, 『비너스의 향유*I balsami di Venere*』, 밀라노: Garzanti 출판사, 1989, p. 115 — 원주.

류, 말린 과일, 아주 쓴 맛이 나는 가루로만 양념한 익힌 콩이 올라 왔다고 한다. 그리고 금요일에는 아주 쓰고 메스꺼운 풀 외에는 아무것도 먹지 않았는데, 이 풀은 혀끝으로 핥는 것만으로도 며칠 동안 구역질이 날 정도였다. 또한 하느님의 종 파엔자의 카를로 지롤라모 세베롤리 성인의 전기에 따르면, 성인은 젖은 빵에다가 몰래 가져온 재를 뿌리고 구정물에다 빵을 적시거나 이따금 벌레가 낀 물에다 담그기도 했다. 이렇게 하는 것이 마땅했다.

그렇게 가혹하게 진행된 자학과 절제의 삶은 그의 모습을 완전히 바꾸어 버렸다. 얼굴은 헬쑥해졌고 창백한 피부는 간신히 뼈를 덮고 있을 정도로 피폐해졌다. 턱에는 몇 가닥의 짧은 털이 나 있고 골격은 비뚤어지고 휘었다. 해골만 앙상하게 드러나서 살아 있는 참회의 표상과도 같았다. 죽은 사람의 안색에다 기력이 떨어지고 피로가 몰려오고 실신을 했기에 이따금 여행길에 올랐을 때는 녹초가 된 사지의 기운을 조금이나마 되찾기 위해 땅바닥에 주저앉아야 했다. 그런데도 그는 손상된 신체와 탈장, 다른 질병들로 인한 극심한 고통을 덜기 위한 어떠한 방법도 찾으려 하지 않았다.*

캄포레지의 묘사를 머릿속에 그려 가며 잇달아 그의 작품들을 읽다 보면(조금씩 음미해야 하겠지만), 크림의 바다에서 헤엄치는 것이나 똥물에서 헤엄치는 것이나 별반 차이가 없다는 의혹과 싫증에 사로잡힐 것이다. 따라서 그의 작품은 마르코 페레리 감독의 영화「그

* 피에로 캄포레지, 『무감각한 육체La carne impassibile』, 밀라노: il Saggiatore 출판사, 1983, p. 52 ─ 원주.

랑 부프La Grande Bouffe」의 주인공들에게 성경이나 코란과 같은 존재로 여겨질 것이다. 그 영화의 마지막에서 게걸스럽게 먹는 것은 결국 배설하는 것과 같은 것으로 표현되기 때문이다. 하지만 이는 캄포레지가 사물에 대해서만 말하고 있다고 생각한 탓이다. 그가 무엇보다도 언어에 대해서, 즉 천국과 지옥이 결국에는 시(詩)의 일부가 되는 그 언어들의 세상에 대해 말한다는 것을 깨닫지 못하고서 말이다.

분명 캄포레지는 문화 인류학자나 일상을 기록하는 역사가가 되려고 했다. 비록 오래전 우리의 기억에서 잊힌 문학 작품들을 탐색하는 활동을 했을지라도, 이를 통해 육체와 음식에 대한 먼 옛날의 이야기들을 우리에게 들려주었고, 종종 그때와 오늘날의 닮은 점을 살펴보기도 했다. 그리고 고대의 신화와 피의 의식들을 돌아보면서 홀로코스트, 인티파다, 집단 학살, 종족 대학살 등을 통해 가장 문명화된 우리 시대에도 얼마나 많은 피가 흘려졌는지 환기시켰다. 또한 그는 다이어트 편집증, 대중 쾌락주의, 후각의 퇴보와 불순한 음식, 여기에다 전통적인 지옥의 실종에 이르기까지 현대의 타락한 현실에 대한 비판도 잊지 않았다. 그러면서 덜 까다롭고 더 솔직했던 시대, 다시 말해 흘러내리는 피의 냄새를 맡고, 마조히스트적인 신비주의자가 나환자의 궤양에 입을 맞추고, 일상에서 경험하는 후각 체험의 하나로 대변 냄새를 킁킁거리던 시절을 향수 어린 마음으로 돌아보았다(그리고 나는 나폴리의 쓰레기 대란에 관해 그라면 뭐라고 썼을지 궁금하다).

하지만 과거와 현재를 이해하려는 이러한 욕구는 〈리비도libido〉의 형태를 통해서 일어났다. 따라서 캄포레지는 넝마 펄프로 만든 종이의 냄새를 거치지 않고는 잘 구워진 파이 향기나 부패한 육체의 냄새를 맡을 수 없었을 것이다. 얼룩지고 문양이 번진데다 군데군데 벌레가 먹은, 그 옛날 서지학자가 〈희귀본〉이라고 했을 그 책들 말이다.

2008년 3월 포를리에서 개최된 피에로 캄포레지에 관한 국제학술대회에서 발표했으며, 이후 E. 카잘리와 M. 소프리티가 출간한 『세상 속의 캄포레지Camporesi nel mondo』 볼로냐: Bononia University Press 출판사, 2009에 실렸다.

천국 밖의 배아들

나는 이 강연에서 낙태와 줄기세포, 배아를 비롯해 이른바 생명 보호 문제와 관련된 철학적, 신학적, 생명 윤리적인 견해를 밝히려는 의도는 없다. 나의 접근은 순수하게 역사적인 성격을 가지며, 그 문제에 관해 토마스 아퀴나스 성인이 생각한 바를 이야기하려는 것이다. 무엇보다, 오늘날의 교회와 생각이 달랐다는 점에 특별한 호기심을 느껴 아퀴나스 성인의 견해를 다시 고찰하게 되었다.

아주 오래된 이 논쟁은 신이 처음부터 영혼을 가진 인간을 창조했다고 생각한 오리게네스에서 시작되었다. 그의 주장은 창세기 2장 7절에 나오는 〈야훼 하느님께서 진흙으로 사람을 빚어 만드시고 코에 입김을 불어넣으시니, 사람이 되어 숨을 쉬었다〉는 구절에 비추어 즉시 반박되었다. 성경에 의하면, 하느님은 먼저 육체를 창조하고 이후 거기에 영혼을 불어넣었다고 한다. 이는 〈창조론〉이라고 불린 교회의 공식적인 교의로 확립되었다. 그런데 이 입장은 원죄의 유전이라는 측면에서 문제가 된다. 만약 영혼이 부모를 통해 계승되지 않는다면, 어째서 아이들은 원죄에서 자유롭지 못하고, 그 원죄에서 해방되기 위해 세례를 받아야 하는 걸까? 따라서 테르툴리아누스는 『영혼론De anima』에서 부모의 영혼은 정액을 통해 아버지에게서 아들로 〈옮겨진다〉고 주장하였다. 하지만 그의 〈영혼 유전설〉은 영혼의 기원이 물질적인 것이라는 가정이었기에, 곧장 이단으로 여겨졌다.

이와 관련해 아우구스티누스 성인은 원죄의 계승을 부정했던 펠라기우스주의자들과 맞서는 곤란한 상황에 부닥치게 되었다. 따라서 그는 한편으로는 영혼 창조론(물질적인 영혼 유전설에 반대하는)을 옹호하고, 다른 한편으로는 영혼 유전설을 인정하였다. 하지만 모든 신학자는 이를 아주 왜곡된 입장이라고 여겼다. 아우구스티누스 성인은 〈영혼 유전설〉을 받아들이려고 했으나, 결국 『서간집Epistolae』, 190에서 확신이 없다고 고백했으며, 성경은 영혼 유전설도 창조론도 주장하지 않는다는 점을 주시하였다. 우리는 『창세기의 문자적 의미De genesi ad litteram』에서도 그가 두 입장 사이에서 얼마나 고심했는지 알 수 있다.

토마스 아퀴나스 성인은 분명히 영혼 창조론자였고 아주 우아한 방식으로 원죄의 문제를 해결했다. 원죄는 자연 감염과 마찬가지로 정액을 통해 전달된다(『신학대전Summa Theologiae』, I-II, 81, 1, ad 1, ad 2)는 것이다. 하지만 이것은 이성적인 영혼의 전달과는 아무런 관련이 없다.

잘못의 책임이 없는 한 아들은 아버지의 죄로 인해 처벌받지 않는다는 의미에서, 자식은 부모의 죄를 물려받지 않는다고들 한다. 하지만 우리에게 일어나는 일은 이와 다르다. 실제로 현행의 죄가 모방을 통해 전달되듯이, 원죄는 생식을 통해 아버지에게서 자식에게로 전달된다. (……) 영혼은 전달되지 않는데, 정액의 힘은 이성적인 영혼을 생산하지 못하기 때문이다. 그럴지라도 정액은 인간의 기질과 같은 힘을 보탠다. 따라서 정액의 힘을 통해 인간 본성은 부모에게서 자식으로 옮겨지고 인간성의 타락도 마찬가지다. 사실상 세상에 태어난 인간은 그 조상이 범한 죄에 관여하게 된다. 생식의 힘을 통해 그 본성을 물려받기 때문이다.

만약 영혼이 정액을 통해 전달되지 않는다면, 영혼은 언제 태아에게 들어갈까? 아퀴나스는 식물은 식물의 영혼을 가지고 있고, 이 영혼이 동물에게서 감성적인 영혼으로 흡수되는데, 인간은 이 두 영혼을 흡수한 이성적인 영혼을 가진다고 여겼다. 그 이성적인 영혼이 인간에게 지성을 선물하는 것이다. 그리고 나는 고대 전통에서 사람은 〈이성의 본질로 규명되는 실체〉였기에, 이성적인 영혼이 사람을 사람답게 만들었다는 점을 덧붙이고 싶다. 육체의 부패를 견디고 지옥으로 보내지거나 영원한 영광의 대열로 오르는 영혼은 이성적인 영혼이며, 이것으로 인간은 동물이나 식물로부터 구별된다.

아퀴나스는 태아의 형성을 아주 생물학적인 관점에서 보았다. 신은 태아가 단계적으로 먼저 식물의 영혼을 흡수하고 이후 감성의 영혼을 획득했을 때 비로소 이성의 영혼을 전하기에, 육체가 이미 형성된 그 지점에서 이성을 갖춘 영혼이 생성된다(『신학대전』, I, 90)고 여겼다.

따라서 태아는 단지 감성적인 영혼만 가진다(『신학대전』, I, 76, 3).

철학자는 배아가 처음에는 동물이었다가 나중에 인간이 된다고 가르친다. 만약 감성적인 영혼의 본질과 이성적인 영혼의 본질이 같은 것이라면 그렇게 될 리가 없다. 감성의 영혼에 의해 동물이 되고 인간은 이성의 영혼으로 구성되기 때문이다. 그러므로 감성의 영혼과 이성의 영혼의 본질은 같은 것이 아니다. (……) 따라서 우리는 인간에게는 감성적이고, 이성적이고, 그리고 식물적인 하나의 영혼이 존재한다고 단정해야 한다. 만약 우리가 종과 형태의 차이를 고려한다면 이것은 쉽게 설명될 수 있다. 실제로 다양한 완성도에 따라 종과 형태는 서로 다르다는 것을 우리는 목격한다. 자연의 질서 안에서 생물은 무생물보다 더 완벽하고, 동물은 식물보다 더 완벽하며, 인간은 동물보다 더 완벽하다. 게다가 각각의 종류에도 다양한 등급이 있다. 이런 이유로 아리스토텔레스는 (……) 한 도형이 다른 도형을 포함하는 기하학적인 형상으로 영혼을 비교한다. 오각형이 사각형을 포함하고 그것을 능가하는 것처럼, 이성의 영혼은 동물이 가진 감성의 영혼과 식물이 가진 식물의 영혼이 포함하는 모든 것을 그 안에 담고 있다. 그리고 오각형의 표면은 사각형이 아니기에, 오각형에 포함된 사각형의 형상은 불필요한 것이다. 마찬가지로 소크라테스는 인간과 동물의 영혼이 처음부터 다른 것이 아니라 같은 영혼에 의해 사람이 되고 동물이 된다고 여겼다. (……) 태아는 우선 단지 감성적인 영혼만을 가진다. 그리고 이 영혼이 제거되고 감성과 이성을 모두 갖춘 더 완벽한 영혼이 발생한다.

『신학대전』(I, 118, 1, ad 4)에서 감성적인 영혼은 정액을 통해 전달된다고 한다.

철학가의 가르침에 따르면, 성교를 통해 번식하는 완전한 동물들의 활동력은 남성의 정액에 있다. 하지만 태아의 질료는 여성에 의해서 공급된다. 식물적인 영혼은 처음부터 이 질료 안에 존재한다. 감성적인 영혼이 깨어나는 두 번째 시점이 아니라 초기 활동에 이미 존재하고 있다. 그러다 영양분을 섭취하기 시작하면 본격적으로 활동이 진행된다. 질료는 남성의 정액에 있는 힘에 의해 변화를 겪게 되고 감성적인 영혼이 된다. 이는 정액에 존재하는 힘이 감성적인 영혼으로 바뀐다는 의미가 아니다. 만약 그러하다면 발생시키는 것과 발생되는 것이 같을 것이기 때문이다. 게다가 그러한 과정은 철학가가 주목한 대로, 생성보다는 오히려 영양 섭취나 성장에 더 가까울 것이기 때문이다. 하지만 정액 속에 있는 활력을 통해, 기본 구조 안에 감성적인 영혼이 생성되었을 때, 그때야 감성적인 영혼은 영양 섭취와 성장 활동을 통해 그 자신의 몸을 완전하게 만들기 시작한다. 정액이 분산되고 그 안에 품었던 영혼이 사라지면 정액의 활력은 소멸한다. 이는 자연스러운 현상이다. 그 활력은 주체가 아니라 도구로 작용하기 때문이다. 결과물이 완성되었을 때 도구의 운동이 중단되는 것은 당연하다.

그리고 『신학대전』(I, 118, 2, 답변)에서 아퀴나스는 정액의 힘은 이성적인 영혼을 생산할 수 없기에, 수태의 순간에는 하나의 영혼이 존재한다고 주장한다. 이성의 영혼은 비물질적인 요소이므로 생식을 통해서 발생할 수 없고 신의 개입으로만 창조된다. 정액을 통해서 이성적인 영혼이 전달된다고 주장하는 자는 이성의 영혼이 단독으로 존재하지 않는다는 의미이므로 이후 육체와 더불어 부패한다는 것도 인정해야 할 것이다.

이어서 아퀴나스는 맨 처음부터 존재하는 식물적인 영혼에 다른 영혼, 다시 말해 감성적인 영혼이 추가되고, 또 거기에 이성적인 영혼이 추가되는 것은 아니라고 했다. 이런 방식이면 인간은 세 개의 영혼을 가질 것이고, 영혼들은 서로에게 영향을 끼칠 것이기 때문이다. 그러므로 식물적인 영혼은 처음 상태 그대로 있지 않고 발전된다고 했다. 식물적인 영혼은 정액이 가진 힘의 작용으로 감성적인 영혼이 되고 마지막에는 이성적인 영혼으로 변화되는데, 이때는 정액의 활동력이 아니라 더 우수한 대리인을 통해서, 다시 말해 영혼에 빛을 밝히고자 외부에서 개입하는 신의 힘을 통해서 변화된다.

하지만 이 모든 것은 성립되지 않는다. 먼저, 실체적 형상은 증가나 감소를 허용하지 않기 때문이다. 숫자가 더해지면 다른 수가 되듯이 더 완벽한 것이 추가되면 종류가 달라진다. 그리고 똑같은 하나의 형상이 다양한 종류에 부합되는 것은 불가능하다. 둘째, 동물의 생성은 변화의 과정에서 일어나듯이 불완전한 것에서 완전한 것으로 나아가는 끊임없는 운동의 원칙을 따르기 때문이다. 셋째, 인간이나 동물의 생성은 엄밀한 의미에서 발생이 아니기 때문이다. 그 과정은 이미 진행 중이다. 식물적인 영혼은 처음부터 질료에 존재하고 있으며, 이후 서서히 더 완벽한 상태로 이끌린다. 이전의 것을 파괴하지 않고 계속해서 완벽함이 더해지는 것이다. 이것은 엄격한 의미에서 발생과는 다른 개념이다. 넷째, 신에 의해 만들어진 것은 실존하는 무엇이기 때문이다. 따라서 그것은 실질적으로 존재하지 않는 기존 형태와는 본질적으로 달라야 한다. 그러하지 않다면 육체

안에 여러 개의 영혼이 존재한다고 주장하는 자들의 견해로 돌아가야 한다. 그들이 말하는 영혼은 주체적인 존재가 아니라 이전 영혼의 개량이다. 그렇다면 이성적인 영혼은 육체와 더불어 부패하여 사라질 것인데, 이는 허용할 수 없는 주장이다. (⋯⋯)

따라서 우리는 더욱 완벽한 형태가 발생하면 이전의 형태는 부패하게 된다는 결론을 내려야 한다. 인간에게든 동물에게든 어떤 존재의 발생은 언제나 다른 존재의 부패를 암시하기 때문이다. 그리고 이는 나중의 형태가 이전의 형태를 완전히 소화하고 그 이상의 무언가를 더 가지는 방식으로 일어난다. 이렇게 하여 다양한 생성과 부패를 통해서 동물과 인간 모두는 마지막 실체적 형상에 이른다. 그리고 이는 부패를 통해 생성된 동물에서도 발견할 수 있다. 그러므로 우리는 이성적인 영혼은 인간 창조의 마지막 단계에서 신을 통해 주입되고, 그와 동시에 이전의 다른 형태들이 소실되면서 이성적인 영혼은 감성적이면서 생장적인 성질을 모두 갖춘다고 봐야 한다.

그러므로 이성적인 영혼은 창조되는 순간에 식물적인 영혼과 감성적인 영혼을 편성하고, 이전의 두 영혼은 이성적인 영혼의 구성 요소로 변화되는 것이다.

토마스 아퀴나스는 그의 『대이교도대전Summa contra Gentiles』(II, 89, 11)에서, 태아는 처음에서 마지막으로 이르는 중간 형태들이 있기에 발생의 단계에는 순서가 있다고 거듭 주장했다.*

• ⟨In generatione animalis et hominis in quibus est forma perfectissima, sunt plurimae formae et generationes intermediae, et per consequens corruptiones, quia generatio unius est corruptio alterius. Anima igitur vegetabilis, quae primo inest, cum embryo vivit vita plantae, corrumpitur, et succedit anima perfectior,

그렇다면 태아 형성의 어느 단계에서 온전한 인간을 만드는 이성적인 영혼이 주입될까? 전통 교리는 이 점에 관해 아주 신중한 자세를 취했으며, 대체로 임신 40일 이후라고 전해졌다. 아퀴나스의 경우, 태아의 육체가 그것을 받아들일 준비가 되었을 때에 영혼이 깃든다고만 언급하였다.

아퀴나스는 『신학대전』(Ⅲ, 33, 2)에서 그리스도의 영혼은 육체와 동시에 창조되었는지에 대해 다루고 있다. 그리스도의 수태는 정액의 인도를 통해 일어난 것이 아니라 성령의 힘으로 말미암았기에, 이 경우 하느님은 태아와 이성적인 영혼을 동시에 창조했을 것이라고 보았다. 하지만 예수는 신이자 인간이기에 인간의 규율 역시 따라야 한다. 〈영혼이 주입되는 순간은 두 가지 측면에서 고려될 수 있을 것이다. 먼저, 육체의 상태다. 육체의 측면에서 볼 때, 그리스도의 영혼은 다른 인간들처럼 육체가 형성되었을 때 주입되었을 것이다. 둘째, 유일한 순간이다. 그리스도의 육체는 다른 사람들보다 더 짧은 시간에 완벽하게 형성되었고 그의 영혼도 그러할 것이다.〉

하지만 여기에서 문제는 태아가 언제 인간 존재가 되느냐가 아니라 배아가 이미 인간 존재냐는 것이다. 우리가 이미 보았듯이, 아퀴나스는 이 점에 대해 아주 분명한 견해를 가졌다. 『신학대전』의 부록은 아퀴나스가 쓰지 않고 그의 제자 레지날도 다 피페르노가 쓴 것으로 추정되지만, 질문 80의 4항은 아주 흥미롭다. 육체가 부활할 때 그 육체의 성장에 이바지한 모든 것도 부활하는지의 문제를

quae est nutritiva et sensitiva simul, et tunc embryo vivit vita animalis; hac autem corrupta, succedit anima rationalis ab extrinseco immissa, licet praecedentes fuerint virtute seminis〉 — 원주.

다루고 있다. 여기에서 제기되는 몇 가지 질문은 언뜻 터무니없어 보인다. 음식은 인간을 구성하는 본연의 물질로 변화되는데, 소고기로 양분을 취했던 인간이 부활할 때 소의 고기도 부활할 것인가? 똑같은 물질이 각양각색의 사람들 안에서 부활하기란 어려울 것이다. 하지만 인육을 먹는 식인종의 경우는 다를 것이다. 그렇다면 부활은 누가 하는가? 먹은 자인가, 먹힌 자인가?

질문 80은 복잡하고 난해하게 답변되었으며, 다양한 견해 중 어느 입장에도 편을 들고 있지 않다. 하지만 논쟁의 마지막에서 자연 존재는 물질의 힘이 아니라 그 형태의 힘 안에 존재한다고 언급하고 있다. 따라서 물질이 처음에는 소의 형태였을지라도 섭취를 통해 인간의 살이 되었기에 이후 인간 안에서 인간 살의 형태로 부활할 것이다. 그렇지 않다면 아담의 육체를 빚은 진흙 역시 부활한다고 해야 할 것이다. 식인 행위와 관련해서는, 식용된 인간의 살은 그것을 먹은 인간의 진정한 본성으로 들어가지 않을 것이기에 식용된 살은 원래 그것을 가졌던 인간의 살로 부활할 것이라 했다.

그런데 이러한 고찰의 과정에서 흥미로운 요점은, 배아는 이성적인 영혼이 주입되지 않았기 때문에 육체의 부활에 참여하지 않을 것이라는 견해다.

아퀴나스에게 (일정 기간 내에 이뤄진) 낙태가 죄가 되지 않느냐는 질문은 부질없을 것이다. 아퀴나스 성인이 오늘날 우리가 순전히 과학적인 맥락에서만 기술하는 그의 논제를 도덕적인 의미로 고찰하지도 않았을 것이다. 여하튼 토마스 아퀴나스의 가르침을 자주 인용하는 가톨릭교회가 이 문제에서는 그의 입장을 조용히 멀리하기로 한 것이 의아할 따름이다.

이와 비슷한 일은 진화론에서도 일어났다. 가톨릭교회는 오래전에 이를 받아들였는데, 창조의 6일을 상징적으로 해석하는 것으로 충분했다. 기독교의 교부들은 성경의 상징적인 해석을 통해 창조 이론을 진화적인 관점에서 보았다. 〈창세기〉는 그야말로 다윈 사상을 담은 문서라 할 수 있다. 창조는 광물에서 식물, 동물, 인간에 이르기까지 단순한 것에서부터 가장 복잡한 것으로 진행되었기 때문이다.

한처음에 하느님께서 하늘과 땅을 지어내셨다. (……) 하느님께서 〈빛이 생겨라!〉 하시자 빛이 생겨났다. 그 빛이 하느님 보시기에 좋았다. 하느님께서는 빛과 어둠을 나누시고 빛을 낮이라, 어둠을 밤이라 부르셨다. (……) 하느님께서는 이렇게 창공을 만들어 창공 아래 있는 물과 창공 위에 있는 물을 갈라놓으셨다. (……) 하느님께서 〈하늘 아래 있는 물이 한곳으로 모여, 마른 땅이 드러나라!〉 하시자 그대로 되었다. 하느님께서는 마른 땅을 뭍이라, 물이 모인 곳을 바다라 부르셨다. (……) 하느님께서 〈땅에서 푸른 움이 돋아나라! 땅 위에 낟알을 내는 풀과 씨 있는 온갖 과일나무가 돋아나라!〉 하시자 그대로 되었다. (……) 하느님께서는 이렇게 만드신 두 큰 빛 가운데서 더 큰 빛은 낮을 다스리게 하시고 작은 빛은 밤을 다스리게 하셨다. 또 별들도 만드셨다. (……) 하느님께서 〈바다에는 고기가 생겨 우글거리고 땅 위 하늘 창공 아래에는 새들이 생겨 날아다녀라!〉 하시자 그대로 되었다. 이리하여 하느님께서는 큰 물고기와 물속에서 우글거리는 온갖 고기와 날아다니는 온갖 새들을 지어내셨다. (……) 하느님께서 〈땅은 온갖 동물을 내어라! 온갖 집짐승과 길짐승과 들짐승을 내어라!〉 하시자 그대로 되었다. (……) 하느님께

서는 〈우리 모습을 닮은 사람을 만들자!〉 하시고, (……) 야훼 하느
님께서 진흙으로 사람을 빚어 만드시고 코에 입김을 불어넣으시니,
사람이 되어 숨을 쉬었다.*

반진화론 운동과, 배아까지를 대상으로 삼는 생명 보호 운동은
기독교 근본주의의 입장과 다를 바가 없는 듯하다.
하지만 앞서 말했듯이, 나의 강연은 현재의 논쟁에 가담하려는
의도가 아니라 가톨릭 신학의 근본적인 토대를 세운 최고의 권위자,
토마스 아퀴나스의 이론을 설명하는 것이다. 따라서 그 이상의 논
의는 청중들의 몫으로 남기고, 나는 이쯤에서 그만하려고 한다.

2008년 11월 25일 볼로냐 대학교의 〈인문학 연구소Scuola Superiore di Studi Umanistici〉에
서 열린 연구 윤리에 관한 학회에서 발표되었고, 이후 프란체스코 갈로파로가 출간한 『의학
연구 윤리와 유럽 문화의 정체성Etica della ricerca medica e identità culturale europea』(볼로냐:
CLUEB 출판사, 2009)에 포함되었다.

• 『예루살렘 성경La Bibbia di Gerusalemme』, 볼로냐: Edizioni Dehoniane 출판
사, 1974 — 원주.

오, 빅토르 위고! 과잉의 시학

빅토르 위고에 관한 이야기는 대개 앙드레 지드의 말을 인용하는 것으로 시작된다. 앙드레 지드는 가장 위대한 프랑스 시인이 누구냐는 질문에, 〈Hugo, hélas!〉(오, 위고!)*라고 대답했다. 그리고 논의를 더 진전시켜, 〈빅토르 위고는 자신이 빅토르 위고라고 믿었던 미치광이였다〉**는 장 콕토의 말로 이어진다.

지드의 탄성은 많은 것을 의미하지만, 오늘날 위고(그리고 어쩌면 서술자 위고)는 무수한 결점과 번드르르한 허풍, 이따금 참을 수 없을 정도의 거창한 미사여구에도 불구하고 위대한 작가였다는 의미로 이해된다. 그러나 콕토의 말은 맞지 않다. 빅토르 위고는 빅토르 위고라고 믿었던 미치광이가 아니었다. 위고는 스스로 신이라 믿었거나 적어도 신의 공식적인 통역관이라 믿었을 뿐이다.

• 앙드레 지드의 대답과 이에 뒤따른 설명에 관해서는 클로드 마르탱이 출간한 『오, 위고*Hugo, hélas!*』 파리: Éditions Fata Morgana 출판사, 2002에서 읽을 수 있다. ― 원주.

•• 장 콕토, 「세속의 신비*Le Mystère laïc*」, 『전집*Œuvres complètes*』 제10권, 로잔: Maguerat 출판사, 1946, p. 21 ― 원주.

위고의 문학을 지배하는 특징은 세상의 사건을 과도하게 기술하는 방식과 신의 관점에서 그것을 보려는 불굴의 의지다. 과잉의 취향은 심리적으로 불안정하며 거칠고 모난 성격의 등장인물들을 창조해서 끝없는 목록으로 묘사하게 이끈다. 하지만 이들은 깊은 인상을 남기는 폭발적인 열정으로 역사를 움직이는 위력의 신호가 된다. 신을 대리하려는 의지는 그의 주인공들이 휘말린 사건들의 배후에서 인간 역사를 움직이는 위대한 힘을 보게 하는데, 만약 신의 직접적인 관여가 아니라면, 어떤 때는 섭리로 드러나거나 또 어떤 때는 헤겔 철학에서 개인의 의지를 지배하거나 이끈다고 여기는 신이 예정한 계획, 운명의 힘을 지켜보게 한다.

과잉의 취향은 어째서 위고를 신으로, 이를테면 심연을 뒤흔들어 하늘과 땅을 창조하고 대홍수를 일으키고 지옥의 불구덩이에다 죄인들을 떨어뜨리는(부디, 조금만 자제를!) 초인적인 인물로 오해할 수 있는지 설명한다. 그리고 예술은 디오니소스적인 광란이 아니라 분명히 아폴로적인 균형이라고 여겼던 앙드레 지드의 애처로운 탄성을 이해하게 한다.

나는 위고를 향한 나의 애정을 아주 잘 알고 있으며, 다른 글에서 그의 절묘한 과잉의 기법을 칭송하기도 했다. 과잉은 바그너풍의 폭풍우 안에서 서투른 문체와 따분함까지도 뒤집을 수 있다. 그리고 나는 「카사블랑카」와 같은 영화의 매력을 설명하면서,* 하나의 진부한 표현은 천박하지만 뻔뻔스럽게 퍼붓는 수많은 상투 어구는 서

* 움베르토 에코, 「카사블랑카, 오! 신들의 부활Casablanca, o la rinascita degli dei」, 『제국의 변방에서Dalla periferia dell'impero』, 밀라노: Bompiani 출판사, 1977, pp. 138~146 — 원주.

사시가 된다는 것을 깨달았다. 또한『몬테크리스토 백작*Le Comte de Monte-Cristo*』은 (『삼총사*Les Trois Mousquetaires*』를 비롯한 뒤마의 다른 소설들과는 달리) 완성도가 떨어지고 산만하며 장황하지만, 적정한 한계선 너머로 몰아치는 바로 이러한 결함들로 인해 칸트 철학의 〈역학적 숭고〉 개념에 닿으며, 수많은 독자의 마음을 사로잡았고 지금도 영향력을 발휘하고 있다.*

여하튼 위고로 돌아와서, 낭만적인 과잉의 전형적인 요소로 꼽히는 추함과 악인의 모형을 살펴보자.

낭만주의 초기까지 영웅은 아킬레우스처럼 언제나 잘생긴 남자였으며, 반면 악당은 테르시테스처럼 언제나 추하고 흉측하고 기괴하고 터무니없는 인물이었다. 악당이 영웅인 경우에도 존 밀턴의 사탄처럼 아름다운 용모를 지녔다.

하지만 고딕 소설이 등장하면서 상황이 뒤집어졌다. 영웅은 불안하고 두려운 존재인데다 주인공답지 않게 음침한 기운에 둘러싸여 매력적이라기보다는 흥미로운 존재다.

시인 바이런은 그의 자우르에 대해, 〈어두운 두건 아래서 번뜩이는 추한 얼굴은 음울하고 섬뜩하며, 그의 눈과 쓴웃음은 두려움과 죄책감을 불러일으킨다〉고 묘사하였다. 그리고 앤 래드클리프는 『이탈리아인*The Italian, or the Confessional of the Black Penitents*』에서 또 하나의 어두운 영혼을 묘사했는데, 그의 외관은 인상적이었고 다리는 커다랗고 흉해서 수도복에 휘감긴 채 성큼성큼 앞으로 나아갔다. 얼굴에는 끔찍한 무언가, 거의 초인적인 기운이 풍겼으며 창백

• 움베르토 에코, 「몬테크리스토 찬미*Elogio del Montecristo*」, 『예술과 광고*Sugli specchi e altri saggi*』, 밀라노: Bompiani 출판사, 1985, pp. 147~158 ― 원주.

한 얼굴에 그림자를 드리운 두건은 그의 커다랗고 우울한 눈에서 공포감을 느끼게 했다.

윌리엄 벡퍼드의 바테크는 우아하고 위엄 있는 외모를 가졌지만, 그가 화를 내면 그 누구도 바라볼 수 없을 정도로 한쪽 눈이 끔찍하게 변했다. 그 눈에 시선을 두었다가 뒤로 넘어지거나 즉사하기도 했다. 스티븐슨에게 하이드 씨는 안색이 창백하고 왜소한 인물이었다. 딱히 어디가 기형이라고 끄집어낼 순 없었지만, 기형이라는 인상을 주었다. 웃는 얼굴조차 불쾌한 느낌을 주었고 소심함과 대담함이 뒤섞인 태도를 보였다. 말할 때는 쉰 목소리로 속삭이듯이 웅얼댔으며, 불쾌감과 혐오감, 두려움을 느끼게 했다.

에밀리 브론테는 『폭풍의 언덕Wuthering Heights』의 주인공 히스클리프에 대해, 그의 이마에는 침울한 그림자가 드리워져 있었고, 두 눈은 바실리스크의 눈과 같았으며, 입술은 말할 수 없이 슬픈 표정으로 굳어 있다고 하였다. 프랑스 소설가 외젠 쉬는 『파리의 비밀Les mystères de Paris』에서 학교 선생님을 다음과 같이 묘사하였다. 그의 얼굴에는 깊고 검푸른 흉터 자국이 사방으로 뻗어 있었고, 입술은 황산의 부식 작용으로 인해 부어올랐다. 코의 연골은 잘려 나가서 형체 없는 두 구멍이 콧구멍을 대신하였다. 그의 머리는 기형적으로 컸고, 팔은 길었으며, 짧고 두툼한 손은 손가락까지 털로 덮여 있었다. 다리는 휘었으며, 불안하게 이리저리 움직이는 눈동자는 야수의 눈처럼 번쩍거렸다.

그런데 추함의 묘사에서도 위고는 정도를 넘어선다. 그의 희곡 『크롬웰Cromwell』의 유명한 서문에서 드러나듯이, 그는 가장 철저한 방식으로 반란을 꾀하며, 혁명적인 미학 이론을 제시하였다. 다시 말해 낭만주의 시대를 거스르며, 아름다움을 추함과 기형, 기괴한 것으로 변형시켰다.

근대의 천재성은 거인을 난쟁이로 바꾸었다. 거인 종족 키클롭스에서 땅속 난쟁이 그놈이 탄생한 것이다. 기형과의 접합은 고대의 아름다움보다 더 위대하고 더 절묘한 무언가를 근대의 숭고미에 부여하였다.

그림자가 빛의 다른 일면이듯, 기괴함은 숭고함의 또 다른 얼굴이다. 기괴함은 자연이 예술에 제공할 수 있는 가장 풍부한 자원이다. 고대가 모든 것에다 엄숙하게 부여했던 보편적인 아름다움은 단조로운 면이 없지 않았다. 반복적으로 재현되는 똑같은 인상은 지루한 느낌을 준다. 아름다움은 오로지 한 종류지만 추함은 수천 가지 종류다. 숭고한 것을 또 다른 숭고한 것에 견주기란 고된 일이므로, 우리는 모든 것으로부터 잠시 숨을 돌릴 필요가 있다. 아름다움조차도. 괴물 샐러맨더는 요정 운디네를 더 아름답게 만들고, 난쟁이 그놈은 시시포스를 더 매력적으로 만들 테니 말이다.

그런데 위고는 그가 이론을 제시할 때보다 창작을 할 때에 더 극단적이다. 기형은 아름다움과 선함에 반대되는 악의 형태라고 단정할 수 없다. 기형은 그 자체로 잔인한 전략이자 원치 않는 겸손이다. 신은 외면의 추함이라는 옷 아래에 여하튼 좌절로 끝날 운명인 내적 아름다움을 두어, 다른 이들에게 숨기려고 했다. 위고는 거미와 쐐기풀의 구제할 수 없는 추함을 동정하기도 했다. 〈나는 거미를 사랑하고 쐐기풀을 사랑한다. / 그들은 미움을 받는 것들이므로. / 길 가는 사람이여, 동정을 베풀어라. / 저 천한 식물에게, / 저 가엾은 동물에게, / 그들의 추함과 그들의 상처에. / 악함을 불쌍히 여길지어다!〉

『노트르담 드 파리*Notre-Dame de Paris*』의 콰지모도는 사면체 코에, 입은 말굽 같았고, 찌그러진 왼쪽 눈은 무성하게 자란 붉은 눈썹에 덮여 있었으며, 게다가 오른쪽 눈은 커다란 무사마귀 아래에 가려져 있었다. 이빨은 요새의 흙벽처럼 군데군데 깨져서 들쭉날쭉했고, 그중 하나는 코끼리의 송곳니처럼 굳은 입술 밖으로 튀어나와 있었다. (……) 엄청나게 큰 머리에는 붉은 머리칼이 뻣뻣하게 곤두서 있었고, 두 어깨 사이로 거대한 혹이 솟아 있었다. 커다란 발과 괴물 같은 손에다 두 다리는 무릎이 서로 닿지 않을 정도로 기이하게 뒤틀려 있어 앞에서 보면 마치 초승달 모양의 낫 두 개를 이어놓은 것 같았다.

위고는 콰지모도에게 역겨운 외모와는 정반대로 섬세한 영혼과 위대한 사랑의 감성을 주었다. 하지만 이와 같은 인물의 특징은 『웃는 남자*L'homme qui rit*』의 주인공 그윈플레인에서 최고점에 달한다.

그윈플레인은 가장 추할 뿐만 아니라 그의 추함으로 인해 가장 불행한 인물이다. 그리고 그 누구보다도 가장 순수한 영혼과 무한한 사랑의 소유자다. 그런데 추함을 미학으로 승화시키는 낭만주의의 역설에서, 그는 바로 흉측하다는 이유로 런던에서 가장 아름다운 여자의 욕망을 자극한다.

혹시 이야기를 잊어버린 독자들을 위해 간단하게 요약해 보자. 그윈플레인은 귀족의 아들로 태어났으나 정치적인 보복으로 콤프라치코스comprachicos(어린이 납치단)에게 납치되어 강제로 외과 수술을 받은 후에 평생 웃기만 하는 기형적인 얼굴을 가지게 되었다.

자연은 그윈플레인에게 많은 것을 베풀었다. 귀밑까지 찢어지도록 벌어지는 입과, 저절로 접혀 눈까지 닿는 귀, 점잖은 태 부리는 사람이 안경 흔들거리게 하기에 적합한 보기 흉한 코, 바라보면 그 누구라도 웃지 않고는 못 배기는 얼굴을 그에게 베풀었다. (……)

하지만 그 일을 자연이 했을까? 혹시 누가 자연을 돕지는 않았을까? 이웃의 양해를 얻어 겨우 뚫은 살창과 같은 두 눈, 해부하기 위해 뚫어 놓은 듯한 입, 콧구멍이라고 하는 구멍 둘 갖춘 납작한 혹 하나, 완전히 으스러진 안면, 그리고 그 모든 것이 협력해 얻은 결과는 웃음인데, 자연이 홀로 그러한 걸작을 만들어 내지 않은 것임은 분명하다. (……)

그러한 얼굴은 우연의 산물이 아니라 의도의 소산이다. (……) 그윈플레인이 아직 어렸던 시절, 그토록 애지중지 보살핌 받을 만한 신분이어서, 사람들이 그의 모습까지 바꾸어 놓았을까? 그렇게 하지 못할 이유 또한 없지 않은가? 사람들에게 보여 주고 돈벌이를 하기 위해서라도. 어느 면을 보더라도, 아이들을 솜씨 좋게 다룰 줄 아는 사람들이 그 얼굴을 만들어 놓았음이 분명했다. 오늘날의 화학이 옛날의 연금술이었듯이, 오늘날의 외과술에 해당하는 옛날의 신비한 기술로, 아이가 아직 어렸을 때, 살에 끌질을 가해, 계획적으로 그러한 얼굴을 만들어 냈을 것이다. 절단과 폐색과 동여매기에 능했던 그 비술로, 입을 찢고, 입술 테두리를 절개해 잇몸이 드러나게 하고, 귀를 당겨 늘어나게 하고, 연골을 제거하고, 눈썹과 볼을 흩어 놓고, 관골근을 확장시키고, 꿰맨 자국과 기타 상흔을 흐릿하게 지우고, 안면은 갈라진 상태로 유지하며, 그 상처 위로 다시 표피를 이끌어다 덮었을 것인 바, 그윈플레인이란 가면은, 그러한 강력하고

오묘한 조각 기술의 산물이었다. (제2부, 제2권, 1장)*

익살 광대의 얼굴을 한 그윈플레인은 구경꾼들에게 아주 인기가 많은 곡예사가 되었다. 그는 같이 공연하는 맹인 소녀 데아를 어릴 때부터 순수한 마음으로 사랑했다. 그윈플레인은 지상에서 오직 한 여자, 그 눈 먼 창조물만을 바라보았으며, 데아는 그윈플레인을 숭배했다. 그녀는 그를 만지고서 말했다. 「당신은 너무나 아름다워요.」

그러다 예상치 못한 사건이 일어나게 된다. 여왕의 여동생 조시언 여공작은 아름다운 외모로 궁정의 귀족들에게 많은 흠모를 받았다. 어느 날 그녀는 극장에서 그윈플레인을 본 후 반하게 되었고 급기야 그에게 편지를 보낸다. 〈그대의 모습 흉측한데, 나는 아름다워요. 그대는 익살 광대인데, 나는 여공작이에요. 나는 최상류인데, 그대는 최하류예요. 나는 당신을 원해요. 당신을 사랑해요. 오세요.〉

그윈플레인은 솟구치는 욕정과 데아를 향한 사랑 사이에서 갈등하였다. 그러다 다른 일이 일어난다. 그윈플레인이 체포되어 죽어가던 수난자가 있는 곳으로 끌려갔다. 수난자는 소스라치게 놀라며 그윈플레인을 한눈에 알아보았다. 그윈플레인은 아이 때 납치되어 얼굴이 심하게 훼손된, 클랜찰리 및 헌커빌 남작이자 시칠리아의 코를레오네 후작이고 잉글랜드의 피어인 퍼메인 클랜찰리 경이었던 것이다.

사건은 순식간에 전개되었고, 그윈플레인은 그에게 무슨 일이 일어나는지 전혀 이해하지 못한 채 비천한 신분에서 고귀한 신분의

---

* 빅토르 위고의 『웃는 남자』는 2006년 열린책들에서 발행된 이형식 번역본을 인용했다.

위치가 되었다. 그러다 어느 순간 그는 사람들이 그의 소유라고 말하는 궁전의 방에서 호화로운 옷을 걸친 자신을 발견한다.

그는 코를레오네 궁에서 놀라운 광경들을 발견하고는(그 휘황찬란한 사막에서 홀로), 마법에 걸린 궁전이라고 느꼈다. 어지럽게 뒤얽혀 있는 방과 복도는 주인공뿐만 아니라 독자도 당황케 했다. 오죽하면 그 장의 제목을 〈궁전과 숲의 유사성〉이라고 달았겠는가! 루브르 박물관이나 에르미타주 미술관을 보고 있는 듯한 묘사가 (판본에 따라) 다섯에서 여섯 페이지에 걸쳐 전개된다. 그윈플레인은 이 방저 방을 어리둥절해서 돌아다니다가 한 침실로 들어가게 되었다. 그는 김이 피어오르는 욕조 옆의 침대에 나체의 여인이 누워 있는 것을 보았다.

위고는 그녀가 말 그대로 벌거벗은 것은 아니었다고 말해 준다. 그녀는 옷을 입고 있었다. 하지만 옷을 입은 여인의 묘사에서, 만약 우리가 여인의 나체를 본 적이 없는 그윈플레인의 눈으로 본다면, 분명히 에로 문학의 절정을 맛보게 된다.

망 중앙에, 보통 거미가 있어야 할 그곳에, 기막힌 것 하나가 있었다. 한 여인의 나신이었다.
엄밀히 말해 옷을 벗은 것은 아니었다. 여인이 옷을 입고 있었음은 분명했다. 머리끝부터 발끝까지 옷으로 감쌌다. 옷은 슈미즈였고 성화 속의 천사들이 입은 긴 옷 같았다. 그러나 어찌나 얇은지 물에 젖은 듯 투명했다. 그러한 이유로 벗은 여인처럼 보였는데, 아예 홀딱 벗은 것보다 그것이 더 도발적이고 위험했다. (……) 유리처럼 투명한 그 은빛 망이 커튼이었다. 망은 상단만 고정되어 있어서, 밑에서 쳐들 수 있게 되어 있었다. (……) 커튼으로 사용되는 망이나 소파처럼, 침대 역시 은빛이었는데 그 위에 여인 하나가 누워 있었다. 그녀는 잠을 자고 있었다. (……) 그녀의 나신과 시선 사이에는 두 가지 장애물밖에 없었다. 그녀의 슈미즈와 은빛 가제로 마름질한 커튼뿐이었다. 두 투명체뿐이었다. 방보다는 알코바에 더 가까웠던 침실을, 목욕실에서 넘쳐 들어오는 반사광이 은근하게 밝히고 있었다. 여인이 혹시 수줍음을 몰랐을지 모르나 반사광은 매우 삼가는 듯했다. 침대에는 난간도 닫집도 천개도 없어서, 그녀가 잠에서 깨어나 눈을 뜨면, 자신의 나신이 무수한 형태로 거울들 속에 비치는 것을 볼 수 있을 것이다. (……) 그윈플레인의 눈에 보이는 것은 여인뿐이었다. 그 여인이 누구인지 그는 즉시 알아차렸다. 여공작이었다. 그런데 그녀를 다시 보다니! 다시 본 그녀는 무시무시했다. 벗은 여인, 그것은 곧 무장한 여인이다. (……) 그녀의 몸에서 발산되는 음탕함은 광휘로움에 녹아들고 있었다. 그 계집은, 마치 자기에게도 신들처럼 파렴치하게 처신할 권리라도 있는 듯, 태연히 알몸을 드러내 놓고 있었다. 스스로 깊은 바다의 딸임을 자처하고, 대양을 향해 〈아버지!〉라고 부를 수 있는, 올림포스의 여신처럼 태평스러웠다. 베누스가 광막한 물거품 위에 눕듯, 부두아르 속 침대 위에 오만하게 누워 잠든 그녀는, 범접할 수 없고 눈부신 몸뚱이를, 온갖 시선과, 욕망, 광증, 몽상 등 그 앞을 지나는 모든 것들에게 내맡기고 있었다. (제2부, 제7권, 3장)

잠자던 조시언이 깨어나 그윈플레인을 발견하고는, 더는 저항하지 못하는 그 불쌍한 남자를 맹렬하게 유혹하기 시작했다. 그녀는 욕망의 절정으로 그를 이끌었지만, 아직 허락하지는 않는다. 단지 자신의 알몸보다 더 자극적인 환상을 연달아 분출하였다. 그녀는 자신을 숫처녀이자(아직 그러했다) 창녀로 드러낸다. 그녀는 그윈플레인이 보장하는 기형의 쾌락을 갈망하는 동시에 세상과 궁정에 도전하는 짜릿함의 기대에 도취되었다. 그녀는 두 배의 성적 쾌감을 기대하는 비너스다. 불카누스를 혼자서 소유하는 것으로, 또 대중에게 공개하는 것으로.

「그대 곁에 있으니 나의 지위가 손상됨을 느껴요. 얼마나 큰 행복이에요! 왕족이라는 것, 그것이 얼마나 무미건조해요! 나는 존엄한 신분이에요. 그것보다 피곤한 것이 없어요. 전락하면 휴식을 취할 수 있어요. 나는 존경에 식상해서 멸시를 원해요. (……)
내가 당신을 사랑하는 것은 당신의 얼굴이 흉측하기 때문만은 아니에요. 당신의 신분이 천하다는 것 때문이기도 해요. 나는 괴물을 사랑하며 익살광대를 사랑하는 거예요. 모욕당하고, 우롱당하고, 괴이하고, 흉측하고, 극장이라고 하는 죄인 공시대 위에 전시된 정인, 그 정인에게는 아주 특별한 맛이 있어요. 심연의 과일을 깨무는 맛이지요. 창피한 정인, 그것이 진미예요. 낙원의 사과가 아닌 지옥의 사과를 깨무는 짓이 나는 유혹해요. 나는 그런 짓에 대한 허기와 갈증을 느끼며, 내가 바로 그러한 이브예요. 심연 속의 이브지요. 당신은 아마, 그러한 사실은 깨닫지 못했다 하더라도, 악마일 거예요. 나는 어떤 환영의 가면을 위해 내 자신을 보존했어요. 그대는, 어떤 환영이 그 줄을 잡고 있는 꼭두각시예요. 그대의 지옥의 위대한 웃음을 나타내는 형상이에요. 그대가 바로 내가 기다리던 주인이에요.

(……) 그윈플레인, 나는 옥좌이고 그대는 이동 극장의 연예대예요. 우리 둘을 수평으로 놓아요. 아! 나는 행복해요. 내가 이제 밑으로 떨어졌어요. 내가 얼마나 천한 년인지 모든 사람이 알 수 있었으면 좋겠어요. 그러면 모두들 그것 때문에 더욱 허리를 굽실거릴 거예요. 누구를 싫어하면, 그만큼 더 그의 앞에서 설설 기는 법이니까요. 인간이라는 종은 그렇게 만들어졌어요. 적의를 품고서도 파충류처럼 기지요. 용이면서도 구더기처럼 굴어요. 오! 나는 신들처럼 퇴폐적이에요. (……) 하지만 그대는 추하지 않아요. 그대는 기형이에요. 추한 남자는 미미한 반면, 기형인 남자는 위대해요. 추한 남자는 잘생긴 모습 이면에 있는 마귀의 찡그림이에요. 기형은 숭고함의 이면이에요.」(……)「당신을 사랑해요!」그녀가 비명을 지르듯 소리쳤다. 그러고는 깨물듯 그에게 키스를 했다. (제2부, 제7권, 4장)

그윈플레인이 여공작의 유혹에 굴복하려는 찰나, 여동생에게 보낸 여왕의 서한이 도착하였다. 여왕의 편지에는 〈웃는 남자〉가 합법적인 클랜찰리 경으로 밝혀졌으며, 조시언의 남편이 되리라는 내용이 적혀 있었다. 조시언은 〈그렇다면 좋아〉라고 중얼거리더니, 일어나서 손가락으로 출입문을 가리켰다. 그러곤 말투를 존칭으로 바꾸어서 그윈플레인에게 말했다.「나가시오. 당신이 나의 남편이라니, 나가시오. (……) 당신은 이곳에 계실 권리가 없어요. 이곳은 내 정인의 자리예요.」

그윈플레인은 얼굴의 추악함에서 정도를 넘었고, 조시언은 사도마조히즘적인 성향과 반작용의 반응에서 정도를 넘었다. 정리하자면, 신분에 대한 진실이 밝혀지면서(당신은 곡예사가 아니라 귀한 신분입니다) 이미 반전된 상황에 다른 행운의 가능성(당신은 비참한 신분이었지만 이제는 귀족인데다 왕국에서 가장 아름다운 여자가, 지금 당신이 격렬한 감정으로 원하는 그 여자가 갈망하는 사람입니다)이 뒤따랐다. 그 뒤또 다른 반전으로 이어졌는데, 이러한 전개는 비극이 아니라 희극에걸맞을 것이다. 여하튼 반전에 반전을 거듭한 이야기는 비극이 아니라 분명히 우스꽝스러운 광대극(적어도 그때까지는……. 그윈플레인은소설의 마지막에서 목숨을 끊게 되니까)과 같았다. 독자는 기운이 빠지고, 갑자기 어느 순간 운명의 가닥들과 그 당시 상류 사회의 실상을깨닫게 된다. 위고는 부끄러움을 전혀 모른다. 그에 비하면 조시언은 성녀처럼 순진하다.

그리고 우리는 또 다른 반전에 이른다. 조시언과의 사건에서 법률과 권력과 풍습을 이해하기 시작한 그윈플레인은 의심과 호기심을 품은 채 상원 회의에 참석하게 된다. 그는 첫 표결에서 반대 의견을 표시했다. 그러곤 자리에서 일어나 민중을 옹호하고 그들을 착취하는 귀족을 비판하는 연설을 열정적으로 토해냈다. 마르크스의『자본론Das Kapital』에서 인용했을 비장한 내용이었으나, 그의 얼굴은 분노와 격정, 고통과 진리에 대한 사랑을 표현하고 있을 때에도웃고 있었다. 따라서 그의 연설은 반감이 아닌 폭소를 불러일으켰다. 결국 의회는 장난과 웃음 속에서 끝이 났다. 그윈플레인은 그곳이 자신의 세상이 아니라는 것을 깨달았다. 그리고 필사적으로 데아를 찾아다닌 끝에 만나게 되지만, 그녀는 연인을 잃은 슬픔으로 병이 악화되어 결국 그의 품에서 행복한 죽음을 맞는다.

그윈플레인은 그와 무관한 세상과 그에게서 사라진 세상 사이에서 견디지 못하고 스스로 목숨을 끊는다.

이렇게 하여 우리는 가장 낭만적인 주인공, 그윈플레인의 삶 속에 낭만주의 소설의 모든 요소가 한데 어우러진 것을 볼 수 있다. 아주 순수한 열정, 죄의 달콤한 유혹, 가난의 지옥에서 호화로운 궁정으로 바뀌는 갑작스러운 운명의 전환, 부당한 세상을 향한 엄청난 반란, 모든 것을 잃을지라도 진실을 밝히는 영웅적인 증언, 사랑하는 여인의 죽음, 자살로 끝나는 운명……. 하지만 모든 것이 매우 과장되었다.

초기 작품일지라도, 『노트르담 드 파리』는 이미 과잉 시학의 징조들을 보여 주고 있다. 첫 장에서부터 독자는 분명히 역사적인 인물들이지만 들어 본 적이 없고 말한 적도 없는 등장인물들의 끝없는 이름을 참고 읽어 나가야 한다. 여하튼 독자는 중산층과 서민들뿐만 아니라 귀족들도 참여하는 공식 축전이라는 인상과 (위고의 언어로 표현하자면) 군중이 바글거린다는 느낌을 받을 것이다. 등장인물들을 구별하려 하거나 그들이 누구인지 알려는 것은 부질없다. 이는 거리 행렬을 지켜보는 것과 같다. 7월 14일 파리에서 열리는 행진이나 런던의 군기 분열식이 그러할 것이다. 여기에서 우리는 각기 다양한 제복을 입은 연대들을 구별하지 못하며 그들의 역사도 알지 못한다. 단지 광대하다는 인상만 받는다. 만약 그 행진의 절반만 본다면 행사의 장엄한 매력을 놓치고 말 것이다. 위고는 우리에게 〈군중이 있다〉라고만 한 적이 없다. 그는 그 군중의 가운데로 우리를 끌고 가서 그 일원들을 한 명씩 소개한다. 우리는 처음 보는 누군가를 이미 알고 있는 사람인 것처럼 속이며 악수를 하게 된다. 그러곤 광대한 무리 속에 있었다는 기분에 젖어 집으로 돌아오는 것이다.

그랭구아르가 기적의 궁전을 방문해서 놀라운 광경을 봤을 때도 마찬가지다. 그곳은 악당, 부랑자, 거지, 환속한 신부, 비행 청소년, 매춘부, 집시, 가짜 불구자, 소매치기, 불량배 등의 소굴이었다. 우리는 그들 모두를 알아볼 필요는 없다. 그것은 효과를 만들어 내는 장치다. 범죄자와 불쌍한 사람들이 바글거리는 소굴이라 느끼고, 허우적대고 난폭하고 곪아 터진 집단, 나중에는 흰개미와 시궁쥐, 바퀴벌레, 메뚜기의 거대한 떼처럼 대성당을 공격하게 되는 그 무리를 깨닫게 하는 장치인 것이다. 여기에서 주인공은 한 사람이 아니라 무리 전체다. 요컨대, 우리는 음악의 흐름과 같은 열거와 목록, 명부에 익숙해져야 한다. 그래야 책 속으로 빠져들게 된다.

그렇다면, 과잉의 시학은 명부와 목록의 기술을 통해 드러난다는 점을 짚어 보자. 위고는 이 기술을 셀 수 없을 정도로 자주 사용했지만, 아마 가장 연속적으로 풍부하게, 그리고 설득력 있게 사용한 작품은 『93년Quatrevingt-treize』일 것이다.

이 책의 결함들(특히, 수사적인 무절제)을 열거하고 분석할 수 있겠지만, 우리가 상처에 천천히 칼을 밀어 넣으려는 순간 그 결함들은 오히려 멋있게 보이기 시작한다. 우리의 불평은 바흐의 추종자가 베토벤의 음악은 바흐의 「평균율 클라비어 곡집」과 비교해 더 시끄럽다고 말하는 것과 같다. 과연 우리가 베토벤 교향곡 제5번과 제9번의 위력을 외면할 수 있을까?

팡타그뤼엘의 연회를 피할 수는 있지만, 일단 한번 발을 들여 놓으면 영양사의 충고를 떠올리거나 누벨 퀴진nouvelle cuisine의 섬세한 입맛을 그리워해 봐야 소용없다. 그 연회를 받아들일 준비가 되었다면 멋진 경험이 될 것이다. 그렇지 않다면 지체 없이 빠져나와 18세기 신사들의 격언 몇 줄을 읽으며 잠을 청하는 편이 나을 것이다. 위고는 소심한 사람이 아니었다. 〈에르나니 논쟁〉은 〈슈투름 운트 드랑〉보다 늦게 일어났지만, 그 폭풍과 공격의 그림자는 1874년, 그러니까 위고가 『93년』을 (구상한 시기가 아니라) 출판한 때에도 여전히 후기 낭만파에 드리워져 있었다.

소설 『93년』이 과잉을 양분으로 삼았다는 점을 이해하기 위해, 먼저 줄거리를 떠올려 보자. 대체로 이야기는 매우 단순하고 멜로드라마의 성격이 강하다. 이탈리아 오페라 대본 작가에게 「토스카 Tosca」나 「트로바토레 Trovatore」와 맞먹을 만큼(대사를 더욱 진지하게 만드는 음악적인 요소는 빼고 줄거리만을 놓고 볼 때) 서정적이다.

우리는 혁명의 끔찍한 해 annus horribilis로 거슬러 올라간다. 프랑스 서부의 방데에는 반란이 일어났다. 용맹한 전사의 미덕을 갖춘 늙은 귀족 랑뜨낙은 농사꾼들의 부대를 지휘하기 위해 이곳에 상륙하였다. 농민들의 무질서한 떼거리는 비밀의 숲에서 악마처럼 나타나서는 묵주 기도를 암송하면서 총을 쏘는 기이한 존재로 소문이 나 있었다. 혁명 의회는 그들을 진압할 장군들을 보내기로 했다. 먼저, 공화제를 지지하는 젊은 귀족 고뱅(랑뜨낙의 조카)은 여성스러운 미를 가진 남성이면서도 전의에 불타 있었다. 하지만 전쟁은 적에 대한 연민과 존중의 자세에서 해결할 수 있다고 믿는 순진한 이상주의자다. 그다음, 오늘날 정치 참모라 부를 만한 씨무르댕은 전직 사제로 랑뜨낙만큼이나 냉혹한 성격의 소유자다. 사회·정치적인 재건은 대학살을 거쳐서만 일어날 수 있고, 사면을 받은 모든 영웅은 내일 우리를 죽일 오늘의 적이 될 것이라고 여긴다. 게다가 씨무르댕은 고뱅이 어릴 때에 가정 교사였고 그를 아들처럼 사랑(멜로드라마가 요구하는 사항)한다. 위고는 정신적인 아버지에게 헌신하는(처음에는 신앙을 위해, 나중에는 혁명의 소명을 위해 순결을 지키는) 그 남자에게 우리가 다른 열정을 기대하게 허락하지 않는다. 하지만 누가 알겠는가? 씨무르뎅의 열정은 격렬하고 완벽하고 신비롭다.

랑뜨낙 후작과 고뱅 장군은 공화파와 왕당파 간의 전투에서 끝없는 학살의 소용돌이에 휘말려 공격하고 후퇴하면서 서로 죽이려고 한다. 그런데 독자를 공포로 이끄는 이 이야기는 공화파의 부대가 굶주린 과부와 그녀의 세 아이를 발견하면서 시작된다. 〈총검 위에서 새들이 지저귀는les oiseaux gazouillaient au-dessus des baïonnettes〉 5월의 어느 빛나는 날, 공화파 부대는 아비가 없는 그 세 아이를 입양하기로 했다. 이후 랑뜨낙의 부대는 어머니에게 총격을 가하고 (이미 공화파의 마스코트가 된) 아이들은 인질로 잡아 두었다. 총격에서 살아남은 어머니는 아이들을 찾아 절망적으로 여기저기 돌아다니고, 공화파는 중세의 어두운 탑에 갇힌 죄 없는 세 아이를 구출하기 위해 성을 공격하였다. 랑뜨낙은 맹렬한 저항 끝에 비밀 통로를 통해 포위 공격에서 빠져나오지만, 그의 부하들이 탑에 불을 질렀다. 아이들의 생명이 위험한 상황이었고, 때마침 절망한 어머니가 나타났다. 이에 랑뜨낙(사탄에서 구원의 루시퍼로 변화된)은 탑으로 다시 들어가 불구덩이 속에서 아이들을 무사히 구한 뒤 적에게 붙잡히고 만다.

랑뜨낙 후작의 재판을 기다리며, 씨무르뎅은 단두대 설치를 직접 지휘하였다. 한편 고뱅은 죽음을 불사한 관대한 행동으로 자신의 잘못을 바로잡은 한 남자를 죽여야만 하는지 자문하였다. 고뱅은 죄수들이 갇힌 지하 감옥으로 갔다. 그곳에 있던 랑뜨낙은 긴 독백을 하며 왕좌와 제단의 정당성을 옹호하였고 죽음의 현실을 받아들였다. 하지만 고뱅은 랑뜨낙을 탈출시키고 대신 지하 감옥에 갇혔다. 나중에 이 사실을 안 씨무르댕은 어쩔 수 없이 고뱅을 재판에 회부하고 결국 죽음에, 그가 그토록 한없이 사랑했던 한 사람의 죽음에 자신의 찬성표를 던진다.

세 아이의 이야기는 관용과 연민의 실천으로 처벌을 당해야 하는 고뱅의 고통스러운 사건으로 이어진다. 그리고 여기에서 드러나는 주제는 인간의 희생을 통해서만 준비될 수 있는 미래에 희망의 빛을 밝혀 준다. 군대 전체가 그들 지휘관의 사형 집행을 반대해 봤자 소용이 없었다. 씨무르댕은 지극한 사랑의 고통을 알고 있었지만, 그보다는 의무와 규율에 자신의 인생을 바쳤다. 그는 이제 공포, 혹은 테러와 동일시되는 혁명의 순수성을 수호하는 자다. 하지만 그는 고뱅의 잘린 머리가 바구니 속으로 굴러 떨어지는 순간, 자신의 가슴에 총을 쏘았다. 〈그리하여, 비극적 자매와 같은 두 영혼이, 한 영혼의 어둠을 다른 영혼의 광명에 섞은 채, 함께 날아올랐다.〉

이것이 다인가? 위고가 원했던 것은 단지 우리의 눈물이었을까? 아니다. 가장 먼저 주목해야 할 것은 정치적인 의미보다는 서술적인 의미에서 표현돼야 한다. 이는 서사 구조를 연구하는 모든 학자의 공통 언어나 다름없다. 이야기에서 인물들은 행위에 참여하지만, 행위자actant의 화신이다. 따라서 인물은 이야기의 구조 안에서 변경 가능한 자신의 기능을 통해 서술적인 역할들로 묘사될 수 있다. 예를 들어, 알레산드로 만초니의 『약혼자들I promessi sposi』에서 악의 힘이나 인간의 나약함은 모든 인간의 운명을 지배하는 섭리의 힘을 거역한다. 그런데 불한당패의 두목 무명인Innominato과 같은 인물은 회개하여 갑작스럽게 반대자에서 협력자의 역할로 바뀔 수 있다. 그리고 악인 돈 로드리고와 의인 크리스토포로 신부와 같이 불변하는 행위자의 역할에 묶인 인물들도 있으며, 〈강자의 틈바구니에서 오락가락하는〉 돈 압본디오 신부처럼 모호한 인물도 있다. 그는 다른 이의 역할에 의해 끊임없이 동요되며, 바로 이런 이유로 우리는 결국 그의 미혹함을 용서할 수 있다고 여긴다.

그런데 말년의 위고가 오래전부터 생각해 왔던 이 소설(『웃는 남자』(1869)의 서문에서 『93년』이라는 작품을 쓰겠다고 암시했다)을 쓸 때는 청년 시절에 가졌던 정치·사상적인 입장을 완전히 바꾸었을 때다. 젊은 시절에 그는 정통왕조주의자로 방데 지역을 지지했으나 이후 자유주의와 사회주의 성향으로 변해갔다. 그러다 루이 나폴레옹의 쿠데타 이후 사회주의, 민주주의, 공화주의자가 되었다. 그는 1841년 아카데미 프랑세즈 회원으로 선출된 뒤 입회 연설에서, 〈왕좌를 박살 내고 나라를 구한, (……) 증오와 비난을 받을 수도 있겠지만, 우리가 감탄해마지않는 폭동을 저지르고 기적을 이룬〉 혁명 의회에 경의를 표했다.

그는 파리 코뮌을 이해하지 못했을지라도 왕정복고 이후 파리 코뮌 지지자들의 사면을 위해 싸웠다. 요컨대, 『93년』의 구상과 출판은 더욱더 급진적인 태도로 나가는 그의 정치 성향의 흐름과 일치한다. 위고는 파리 코뮌을 이해하기 위해 테러까지도 인정해야 했다. 그는 오랫동안 사형 제도에 맞서 싸웠지만, 그가 잘 알고 있던 작가 조제프 드 메스트르의 위대한 반동주의 가르침을 염두에 두었다. 구원과 정화는 인간 제물의 공포를 통해서도 일어난다는 것을 알았던 것이다.

드 메스트르에 대한 언급은 바로 『레미제라블 *Les misérables*』의 제 1권 4장에서 미리엘 주교가 단두대를 고찰하는 장면에 나온다.

단두대를 본 자는 가장 기괴한 전율에 몸서리를 친다. (……) 단두대는 환영이다. (……) 그것은 음산한 기운을 가진 생물의 일종처럼 보인다. 마치 나무 뼈대는 눈으로 보고, 기계는 귀로 듣고, 장치는 머리로 이해하고, 나무와 쇠와 밧줄은 의지를 갖추고 있는 듯하다. (……) 단두대는 사형 집행인의 공범이다. 사람을 삼키고 고기를 씹고 피를 마신다. (……) 자신이 집행한 모든 죽음으로 만들어진 그 어떤 무서운 생명을 사는 듯이 보이는 악령이다.

하지만 『93년』에서 단두대는 혁명의 가장 순수한 영웅을 죽일지라도, 죽음에서 생명의 방향으로 향하며, 과거의 가장 암울한 상징들에 맞서는 미래의 상징으로 떠오른다. 그것은 이제 랑뜨낙이 포위되었던 고성 뚜르그 앞에 세워졌다. 성 안에는 1,500년에 걸친 봉건 제도의 죄악이 견고하게 뒤엉킨 매듭과도 같이 응축되어 있었다. 단두대는 그 매듭을 자를 칼날의 순수함을 갖추고 성 앞에 있다. 단두대는 무에서 창조된 것이 아니라 15세기 동안 그 땅에다 쏟았던 피에서 잉태되었다. 그 땅의 깊은 곳에서 미지의 보복자가 솟아 나와 성에게 말한다. 「나는 당신의 딸이에요.」 성은 자신의 최후가 다가오고 있음을 느낀다. 이러한 변화는 위고에게 새로운 것이 아니다. 『노트르담 드 파리』에서 프롤로 신부가 〈이것이 저것을 죽일 것이다 ceci tuera cela〉라고 읊조리는 장면을 연상시킨다. 단두대는 언제나 그리고 여전히 괴물일지라도, 『93년』에서 미래의 일부로 작용한다.

더 나은 삶을 약속하며 죽음을 가져오는 포악한 괴물이란 무엇인가? 이것은 모순 어법이다. 빅터 브롬버트 교수는 얼마나 많은 모순 어법이 이 소설에 쓰였는지 주목하였다. 탐욕스러운 천사, 친밀한 불화, 거대한 부드러움, 혐오스럽게 친절한, 끔찍한 평온, 무섭고 불쌍한 이들, 여명 한가운데의 지옥, 지옥의 사탄에서 천상의 루시퍼로 변한 랑뜨낙……* 모순 어법은 〈본질적으로 정반대의 성질을 가진 세상의 본성을 인정하는 수사학적인 소우주〉다. 그렇지만 그 상반성은 결국 더 높은 질서 안에서 해결된다고 브롬버트 교수는 강조하였다. 『93년』이 들려주는 이야기는 도덕적인 범죄이자 치유의 폭력이며, 그 사건들이 정당화되기 위해서는 깊은 의도가 이해되어야 한다. 『93년』은 몇몇 사람이 달성한 이야기가 아니라, 역사가 그들의 의지와는 관계없고 종종 모순에 굴복하게 강제하여 이룬 이야기다. 역사의 궁극성은 겉으로는 그 목적들에 어긋나 보이는 무력(방데 전투)까지도 정당화시킨다.

이제 소설에서 행위자와 사소한 인물들 간의 관계를 정의해 보자. 혁명가 장폴 마라에서 단두대에 이르기까지, 각각의 개인과 대상은 그들 자신을 대변하지 않고 소설의 실제 주인공인 거대한 힘들을 표현한다. 여기에서 위고는 신의 의지를 전달하는 공식적인 대변자로서 자신을 드러내며, 그가 들려주는 모든 이야기가 신의 관점에서 타당함을 보여 주려 한다.

위고의 신은 피로 더럽혀진 알 수 없는 역사의 수수께끼를 설명하기 위해 언제나 그의 서술 속에 존재한다. 어쩌면 위고는 현실적

• Victor Brombert, 『빅토르 위고와 공상 소설*Victor Hugo and the Visionary Novel*』, 케임브리지: Harvard University Press 출판사, 1984 ─ 원주.

인 모든 것이 이성적이라고 쓴 적은 없었을지라도, 이상적인 모든 것이 이성적이라는 생각에는 동의했을 것이다. 어쨌든 〈역사는 목적을 구현해야 하는 인물들 위에서 그 자신의 목표를 향해 행진한다〉는 인식에는 언제나 헤겔 철학의 어조가 있다. 『레미제라블』에서 워털루 전투에 관한 묘사를 한번 생각해 보라. 그 안에 있으면서 일이 어떻게 돌아가는지 모르는 파브리스의 눈을 통해 전투를 기술한 스탕달과는 달리, 위고는 위에서 전투를 지켜보며 신의 눈을 통해 기술하였다. 그는 나폴레옹이 몽생장의 정상 너머에 절벽이 있다는 것을 알았다는(하지만 그의 길잡이는 말하지 않았다) 것과 미요 장군의 기병대는 영국 군대에 의해서 몰살되지 않으리라는 것과 뷜로 장군의 길잡이를 했던 양치기가 다른 경로를 안내했다면 프로이센 군대는 전투의 운명을 결정할 제시간에 도착하지 못했으리라는 것을 알고 있다.

하지만 나폴레옹(인물)의 착오와 돌아갈 수 있었지만 그렇게 하지 않은 그루쉬 장군(인물)의 어리석음, 또는 웰링턴 공작으로 불리는 인물의 계략(만약 있었다면)을 따지는 게 뭐가 그리 중요하겠는가! 위고는 2급 지도자에 의한 1급 승리로서 워털루 전투를 정의했으니 말이다.

이 현기증, 이 두려움, 역사를 경악시킬 만큼 최고로 대담한 이 파괴적인 몰락, 이것들은 이유 없이 일어난 것일까? 아니다. 거대한 오른손의 그림자가 워털루에 드리운다. (……) 위인의 소멸은 위대한 세기가 도래하는 데 필요했다. 유일한 존재인 누군가가 그 일에 손을 댄 것이다. 영웅들의 두려움도 이러한 까닭에서였다. 워털루 전투에는

구름 이상의 것, 유성과 같은 것이 있다. 신이 지나간 것이다. (『레미 제라블』, 제1권, 13장)

신은 방데와 혁명 의회도 서서히 거쳐 갔다. 거칠고 사나운 농부들, 평등사상을 받아들인 귀족들, 씨무르댕처럼 음울하거나 고뱅처럼 밝은 주인공들로 위장해서 거쳐 갔다. 이성적인 시각에서 위고는 방데 반란을 과오라고 여기지만 이 과오는 섭리(또는 운명)의 계획 아래서 의도되고 유지되었기에, 그는 방데에 매료되었으며 그에 대한 서사시를 쓴 것이다. 그는 혁명 의회의 인물들을 회의적이고 냉소적이고 말 많은 무리로 묘사했지만, 그들 모두를 거인으로 보았거나 적어도 혁명 의회에 거대한 인상을 부여하였다.

이런 이유로 그는 인물들이 운명으로 인해 심리적으로 경직되고 어눌한 것을 걱정하지 않았으며, 랑뜨낙의 차가운 격분, 씨무르댕의 냉혹함이나 그의 숭고한 영웅 고뱅(아킬레스? 헥터?)의 따뜻하고 열정적인 부드러움을 걱정하지 않는다. 위고는 그들을 통해 위대한 힘들이 작용한다는 것을 우리가 느끼길 원했다.

그는 우리에게 과잉에 대한 이야기, 이따금 모순 어법을 통해서만 기술될 수 있을 만큼 불가해한 과잉의 이야기들을 들려주려고 한다. 이를 위해 어떤 문체를 선택하겠는가? 과잉 문체다. 과잉이야말로 정확히 위고가 채택한 문체다.

우리는 이미 『웃는 남자』에서 사건과 관점이 어지럽게 역전되는 과잉의 표출을 보았다. 위고가 뛰어나게 구사하는 이 기술을 설명하기는 힘들다. 그는 비극의 원칙에서 프랑스인들이 〈쿠 드 테아트르 coup de théâtre〉라고 부르는 〈반전〉의 중요성을 잘 알았다. 고전 비극에서 이 반전은 대게 한 번이면 충분했다. 오이디푸스는 자신이 아버지를 죽이고 어머니와 동침했다는 것을 알았다. 무엇이 더 필요하단 말인가? 비극적인 행위의 결말은 카타르시스다. 만약 그것을 소화할 수 있다면 말이다.

하지만 위고는 이것으로 충분하지 않았다. 결국에 그는 자신이 빅토르 위고라는 것을 믿지 않았던 걸까? 어쨌든 『93년』은 어떤지 한번 보자. 경순양함 클레이모어는 방데 반란을 지휘할 랑뜨낙을 상륙시키기 위해 브르타뉴 연안에서 공화파의 해상 봉쇄를 돌파할 방법을 찾고 있었다. 그 배는 겉보기에는 화물선 같았으나 실은 30개의 대포를 실은 전함이었다. 이어서 사건이 벌어졌다. 위고는 독자가 그 심각성을 알아채지 못할까 봐 〈어떤 무시무시한 일이 벌어진 것 같았다〉고 귀띔해 준다. 24파운드 대포가 풀어진 것이다. 거친 파도가 몰아치는 대로 매 순간 흔들리는 배 안에서 멋대로 이리저리 오락가락하는 대포는 적의 사격보다 더 위협적이었다. 대포는 포탄과도 같이 돌진해서 선벽을 부수고 돛대에 심한 손상을 입혔으나 아무도 그 날뛰는 대포를 멈추게 하지 못했다. 배는 침몰할 위기에 처해 있었다. 대포는 초자연적인 괴물이었다. 위고는 우리가 이 공포의 순간을 이해하지 못할까 봐 우려하여, 그리고 오해를 피하고자 다섯 페이지에 걸쳐서 재앙의 상황을 기술하고 있다. 그러던 중 용감한 포병이 갑판으로 뛰어들었고 황소를 다루는 투우사처럼 목숨을 걸고서 강철 야수에 맞섰다. 대포가 다시 공격하고 피하기를 반복하다가 포병은 선벽에 몰려 꼼짝없이 죽을 위기에 처해 있었다. 그 순간 랑뜨낙이 대포의 바퀴들 사이로 위조지폐 보따리를 던져서 순간적으로 대포를 멈추게 했다. 포병은 이때를 놓치지 않고 대포의 뒷바퀴 살대 사이로 쇠 지렛대를 밀어 넣었다. 그는 지렛대로 대포를 들어 올린 뒤 거꾸로 뒤집어서 그 괴물에게 광물의 부동성을 되돌려 주었다. 승무원들은 매우 기뻐했고, 포병은 목숨을 구해 준 랑뜨낙에게 감사의 인사를 했다. 그리고 잠시 뒤에 랑뜨낙은 모든 선원 앞에서 포병의 용기를 칭찬하고 그의 가슴에 생루이 십자 훈장을 달아 주었다.

그러곤 그를 총살하라는 명령을 내렸다.

그는 나사가 풀린 대포의 책임자였다. 그는 용감하게 행동했지만, 자신이 주의를 소홀히 한 탓에 사고가 난 것이었다. 가슴에 훈장을 단 남자는 총살 분대 앞으로 나아갔다.

이 정도의 반전이면 충분한가? 아니다. 배가 파손되었기에 랑뜨낙은 선원 한 명과 같이 작은 배를 타고 해안을 향해 갔다. 중간쯤 왔을 때 노를 젓던 선원은 총살된 포병이 자신의 형제라고 밝히고 랑뜨낙을 죽이겠다고 했다. 랑뜨낙은 권총을 든 사나이의 앞에 서서 다섯 페이지에 걸쳐 이어지는 연설을 하였다. 그에게 의무가 무엇인지 설명하고 자신들의 임무는 프랑스를 구하는 것, 신을 구하는 것임을 상기시켰다. 랑뜨낙은 자신의 처사는 공정했으며, 만약 선원이 복수의 욕망에 굴복한다면 가장 큰 부정을 범하는 것이라고 설득했다. 「자네는 국왕 전하로부터 나의 목숨을 빼앗고, 자네의 내세를 악마에게 주려 하네.」 결국, 선원은 무릎을 꿇고 랑뜨낙에게 자비를 청했으며 랑뜨낙은 그를 용서해 주었다. 그 순간부터 복수에 실패한 남자 알말로는 방데의 이름을 걸고 그의 형에게 사형을 선고한 랑뜨낙에게 복종을 맹세하였다.

그렇다면 연속된 반전의 과잉, 이것으로 충분한가? 이제 다른 것을 살펴보자. 바로 과잉의 주요한 동력이 되는, 끝없이 이어지는 명부다. 위고는 방데 곳곳에 지도자를 기다리는 많은 무리가 있고, 군주제를 지지하는 반란이 마을과 마을, 성과 성, 구역과 구역으로 확대되는 이미지를 부여하고 싶었다. 이를 위해 반란의 주요 거점을 잇는 그 고장의 지도를 그릴 수 있었을 것이다. 하지만 만약 그랬다간 위고가 장대한 사건으로 기술하고 싶었던 방데 반란이 지역적인 차원의 사건으로 축소되었을 것이다. 따라서 위고는 아주 놀랍고 독창적인 서술 방식으로 피코 델라 미란돌라*를 연상시키는 심부름꾼을 고안하였다. 알말로는 글을 읽을 줄 몰랐다. 랑뜨낙은 이를 흡족하게 여겼는데, 글을 읽을 줄 아는 것이 때로는 방해가 될 수 있기 때문이다. 그가 좋은 기억력을 가진 것으로 충분했다. 랑뜨낙은 알말로에게 지시를 내리는데, 나는 그 일부만 옮겨 적는다. 이번에는 여덟 페이지에 걸쳐 그 목록이 나열되기 때문이다.**

「잘 듣게, 알말로. 자네는 오른쪽으로 가고 나는 왼쪽으로 가도록 하세. 나는 푸제르 방향으로 갈 테니, 자네는 바주쥬 쪽으로 가게. 자루를 버리지 말게. 그것 덕분에 자네가 농사꾼처럼 보이네. 무기들은 보이지 않게 감추게. 막대기 하나를 손에 들고 다니게. 키 높게 자란 호밀 밭에 몸을 숨기면서 이동하게. 또한 울타리들을 따라 미

---

* Giovanni Pico della Mirandola. 르네상스 시대의 이탈리아 인문주의자, 철학가. 인간의 자유의지에 대한 고찰로 르네상스 인본주의와 자유정신에 큰 영향을 끼쳤다. 그리스어, 히브리어, 아랍어를 비롯한 여러 언어를 익혔으며, 다양한 분야에서 광대한 지식을 소유하였다. 대표적인 저서로는 『인간의 존엄에 대한 연설Oratio de hominis dignitate』(1486)이 있다.

** 빅토르 위고의 『93년』은 2011년 열린책들에서 발행된 이형식 번역본을 인용했다.

끄러지듯 움직이게. (……) 행인들과는 항상 멀찌감치 거리를 두게. 도로와 교량은 피하게. 뽕또르송 읍내로는 들어가지 말게. (……) 자네 숲들을 잘 아나?」

「모든 숲들을.」

「이 고장 전체의?」

「누와르무띠에로부터 라발까지에 있는 모든 숲들을.」

「숲의 이름들도 아는가?」

「숲들도, 이름들도, 그리고 모든 것을 압니다.」

「어느 것 하나 잊지 않을 수 있겠는가?」

「아무것도.」

「좋아. 이제 잘 듣게. 하루에 몇 리으lieue나 걸을 수 있는가?」

「10, 15, 18, 20리으까지, 필요에 따라 걸을 수 있습니다.」

「반드시 그렇게 걸어야 할 걸세. 이제부터 내가 자네에게 하는 말을 단 한 마디도 잊지 말아야 하네. 우선 쌩-오뱅 숲으로 가게.」

「랑발 근처에 있는 것 말씀입니까?」

「그렇네. 쌩-리윌과 쁠레델리악 사이에 있는 협곡 입구에 커다란 밤나무 한 그루가 있네. 그곳에서 걸음을 멈추게. 아무도 보이지 않을 걸세. (……) 그런 다음 부르는 신호를 보내게. 그 소리를 낼 수 있는가?」(……)

노인은 초록색 비단 리본을 알말로에게 내밀었다.

「여기 지휘권을 뜻하는 리본이 있네. 이것을 받게. 아직은 아무도 나의 이름을 알지 못하는 것이 중요하네. 하지만 이 리본으로 충분할 걸세. 나리꽃은 공주 전하께옵서 성당 기사단 본부 감옥에서 수놓은 것일세. (……) 잘 듣게. 명령은 이러하네.〈봉기하라. 가차 없이 처단하라.〉 이미 말한 바와 같이 쎙-오뱅 숲 언저리에서 신호를 보내게. 세 번 반복하게. 세 번째 신호에 응하여 한 사람이 땅에서 솟아오를 걸세. (……) 그 사람은 쁠랑슈노인데, 흔히들 〈국왕의 심장〉이라고 부르지. 그에게 리본을 보여 주게. 그가 알아들을 걸세. 그런 다음 자네 재주껏 길을 찾아 아스띠예 숲으로 가게. 그곳에서 다리가 안쪽으로 휜 사람을 만나게 될 걸세. 무스끄똥이라는 별명을 가진 사람인데, 그는 그 누구에게도 자비를 베풀지 않네. 내가 그를 각별히 아낀다는 말을 전하고, 그의 교구들을 뒤흔들라고 하게. 그다음, 쁠로에르멜로부터 1리으 되는 곳에 있는 꾸에봉 숲으로 가게. 자네가 올빼미 신호를 보내는 즉시 한 남자가 어느 구멍에서 불쑥 모습을 드러낼 걸세. 쁠로에르멜 지역 판관이었던 뛰오 씨라는 사람인데, 제헌 의회라고들 하는 것의 일원이었지만 그는 착한 사람들 편이었네. 그 사람에게, 망명한 게르 후작의 꾸에봉 성 전체가 무장을 갖추도록 하라고 전하게. (……) 그다음 쎙-우앵-레-뚜와로 가서 쟝 슈앙을 만나게. 내가 보기에는 그 사람이 진정한 두령일세. 그다음 빌로-앙글로즈 숲으로 가서 쎙-마르땡이라는 별명을 가진 기떼르를 만나, 꾸르메닐이라고 하는 자를 주시하라고 전하게. 그 자는 늙은 구뻬 드 프레휄른의 사위이며 아르쨩땅의 쟈꼬뱅당원 무리를 조정하는 자일세. 내가 한 말을 잘 착념해 두게. 내가 쪽지에 적어 주지 않음은, 그 무엇도 기록으로 남겨서는 아니 되기 때문이네. (……) 그다음 루즈프 숲으로 가면 그곳에 미엘레뜨가 있는데, 그 사람은 긴 장대에 몸을 의지하여 협곡을 건너뛰기도 하지.」

세 페이지 전체를 건너�뛴다.

「그리고 쌩-메르베로 가게. 그곳에서 그랑-삐에르라는 별명을 가진 골리에를 만날 걸세. 그다음 빠르네의 숙영지로 가게. 그곳에는 얼굴에 검댕을 칠한 사람들이 있을 걸세. (……) 그다음 샤르니 숲 고지대에 있는 바슈-누와르의 진영으로 가서, 그곳으로부터 다시 아부완느, 베르, 푸르미 등의 진영을 차례로 방문하게. 그곳들을 거쳐 오-데-프레라고도 부르는 그랑-보르다주로 가게. 그곳에는 미망인 하나가 살고 있는데, 영국인이라는 별명을 가진 트르똥이 그녀의 딸과 혼인하였네. 그랑-보르다주는 렌느 교구에 있네. 그다음 에삐느-르-쉐브레이유, 씨예-르-기욤, 빠란느 등 모든 숲에 출몰하는 여러 사람들을 만나게.」

그리고 마지막에는 다음의 대화로 마무리된다.

「어느 것 하나 잊어서는 아니 되네.」
「안심하십시오.」
「이제 떠나게. 신께서 자네를 인도해 주시길 비네. 가게.」
「나리께서 분부하신 모든 것을 이행하겠습니다. 가겠습니다. 전하겠습니다. 복종하겠습니다. 명령하겠습니다.」(『93년』, 제1부, 제3권)

당연히 알말로가 모든 것을 기억하기란 불가능하다. 그리고 독자는 한 줄만 지나도 이미 앞줄에서 읽은 이름들을 잊어버릴 테니 이를 충분히 짐작할 것이다. 명부는 지루하지만 읽어야 하고 다시 읽어야 한다. 그것은 음악과도 같다. 순수한 소리이자 지도책 뒤편의 인명 색인과도 같다. 그렇게 격렬하게 나열되는 목록은 방데라는 장소를 무한한 공간으로 만든다.

이처럼 목록을 작성하는 기법은 아주 오래되었다. 만약 무언가를 아주 광대하고 혼란스럽게 보이고 싶다면 그것의 복잡함을 나타내는 정의나 묘사로는 부족할 것이다. 따라서 그것이 수용하고 있는 공간의 감각을 부여하기 위해 목록 작성하기가 필요하다. 명단이나 목록은 중요한 현상이나 관계, 사실, 시선을 사로잡는 세부 사항들로 (그 자체로는 중립적인) 공간을 채우지는 않는다. 대신 사물이나 사람, 또는 장소의 이름들을 정렬한다. 그것은 과도한 〈바람 소리 flatus vocis〉를 통해 보여 주는 박진법hypotyposis이다. 마치 귀가 듣는 모든 것을 머리에 담을 수 없어 그 업무의 일부를 눈에 할당하는 것과 같거나 이름이 지정된 모든 것을 놓아둘 장소를 짓기 위해 상상력을 동원하는 것과 같다. 목록은 맹인도 보게 하는 점자의 박진법이다.

알말로가 기억하는 척하는(그럴 것이라 여긴다) 목록에서 중요하지 않은 것은 없다. 모든 목록은 땅과 덤불과 마을과 숲, 그리고 교구를 두루 아우르며 확산된 반혁명의 방대함 그 자체다. 위고는 독자들이 목록 전체를 읽지 못하게(음유 시인의 청중들이 로사리오 기도문을 듣듯이 마음을 사로잡는 순수한 매력에 굴복하면서 시인의 노래를 들을 때처럼) 방해하는 술책(아마 호메로스도 지녔던)을 훤히 꿰고 있다. 나는 독자들이 그 페이지들을 건너뛰리라는 것을 위고가 알았다고 확신한다. 만초니가 그 점을 알았듯이 말이다. 만초니는 돈 압본디오가 두 악당과 마주치는 장면을 기술할 때, 서술의 모든 규칙을 거스르며 지방의 법률과 칙령에 관해 네 페이지(1840년 판에서는 네 페이지의 분량이지만 1827년 판은 거의 여섯 페이지)를 이어 가는 것으로 우리를 애태웠다. 독자는 그러한 페이지들을 건너뛰지만(혹은 두세 번 다시 읽기도 할 테지만), 눈앞에 목록이 있다는 사실을 무시할 수 없으며 숨 막히는 그 힘에 압도당해 건너뛰기를 강요받는다. 그런데 바로 그 견딜 수 없음이 목록의 힘을 증폭시킨다. 다시 위고의 작품으로 돌아와서, 반란은 그처럼 거대하게 일어나기에 우리는 소설을 읽으면서 주요 등장인물이나 심지어 대장들도 모두 기억할 수 없다. 이러는 사이 슬금슬금 파고드는 독서의 자책감은 우리에게 방데 반란의 장엄함을 한 번 더 느끼게 한다.

왕당파의 반란은 장엄해야 하고, 혁명의 중심인 혁명 의회도 장엄해야 한다. 우리는 이제 〈혁명 의회〉라고 제목을 붙인 제3권에 이르렀다. 1장에서 3장까지는 혁명 의회의 회의실에 대한 묘사가 이어지는데, 이 처음의 일곱 페이지에 담긴 풍성한 묘사에서 독자는 이미 공간 감각을 잃고 어리둥절해진다. 하지만 이후 열다섯 페이지에 걸쳐 혁명 의회를 구성하는 회원들의 명부가 다음과 같은 식으로 이어진다.

오른쪽에 지롱드파가 있었으니, 사상가들 군단이었다. 왼쪽에 산악당이 있었으니, 투사들 집단이었다. 한쪽에 있던 사람들은 이러하다. 바스띠유의 열쇠를 접수한 브리쏘, 마르세이유 사람들이 추종하던 바르바루. 성 밖 쌩-마르쏘 변두리 지역에 주둔하고 있던 브레스트 전투 부대를 지휘하던 케르 벨레강. 장군들에 대한 국민 대표들의 지배권을 확립한 쟝쏘네. (……) 꾸똥에게 왼쪽 발이 없었듯 오른쪽 다리를 절던 씨여리. 어느 신문 기자가 자신을 가리켜 악당이라 하자, 그 기자를 식사에 초대한 다음 〈악당이라는 말이 단지 우리처럼 생각하지 않는 사람을 뜻한다는 것을 잘 안다〉고 한 로즈-뒤뻬레. 자기가 발행하던 1790년 연감 허두에 〈혁명은 끝났다〉고 쓴, 라보-퐁후레드의 에우리쌩-에띠엔느. (⋯⋯) 스스로를 가리켜 마이엔느-에-루와르의 제2대대 척탄병이라고 하였으며, 방청객들이 위협하자 이렇게 외친 비제. 〈방청석에서 중얼거리는 소리가 들리기 무섭게 우리 모두 퇴장하여, 군도를 뽑아 들고 베르사이유로 진격하기를 제안합니다!〉 굶어 죽을 운명이었던 뷔죠. 자기의 단검에 자신을 맡긴 발라제. 자신의 호주머니 속에 있던 호라티우스의 책에 의해 밀고되어, 부르-에갈리떼로 지명이 바뀐 부를-라-렌느에서 목숨을 잃게 되어 있던 꽁도르쎄. 1792년에는 군중의 찬미를 받다가 1793년에는 늑대들에게 잡아먹힐 운명이었던 뻬띠옹. 그들 이외에도, 뽕떼꿀랑, 마르보즈, 리동, 쌩-마르땡, 유베날리스의 저서들을 번역하고 하노버 전투에 참가했던 뒤쏘, 부왈로, 베르트랑, 레떼르-보베, 르싸주, 고메르, 가르디앵, 맹비엘, 뒤쁠랑띠에, 라까즈, 앙띠불, 그들의 선두에 있던, 베르니오라는 일종의 바르나브 등 20여 명에 달하는 이들이 있었다. (『93년』, 제2부, 제3권)

15페이지에 걸쳐 악마 숭배 의식의 기도문과도 같은 장황한 이름들이 언급된다. 앙뚜완느-루이-레옹 홀로렐 드 쌩-쥐스뜨, 메를랭 드 띠옹빌르, 메를랭 드 두에, 비요-바렌느, 화브르 에글랑띤느, 후레롱-떼르시뜨, 오쓸랭, 가랑 꿀롱, 쟈보그, 깡불라, 꼴로 데르부와, 구뻬요, 로랑 르꾸웽트르, 레오나르 부르동, 부르보뜨, 르바쒸르 들라 싸르트, 르베르숑, 베르나르 드 쌩뜨, 샤를르 리샤르, 샤또뇌프-랑동, 라비꽁트리, 르 르띠에-쌩-화르죠 등등⋯⋯. 위고는 이 정신없는 목록 안에서 유일한 행위자, 다시 말해 영광과 불운을 모두 갖춘 혁명 그 자체의 거대한 규모를 포착하느라 독자가 인물들의 신원을 파악하지 못할 것임을 분명하게 인식했다.

하지만 위고(나약하고 소심하고 지나치게 과도하기 때문일까?)는 그가 보여 주려 했던 괴물의 규모를 독자가 완전히 이해하지 못할까 봐 두려워하였다. 그래서 목록의 역사에서 완전히 새로운 기법, 어떻든 방데에 대한 묘사와는 다른 기술을 사용했는데, 설교나 다름없는 저자의 목소리가 쉴 새 없이 시작과 끝과 목록 그 자체에 개입되는 것이다.

저기에 혁명 의회가 있다.

그 정상 앞에서는 시선이 고정된다.

인류의 지평선에 일찍이 그보다 더 높은 것이 나타난 적은 없었다.

히말라야가 있고 그것과 마주하여 혁명 의회가 있다. (……)

혁명 의회는 백성이 드러낸 최초의 표변이었다. (……)

그 모든 전체가 난폭하고 야만스러우며 가지런하였다. 사나움 속의 단정함, 그것이 어느 정도는 혁명의 실체였다. (……)

더 기괴하고 숭고한 것은 없었다. 한 무더기 영웅들이 보이는가 하면 비겁자들이 가축 떼처럼 나타났다. 산 위에 야수들이 있는가 하면 늪지에는 파충류들이 우글거렸다. (……) 그 티탄들을 열거해 보자. (……)

거인들이 엮은 비극들을 난쟁이들이 풀어 놓는 격이다. (……)

바람에 휩쓸린 영혼들이었다. 그러나 그 바람은 기적의 바람이었다. (……)

측량할 수 없을 만큼 거대한 혁명 의회가 그러했다. 모든 암흑들로부터 동시에 공격을 당한 인류의 요새, 포위당한 이념의 군대가 밝힌 야간의 불, 심연의 벼랑에 둥지를 튼 영혼들의 거대한 야영지였다. 원로원이면서 동시에 하층민 집단이고, 교황 선출을 위하여 모인 추기경 회의이며 동시에 교차로이고, 아레이오스 파고스이며 동시에 시민 광장이고, 재판정이며 동시에 피의자였던 그 집단에 비할 만한 것이, 역사에 일찍이 없었다.

혁명 의회는 항상 바람 앞에 휘였다. 하지만 그 바람은 백성의 입에서 나왔고, 그것은 곧 신의 숨결이었다. (……)

유령들의 그 대대적인 행렬 앞에서 주의를 기울이지 않기란 불가능하다.

(『93년』, 제2부, 제3권)

참기 힘든가? 그러하다. 그러면 호언장담은? 더 최악이다. 장엄한가? 그것도 그렇다. 자, 내가 나의 작가에게 정신없이 빠져들어 이제 그처럼 말하는 것을 보라. 하지만 번드르르한 호언장담이 자신의 둑을 터뜨리고 지나치게 과도한 소리의 장벽을 무너뜨릴 때, 거기에서 시의 실마리가 탄생한다. Hélas!

작가는 자신의 특정한 경험 독자를 위해 글을 쓰지는 않지만(돈에 관심이 없거나, 독자들의 기호가 영원히 변하지 않을 거라는 희망으로 글을 쓰는 작가가 아니라면), 〈전형적 독자Model Reader〉를 구상하려고 한다. 전형적 독자, 즉 읽는 이에게 제안되는 원문의 게임 규칙을 처음부터 수락하는 독자는 천년 후일 지라도 그 책의 이상적인 독자일 것이다. 위고가 생각한 전형적 독자는 어떤 종류일까? 그는 두 부류의 독자를 염두에 뒀을 것으로 생각한다. 먼저, 운명적인 해 1793년에서 80년이 지난 1874년(책이 출간된 해)에 작품을 읽는 독자들이다. 그들은 혁명 의회에서 거론되는 많은 이름을 여전히 알고 있는 독자들이다. 이것은 마치 오늘날 이탈리아에서 1920년대에 관한 책을 읽는 것과 같을 것이다. 그 책에 나오는 무솔리니, 단눈치오, 마리네티, 곽타, 코리도니, 마테오티, 파피니, 보치오니, 카라, 이탈로 발보, 그리고 투라티와 같은 인물의 이름들이 우리에게 전혀 뜬금없지는 않을 것이다. 두 번째 부류는 미래의 독자(또는 위고와 같은 시대의 외국 독자들)다. 그는 로베스피에르, 당통, 마라와 같이 몇몇 외에는 금시초문인 많은 이름 앞에서 어리둥절할 것이다. 하지만 그와 함께 독자는 처음으로 방문하는 마을에 관한 끝없는 잡담을 듣는 듯한 인상을 받을 것이고, 서서히 모순되는 인물들의 무리에서 벗어나 그곳의 분위기를 느낄 것이다. 그리고 미지의 얼굴들은 모두 피로 물든 역사의 가면, 궁극적으로 역사의 많은 가면 중의 하나라고 여기며 그 복잡한 무대로 나아가는 여정에 차츰 익숙해질 것이다.

앞에서 말했듯이, 위고는 그의 투박하고 차가운 인물들의 심리에는 관심이 없다. 그는 인물과 관련된 환칭antonomasia이나 그들의 상징적인 가치에 관심을 둔다. 이러한 관점은 사물에도 적용되어서, 방데의 숲이나 랑뜨낙이 고뱅에게 포위된 거대한 고성 뚜르그도 해당한다. 고뱅 가문의 성은 기이한 운명에 놓였다. 랑뜨낙과 고뱅은 조상 대대로 가문의 요새가 되었던 그 성을 파괴해야 할 처지에 놓였다. 결전을 앞두고 고뱅은 성 밖에서 공격하고 랑뜨낙은 성 안에 포위되었다. 이 성의 상징적인 가치를 설명하기 위해 많은 페이지가 할애되었는데, 그 안에는 세 아이가 책을 찢는 천진난만한 행동도 포함되어 있다.

랑뜨낙이 인질로 삼고 있는 아이들은 포위된 성탑의 서재에 갇혀 있었다. 그 안에서 놀잇거리를 찾던 아이들은 바르톨로메오 성자에 관한 진귀한 책의 페이지들을 발기발기 찢었다. 그들의 행동에서 신교도 대학살을 일으킨 〈성 바르톨로메오의 밤〉이 반대로 재연되는 것을 짐작할 수 있을 것이다. 그 당시 군주제가 저지른 수치스러운 사건은 역사의 보복을 당하고 있다. 그 과거를 파괴하는 작업은 단두대가 아닌 다른 곳에서, 어린아이들의 순진한 손동작을 거쳐 진행되었다. 한편 이 장면은 〈성 바르톨로메오의 학살〉이라고 제목을 붙인 장에서 기술되었는데, 이 또한 독자가 충분히 알아보지 못할까봐 염려한 작가의 조바심 때문이다.

그런데 아이들의 행동 역시 과도한 묘사로 인해 상징적으로 보인다. 아이들의 놀이는 15페이지에 걸쳐 상세하게 기술되었는데, 바로 이 과잉의 술책을 통해 위고는 여기서도 개인의 이야기가 아니라 행위자의 비극에 관해 다루고 있음을 우리에게 알려 준다. 우리는 구원의 존재까지는 아닐지라도 자비롭고 천진한 그 행위자의 소리에 귀를 기울인다. 분명히, 위고는 갑작스러운 현시epiphany로 모든 것을 해결할 수 있었을 것이다. 그리고 이를 제3권 6장의 마지막 부분에서 잘 보여 주고 있다. 어린 죠르제뜨는 성스러운 스파라그모스sparagmos•가 되는 책장을 잘게 찢어서 창문 밖으로 날려 버렸다. 아이는 바람에 날리며 흩어지는 종잇조각을 보고서 〈나비들papillons〉이라고 중얼거렸다. 이렇게 해서 천진한 학살은 창공 속으로 사라지는 나비로 끝을 맺는다. 그런데 위고는 이 짧은 현시가 주

• 디오니소스 제전에서 산 제물을 갈기갈기 찢는 의식.

목받지 못할 위험을 무릅쓰고서, 다른 많은 과잉의 구성 안에다 현시의 순간을 엮지 않았다. 만약 과잉의 수법을 쓰기로 마음먹었다면, 가장 신령하고 눈부신 현시도 긴 시간을 끌어야(신비를 묘사하는 모든 전통적인 방식과는 반대로) 할 것이다. 『93년』에서는 은혜로움조차도 진흙탕이나 뜨겁게 이글거리는 용암의 거품이나 범람하는 홍수와 같은 형태로 표현돼야 한다. 바그너에게 쇼팽 스케르초의 분량에 맞게 그의 4부작 전체를 축소하라고 요구하는 것은 무의미하다.

자, 이제 우리 작가의 전철을 밟지 않기 위해 결론을 향한 발걸음을 재촉하자. 그야말로 서사적인 전투(이 장면에서 위고를 따라올 시나리오 작가는 없을 것이다!) 이후 마침내 고뱅은 랑뜨낙을 체포하였다. 결투는 끝났다. 씨무르댕은 재판도 이루어지기 전에 망설임 없이 단두대를 세우라고 명령하였다. 그에게 랑뜨낙의 죽음은 방데의 죽음을 의미했고, 방데의 죽음은 프랑스를 살리는 것이었다.

하지만 랑뜨낙은 처음에 언급했듯이, 세 아이를 살리기 위해 자발적으로 체포된 것이었다. 서재에 있던 아이들은 불에 타 죽을 위기에 처했고 그곳의 열쇠는 오직 랑뜨낙만 가지고 있었다. 그의 너그러운 행동에 감동한 고뱅은 랑뜨낙을 죽음으로 내몰고 싶지 않았기에 결국 그를 살리게 된다. 위고는 먼저 랑뜨낙과 고뱅의 대화에서, 그리고 씨무르댕과 이미 자기 죽음을 기다리는 고뱅의 대화에서 두 세계를 비교하는 다른 수사적인 기교를 사용한다. 고뱅을 향한 랑뜨낙의 독설(고뱅이 자신을 구한다는 것을 알기 전에)에서 왕을 단두대로 보내고 전통을 파괴한 책임자들의 오만함을 꼬집었다. 씨무르댕과 고뱅의 대화에서는 복수의 사제와 희망의 사도 간에 깊은 골이 드러난다. 씨무르댕이 〈나는 에우클레이데스에 의해 만들어진 사람

을 원하네〉라고 말하자 고뱅은 〈저는 호메로스에 의해 만들어진 사
람을 더 좋아합니다〉라고 대답한다. 소설 전체는 (문체상의 의미에서)
위고가 호메로스의 편을 들고 있다고 암시한다. 그리고 이 점은 그
의 호메로스적인 방대를 우리가 미워할 수 없게 만든 이유이기도 하
다. 하지만 이념적인 의미에서, 그의 호메로스는 미래를 건설하기
위해서는 단두대의 직선을 따르는 과정이 필요하다는 것을 우리에
게 말하려고 했다.

책에서 들려주는 이야기, 위고의 문체상의 선택, 그리고 읽기와
해석(우리의, 그리고 다른 것들의)을 통해 우리는 무엇을 떠올리는가?
역사가들이 이 책에서 시대착오적인 발상과 용납할 수 없는 방종을
발견했다는 것? 그것이 무슨 상관인가! 위고는 역사를 쓰려고 했던
게 아니라, 역사의 숨 가쁜 호흡과 악취가 진동하는 포효를 우리가
느끼길 바랐다. 그가 계급 투쟁에 대한 이해보다 개개인의 도덕적인
투쟁에 더 관심을 뒀다고 생각했던 마르크스처럼 위고는 우리를 속
이려고 했을까?* 오히려 그 반대고, 그도 그렇게 말했다. 위고는 우
리에게 투쟁의 위력을 전하기 위해 도끼날을 가지고 그의 심리적인
초상화들을 조각하였다. 그가 계급 투쟁을 목표로 하지 않았다면,
헝가리의 마르크스주의 철학자 루카치가 인식한 것처럼, 〈미래의
길을 여는 혁명적 민주주의〉의 이상들을 분명히 추구했을 것이다.
이후 루카치는 〈혁명의 편에 선 귀족과 성직자의 인간적이고 역사적
인 현실 투쟁은 추상적인 인문주의의 장에서 그들 모두에게 의무적

• 칼 마르크스, 『루이 보나파르트의 브뤼메르 18일*Il 18 brumaio di Luigi
Bonaparte*』, 로마, Editori Riuniti 출판사, 1974 — 원주.

이고 인위적인 투쟁으로 변한다〉'라는 엄중한 경고로 자신의 판단을 절제했지만 말이다. 분명히, 위고가 관심을 둔 것은 계급 투쟁이 아니라 민중과 신이었다고 할 수 있다. 위고가 레닌일 수 없음(오히려 레닌은 자살하지 않는 씨무르댕이었다)을 이해하지 못하는 것은 루카치의 경직된 사고의 탓이다. 그리고 『93년』의 비극적이고 낭만적인 마법은 정치와 유토피아 간의 끝없는 단절을 측정하면서, 역사의 논리와 다양한 도덕적 개체의 논리를 모두 회고하는 데에 있다.

하지만 나는 혁명의 잠재적인 동기이자 적이 되는 방데(〈지극히 프랑스적인 것la France profonde〉에 대한 향수로 인해 오늘날까지도 이념적인 힘을 발휘하는)를 이해하는 데에 이보다 더 나은 책은 없다고 여긴다. 한편 (자신의 시학에 충실한) 위고는 과잉의 이야기를 들려주기 위해 과잉에서 취한 과잉의 수법만을 선택할 수밖에 없었다. 이 협정을 받아들일 때에만 위고가 주시했던 〈전형적 독자〉(엉성한 판지 공예가 아니라 단단한 바위 돌을 깎아 만든)가 되어 그의 문학을 이해할 수 있을 것이다. 하지만 우리가 이 소설의 살아 있는 정신 안으로 들어간다면 아마 눈물까지는 아니겠지만, 마음은 심란한 채로 나올 것이다. Hélas!

여러 강연과 글을 하나로 묶은 것으로, 이 글의 형태로는 처음 발표한다.

• 죄르지 루카치, 『역사 소설론*Il romanzo storico*』, 토리노, Einaudi 출판사, 1965, pp. 352~353 — 원주.

검열과 침묵

여러분 중 젊은 사람들은 〈벨리나〉*가 텔레비전 쇼에서 가빕보**
와 함께 춤을 추는 미녀라고 생각할 것이고, 〈카지노〉***는 엄청난 혼
란이라고 여길 것이다. 내 연령대의 사람들은 카지노가 사창가를 가
리키는 말이었고 나중에서야 혼란한 장소를 가리키는 말로 변했다
는 것을 안다. 그러니까 원래의 의미를 잃어버린 말이다. 오늘날에
는 누구든지, 분명히 추기경도, 무질서한 장소를 가리킬 때 카지노
라는 말을 쓴다. 이와 마찬가지로, 오래전부터 〈보르델로bordello〉라
는 말은 사창가를 가리켰다. 하지만 도덕적으로 강직한 여인이었
던 나의 할머니는 〈소란 피우지 마라〉는 의미로, 〈보르델로를 만들

* Velina. 이탈리아 전 총리 베를루스코니가 소유한 방송국 메디아 셋의 쇼 프로그
램에 등장하는 섹시하고 젊은 미녀로, 야한 옷을 입고 선정적인 포즈를 취하며 눈요
기를 제공하는 소위 TV 쇼걸이다.

** Gabibbo. 메디아 셋의 채널 5에 등장하는 방송 캐릭터이자 마스코트. 붉은색 옷
을 입은 대형 인형으로 우스꽝스러운 몸짓과 톡톡 튀는 말투로 프로그램을 진행한
다.

*** 이탈리아어에서 카지노casino는 두 가지 의미를 가진다. 오락장이나 도박장을 가
리키는 말이기도 하고 혼돈의 상태, 카오스chaos를 의미하기도 한다.

지 마라Non fate bordello〉고 말씀하셨다. 이 경우에도 언어는 원래 의미를 완전히 상실했다. 그리고 아마도 젊은이들은 〈벨리나〉라는 말이 파시즘 체제에서 정부 부서(문화 통제를 담당했던 부서로 인민문화부 Ministero della Cultura Popolare라고 불렸는데, 줄여서 MinCulPop이라고 했다)가 신문사로 보낸 종잇장이었다는 사실을 모를 것이다. 이 종잇장은 어떤 기사를 삭제해야 하고 어떤 기사를 내보내야 하는지에 대한 지침을 내렸다. 따라서 벨리나는 신문 용어에서 은폐하거나 삭제하는 검열의 상징이 되었다*. 오늘날 우리가 알고 있는 〈벨리나〉라는 말은 정반대의 의미다. 텔레비전 쇼걸을 일컫는 벨리나는 이제 외모에 대한 찬사가 되었다. 그야말로 순전히 시각을 통해서만 얻는 유명세로, 옛날에는 바람직하지 않다고 여겨졌지만 현재는 단순히 겉모습만으로도 최고로 인정받고 있다.

따라서 나는 두 가지 의미의 벨리나를 검열의 두 형태와 비교하고자 한다. 하나는 침묵을 통한 검열이고 다른 하나는 소음을 통한 검열, 다시 말해 텔레비전의 행사, 쇼, 오락, 뉴스 보도 등을 상징하는 벨리나다.

대부분의 독재 정권이 그러했듯이, 파시즘은 대중 매체가 주목

---

* 현재의 〈벨리나〉가 원뜻과는 다른 의미로 쓰이게 된 경위를 설명하면 다음과 같다. 텔레비전 프로듀서 안토니오 리치는 버라이어티 쇼 〈스트리샤 라 노티치아 Striscia la notizia〉의 첫 방송부터 몇 명의 미녀들을 등장시켰다. 이 미녀들은 대게 롤러스케이트를 타고 등장해서 두 명의 진행자에게 메시지를 가져다주는 역할을 했는데, 벨리나라고 불렸다. 그런데 이 명칭의 선택은 매우 의미심장하다. 리치가 그 프로그램을 만들었던 당시, 벨리나라고 부르고 말장난을 할 수 있었던 것은 〈MinCulPop〉가 보낸 벨리나가 무엇인지 기억하고 아는 대중이 여전히 있었다는 사실을 의미한다. 오늘날 이것을 모르는 대중이 많기에 〈소음〉과 정보의 중복에 관한 고찰로 이어질 수 있다. 여하튼 20년의 세월을 거치면서, 이제 역사적인 개념은 사라지게 되었다. 다른 개념이 꾸준하게 사용됐기 때문이다. ― 원주.

하고 있을 때 탈선행위가 더욱 기승을 부린다는 사실을 알고 있었다. 예를 들어 벨리나는 〈자살에 대해 쓰지 마라〉는 지시를 내렸다. 자살에 관한 언급은 며칠 후 누군가의 모방 자살을 부추길 수 있기 때문이다. 파시스트 고위층의 머리에서 나온 생각이라고 해서 무조건 틀렸다고 할 수는 없다. 이 생각도 마찬가지였다. 또한 우리는 언론에서 보도한 사건들만을 중요하게 여기는 것도 사실이다. 이에 관한 사례로 1977년과 1989년의 학생 운동을 들 수 있다. 당시의 항쟁은 단순히 1968년의 정신을 계승하려 했던, 얼마 지속되지 못한 사건으로 남았다. 신문마다 〈68년이 돌아오고 있다〉는 말로 시작했기 때문이다. 그 사건들에 연루된 자들은 언론이 보복 공격, 자살 행위, 교실 총격 사건을 발생시키듯이, 그들도 언론에 의해 만들어졌다는 것을 아주 잘 알고 있다. 학교에서 총기 사건이 벌어졌다는 뉴스는 똑같은 다른 사건들을 부추긴다. 그래서 아마도 많은 루마니아인이 노부인들을 성폭행하도록 부추겨졌을 것이다. 언론에서 이러한 범죄는 이민자들이 저지르기 쉬운 전문 분야라고 했기 때문이다. 그리고 그들이 역 근처의 지하도를 어슬렁거리는 것만으로도 범죄가 일어날 가능성이 충분하다고 경고했기 때문이다.

옛날의 벨리나가 〈탈선행위를 막기 위해 아예 말을 하지 마라〉고 명령했다면, 현재의 벨리나는 〈탈선행위를 막기 위해 다른 것들을 더 많이 말하라〉고 한다. 내가 만약 내일 신문에 나의 부정행위가 폭로될 것이고 그로 인해 심각한 피해가 나에게 닥칠 것을 알게 된다면, 나는 어김없이 제일 먼저 경찰서나 역 인근에 폭탄을 설치하러 갈 것이다. 그 다음 날 신문의 주요 면에는 폭탄 사건이 대문짝만하게 실릴 것이고, 나의 개인적인 경범죄는 뒷면의 작은 기사로

마무리될 것이기 때문이다. 1면에서 기사를 끌어내리기 위해 얼마나 많은 진짜 폭탄이 설치되었을지 누가 알겠는가! 여기에서 폭탄은 소리라는 측면에서도 적절한 예시가 된다. 그 외의 다른 소리를 덮어 버리는 큰 소음의 사례이기 때문이다.

소음은 은폐와 같다. 소음을 통한 검열의 이데올로기는 비트겐슈타인의 철학에서 〈침묵해야 할 것이 있으면 더 많이 떠들어라〉는 말로 설명될 수 있을 것이다. 머리가 둘 달린 송아지가 태어났다든가 소매치기가 기승을 부린다는 등의 소식으로 가득한 텔레비전 뉴스는 이 기술을 모범적으로 구사하고 있다. 예전에 뒤로 밀려났던 사소한 기사들이 이제는 한 시간 뉴스의 절반 이상을 차지하고 있다. 언론이 정작 입을 떼야 하는 다른 뉴스들에 대해서는 침묵한다는 사실을 깨닫지 못하게 하기 위해서다. 소음의 미학은 말해야 하는 사건이 무색해질 정도로 더 큰 소리를 내서 본질을 흐리는 것이다. 몇 달 전 이탈리아의 한 언론이 밀착 취재해서 보도한 터키색 양말을 신은 판사의 경우도 그랬다. 그 판사는 담배를 피우고 이발소에 가고 터키색 양말을 신은 것 말고는 달리 한 일이 없었지만, 이 기사는 3일 동안 신문 지면을 채웠다.

소음을 내기 위해서 뉴스를 따로 만들어 낼 필요는 없다. 사실이지만 대수롭지 않은 사건을 알리는 것만으로도 충분하다. 하지만 보도되고 있다는 단순한 사실로 인해 의혹의 기미를 조장할 필요는 있다. 판사가 터키색 양말을 신는다는 것은 사실이고 사소한 일이다. 하지만 그것이 언급되었다는 사실은 강한 인상을 남기면서 완전히 실토 되지 않은 무언가가 있다는 암시의 분위기를 만든다. 게다가 별일은 아니더라도 사실인 이야기는 부정하기도 쉽지 않다.

이탈리아 일간지 「라 레푸블리카」가 베를루스코니를 반대하는 운동에서 범한 잘못은 밀접하게 관련된 이야기(노에미의 생일 파티*)에 너무 많이 집중했다는 것이다. 만약 〈어제 아침 베를루스코니는 나보나 광장으로 가서 그의 사촌을 만났다. 그리고 그들은 같이 맥주를 마셨다……. 무슨 일일까?〉라는 식으로 보도했더라면, 총리직에서 사퇴하게 할 일련의 암시나 혐의, 당혹감과 같은 분위기를 조성했을 것이다. 요컨대 지나치게 중대한 사실은 반박될 수 있지만, 고발이 아닌 고발은 반박될 수 없다.

내가 열 살 때 겪은 일이다. 나는 길을 가고 있었는데 카페의 출입구에 있던 어떤 부인이 나를 부르더니 말했다. 「대신 편지를 써주면 동전을 줄게. 내가 손을 다쳤거든.」 예의 바른 소년이었던 나는 돈은 사양하고 그저 호의로 대신 써주겠다고 대답했다. 그러자 부인은 끈질기게 아이스크림이라도 하나 사주겠다고 했다. 나는 그녀에게 편지를 대신 써주곤 집으로 돌아와서 이 일을 이야기했다. 나의 어머니는 〈하느님 맙소사!〉라고 소리치며 말씀하셨다. 「너에게 익명의 편지를 쓰게 했어. 그 일이 알려졌을 때 우리에게 무슨 일이 일어날지 누가 알겠니!」 이에 나는 〈그렇지만 그 편지에 험악한 내용은 전혀 없었어요〉라고 해명했다. 실제로 그 편지의 수신인은 어떤 부유한 상인이었다. 그는 시내에 가게를 가지고 있었기에 나도 알고 있는 사람이었다. 편지의 내용은 이러했다. 〈우리가 이 편지를 쓰는 이유는 당신이 X양에게 청혼할 의향이 있는지 알고 싶어서입니다.

* 실비오 베를루스코니는 2009년 총리로 재직할 당시 18세 모델 노에미 레티치아와 스캔들을 일으켰는데, 전 부인 베로니카 라리오는 베를루스코니가 노에미의 집에서 열린 생일 파티에 참석한 사실을 알고 공개적으로 이혼을 요구했다.

우리는 당신에게 X양이 훌륭하고 유복한 집안 출신이고 마을 전체에서 아주 주목 받는 아가씨라는 사실을 알려 주고 싶습니다.〉익명의 편지는 대개 어떤 대상을 칭찬하기보다는 모욕하기 위해 작성된다. 그런데 그 익명의 편지는 어떤 작용을 했을까? 나의 손을 빌렸던 부인은 분명히 상대방을 모욕할 만한 아무런 근거가 없었기에 적어도 불안감을 조성하려고 했다. 편지를 받은 사람은 의아하게 여겼을 것이다. 〈어째서 그들은 내게 이런 편지를 보냈을까? 마을 전체에서 주목받는다는 말은 정확히 무슨 뜻일까?〉나는 그 상인이 결국에는 결혼 계획을 연기했을 것이라고 여긴다. 이렇게 입방아에 오르내리는 사람과 가정을 꾸린다는 것이 두려웠을 것이다.

소음은 특별히 흥미로운 메시지를 전달할 필요가 전혀 없는데, 한 메시지에 다른 것이 덧붙여져 다 같이 소음을 만들어 내기 때문이다. 때때로 소음은 지나치게 과잉된 형태를 띨 수 있다. 몇 달 전 주간지 『레스프레소』에 저널리스트 에드몬도 베르셀리의 의미 있는 칼럼이 하나 실렸다. 그 칼럼은 광고가 우리에게 진정한 영향력을 발휘하지 못한다는 의견을 담고 있다. 어떤 특정 상표의 세탁 세제가 다른 것보다 더 낫다는 사실을 증명할 수 없기에(실제로 다 고만고만하다), 지난 50년 동안 세제를 광고하는 방식은 거의 변함이 없었다. 가정주부가 더 많은 양을 주는 타사의 세제를 거절한다든지, 친절한 할머니가 자사의 전용 세제를 쓴다면 찌든 때가 사라질 것이라고 알려 주는 방식의 광고에서 벗어나지 못했다. 따라서 세제 회사들은 강렬하고 억척스러운 소음을 만들어 냈다. 똑같은 문구를 반복해서 이제는 모두가 기억하고 속담처럼 유명해진 슬로건으로 소음 캠페인을 벌였다. 〈오모는 더 희게 빤다Omo lava più bianco〉는 식의 슬로건은 두 가지 목적을 가지고 있다. 한편으로는 상표의 이름을 반복하게 하고(일부의 경우 성공적인 전략이 되기도 했다. 우리가 슈퍼마켓에 가서 세제를 찾을 때 딕산Dixan이나 오모Omo가 어디에 있느냐고 묻게 되는데, 지난 50년 동안 익숙하게 들은 이름이기 때문이다), 다른 한편으로는 상투적인 광고 문구라는 사실을 깨닫지 못하게 한다. 이와 같은 방식이 다른 광고에서도 일어난다. 베르셀리는 이동 통신 광고가 도대체 무슨 말을 하고 있는지 이해할 수 없다는 점을 주목하였다. 하지만 그 광고들이 무슨 말을 하는지 이해할 필요는 없다. 휴대폰을 파는 거대한 소음일 뿐이기 때문이다. 아마도 이동 통신 회사들은 자사의 특정한 상표에 대한 홍보를 포기하고 휴대폰 문화를 확산시키는 보편적인 광고를 하자고 합의한 듯하다. 만약 당신이 삼성 대신 노키아 휴대폰을 산다면 그것은 광고에 설득되었기 때문이 아니라 다른 요인들 때문일 것이다. 실제로 소음 광고의 주요한 기능은 제품이 아니라 광고 스케치를 각인시키는 것이다. 아주 기분 좋고 최고로 유쾌한 광고(어떤 것은 재밌기도 하다)를 떠올리게 하고 그 광고에서 언급하는 제품을 떠올리게 한다. 광고와 연결된 제품의 이름을 금방 기억해 내기는 쉽지 않다. 그보다는 슬로건이나 이미지가 먼저 떠오른다. 다른 광고의 경우에도 제품의 우수성을 증명할 방법이 없다는 사실을 소음으로 인정하고 있다.

당연히 인터넷은, 검열을 의도하지 않는, 아주 시끄러운 소음을 일으킨다. 이 소음은 어떤 정보도 담고 있지 않다. 더 정확히 말하자면, 정보를 전달하지만 이것이 신뢰할 수 있는 것인지 알 수 없다. 인터넷에서 어떤 정보를 찾으려면 기본적으로 옳고 그름을 판단할 수 있어야 유익한 정보를 얻을 수 있다. 따라서 대부분의 인터넷 사용자들은 너무 많은 서핑을 하기보다는 대게 블로그나 포르노 사이트 등의 특정한 곳을 집중해서 방문한다. 인터넷을 돌아다니는 것이 믿을 만한 정보를 찾도록 도와주지는 않기 때문이다.

소음의 사례 중에는 의도하지 않게 검열의 결과를 가져온 경우도 있다. 매일 두꺼운 분량으로 발행되는 신문이 그러하다. 각자가 필요한 정보만을 골라내기에 신문의 64면은 지나치게 많다. 누군가는 〈그렇지만 나는 내게 흥미로운 기사를 취합하기 위해 신문을 삽니다〉라고 말할 것이다. 물론이다. 그런 이유는 무섭게 하락하는 신문의 구독률을 진정시키기 위해서도 좋은 답변이 될 것이다. 하지만 이는 정보를 어떻게 다루는지 아는 엘리트들에게 해당하는 말이다. 오늘날 젊은이들은 신문을 읽지 않는다. 인터넷에서 「라 레푸블리카」나 「코리에레 델라 세라」의 사이트를 찾는 게 더 간편하다. 적어도 인터넷 사이트나 역에서 배포하는 무료 신문은 뉴스가 두 페이지 안에 다 들어 있기 때문이다.

그러므로 소음 효과를 통해서 고의적인 검열(텔레비전 뉴스나 정치적인 스캔들에서 일어나는)이 일어날 뿐만 아니라 의도는 없으나 숙명적으로 그러한 결과를 가져오는 검열이 있다는 것을 인지해야 한다. 그 자체로는 완전히 합법적이라는(광고 수입이나 상품 판매 등) 이유로 아무 규제도 없이 치닫는 정보의 과잉은 끔찍한 소음으로 변한다. 이러한 현상은 소음의 심리학과 윤리학 역시 탄생하게 했다. 이제 소통의 주제에서 윤리의 주제로 넘어가 보자. 아이팟 헤드폰을 쓰고 길을 걷는 멍청이가 있다. 그는 기차에서 신문을 읽거나 시골 풍경을 보는 것만으로는 한 시간도 견디지 못한다. 그 대신 기차에 오르자마자 휴대폰을 들고 〈금방 출발했어〉라고 말한다. 그러곤 얼마 뒤에는 〈곧 도착할 거야〉라고 한다. 오늘날 소음을 떠나서는 살아가지 못하는 사람들이 있다. 그리고 이런 이유로 원래부터 시끌벅적한 장소인 식당은 두 대의 텔레비전을 켜두고 음악까지 추가해서 더 많은 소음을 제공한다. 그리고 만약 당신이 텔레비전을 꺼달라고 요청하면 다른 사람들은 당신을 이상한 눈으로 쳐다볼 것이다. 소음에 대한 절실한 필요성은 마약과 같으며, 정말로 본질적인 것에 집중할 수 없게 만든다. 〈내면의 인간으로 돌아가라Redi in interiorem hominem.〉 그렇다. 결국, 내일의 정치와 텔레비전 세계에서도 이상적인 선은 여전히 아우구스티누스 성인의 가르침일 것이다.

유일하고 강력한 정보의 수단이 되는 〈구전〉은 고요함 안에서만 가능하다. 어느 국민이라도, 심지어 독재자의 폭정에 억압을 당하는 국민이라 할지라도 대중의 입을 통해서 세상일을 모두 알 수 있었다. 출판사는 베스트셀러가 광고나 서평을 통해서 되는 것이 아니라, 프랑스어로 〈bouche à oreille〉, 영어로 〈word of mouth〉, 이탈리아어로 〈passaparola〉라고 일컫는 입소문을 통해서 된다는 것을 안다. 책의 성공은 입소문을 통해서만 가능하다. 고요함의 상태를 잃으면 우리는 가장 근본적이고 신뢰할 수 있는 의사소통의 수단인 구전의 가능성을 잃게 된다.

따라서 나는 결론을 대신하여, 오늘날 우리가 직면한 윤리적인 과제 중의 하나는 고요함으로 돌아가는 것이라 말하고 싶다. 그리고 기호학적인 과제로는 의사소통의 다양한 방식 안에서 고요함의 기능을 깊이 연구하는 것이다. 고요함의 기호학은 여러 주제로 접근할 수 있을 것이다. 침묵의 기호학, 연극 장치로서의 정막, 정치나 정치적 논쟁 속의 침묵, 긴장감의 요인으로서의 고요, 위협을 조성하는 침묵, 동의나 부정의 침묵, 음악 속의 고요……. 얼마나 많은 주제가 고요함의 기호학과 관련해 연구될 수 있는지 보시라. 그러므로 나는 말이 아니라 침묵과 고요함에 관한 성찰의 장으로 여러분을 초대하고자 한다.

이탈리아 기호학 협회의 2009년 학회에서 강연.

상상 천문학

나는 여기서 상상 속 지리학과 천문학에 관해서만 이야기할 뿐, 점성술은 다루지 않을 것임을 먼저 분명히 하고 싶다. 점성술의 역사는 천문학과 끊임없이 교차한다. 하지만, 내가 이야기할 상상 천문학과 지리학은 이미 모두에게 완전히 가상이나 허위로 인식된 것이다. 반면 사업가나 국가의 지도자들은 조언을 구하기 위해 여전히 점성술사를 찾는다. 점성술은 과학이 아니라 참이나 거짓으로 드러날 수 없는 종교(또는 미신, 언제나 누군가의 종교가 되는 미신)와 같은 것이다. 그것은 오직 믿음의 문제고, 그 믿음의 문제에는 휘말리지 않는 편이 항상 낫다.

내가 앞으로 이야기할 상상 지리학과 천문학은 자신이 본 그대로를 신실하게 받아들이며 하늘과 땅을 탐험했던 사람들에 의해 만들어졌다. 비록 그들의 생각이 틀렸다고 할지라도, 우리는 그들의 선의를 의심할 수 없을 것이다. 오늘날에도 여전히 점성술에 몰두하는 사람들은 천문학이 탐사하고 규정한 하늘과 그들의 하늘이 다르다는 것을 아주 잘 알고 있고, 계속해서 그들이 구상한 하늘이 사실인 것처럼 믿고 있다. 점성술사들의 부정한 믿음에는 어떤 동정심도 허락되지 않을 것이다. 그들은 현혹된 사람들이 아니라 현혹하는 사람들이기 때문이다. 이것 이상의 논쟁은 없다.

나는 어릴 적에 지도책을 보며 꿈꾸었다. 이국적인 섬에서 펼쳐지는 여행과 모험을 상상하곤 했는데, 더 구체적으로는 내가 페르시아인 정복자가 되어 중앙아시아의 스텝 지대를 통과해서 순다 열도의 바다로 내려가 엑바타나에서 사할린 섬으로 이어지는 왕국을 건설하는 모습을 상상하였다. 그런 까닭으로, 어른이 된 나는 그 옛날 나의 상상력을 자극했던 지명들, 사마르칸트나 팀북투, 알라모의 요새나 아마존 강과 같은 지역을 모두 방문했으며, 몸프라쳄*과 카사블랑카만 남겨 두고 있다.

내가 천문학을 접할 기회는 많지 않았으며, 언제나 누군가의 권유나 도움을 통해서 이뤄졌다. 1970년대와 80년대에 내 시골집에 체코슬로바키아 망명자인 친구가 머문 적이 있었는데, 그 친구는 지붕에다 망원경을 설치해서 밤이면 하늘을 탐사하였다. 그가 흥미로운 뭔가를 발견하면 나를 부르곤 했고, 나는 나와 프라하의 루돌프 2세만이 보헤미안 천문학자를 지붕에다 앉혀 둘 수 있는 특권을 가졌다고 생각했다. 하지만 베를린 장벽이 무너진 이후 나의 보헤미안 천문학자는 보헤미아로 돌아갔다.

나는 특정한 고대 서적들을 수집하는 것으로 위안을 삼았다. 〈변덕스럽고, 마법과 공기가 가득한, 희한한 기호학 서재Bibliotheca semiologica curiosa, lunatica, magica et pneumatica〉라고 부르는 나의 컬렉

• Mompracem. 이탈리아 작가 에밀리오 살가리의 소설 『몸프라쳄의 호랑이들Le tigri di Mompracem』에 나오는 상상의 섬.

션은 거짓된 것들을 기술한 책들로만 이루어져 있다. 나의 수집품에는 갈릴레오 것보다 훨씬 이전에 나온 프톨레마이오스의 작품들이 있다. 내가 어릴 때에는 〈데 아고스티니De Agostini〉 출판사의 지도 책을 보며 여행을 꿈꾸었지만, 이제는 프톨레마이오스의 원본 지도를 보며 상상하기를 즐긴다.

그 당시에 알려진 세계 지도는 상상화의 일종일까? 우리는 〈상상〉이라는 말의 다양한 의미를 구별할 필요가 있다. 어떤 천문학은 순수한 추측과 신비로운 충동에 기반을 두고 세상을 상상했는데, 가시적인 우주가 아니라 그 우주를 관통하는 눈에 보이지 않는 영적인 힘들에 관해 들려준다. 그리고 다른 천문학은 관찰과 경험에 바탕을 두고 있지만, 오늘날 우리가 틀린 것으로 여기는 우주를 상상했다. 아타나시우스 키르허가 『지하 세계*Mundus subterraneus*』(1665년)에서 제시한 견해를 예로 들어 보자. 그는 태양의 흑점이 별의 표면에서 발산하는 수증기라고 설명하고 있다. 순진하지만 기발한 생각이다. 또한, 그는 1679년에 발표한 『바벨탑*Turris Babel*』에서 바벨탑을 타고 하늘까지 오르기는 불가능하다는 것을 증명하기 위해 물리학 원리와 수학적 계산을 활용하였는데, 일정한 높이를 넘어 지구 자체의 무게에 도달한 탑은 지축을 45도로 기울게 할 것이라고 설명하였다.

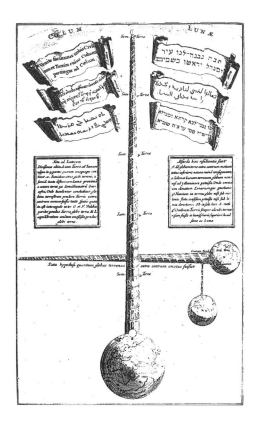

땅의 형태

기원전 6세기에 아낙시메네스는 지구가 땅과 물로 이루어진 직사각형 모양이고, 압축된 공기 위를 떠도는 바다가 테두리를 두르고 있다고 했다.

지구가 평평하다고 믿었던 고대인들에게 상당히 현실적인 생각이었다. 호메로스는 지구가 바다로 에워싸인 원판이고, 그 위를 하늘이 둥글게 덮고 있다고 여겼다. 탈레스와 밀레투스의 헤카타이오스도 지구가 평평한 원판이라고 생각했다. 수리적 신비주의에 따라 지구가 구체라고 추론한 피타고라스의 주장이 가장 비현실적으로 보였다. 피타고라스학파는 복잡한 행성계를 정리했으며, 거기에서 지구는 우주의 중심에 있지 않다고 밝혔다. 태양도 행성계의 가장자리에 있으며, 모든 행성 구체는 중앙에 있는 불덩어리를 중심으로 돈다고 했다. 게다가 모든 구체는 회전하면서 음계의 소리를 낸다고 했다. 피타고라스학파는 소리와 천문학적인 현상 간의 정확한 대응을 설정하기 위해 반대쪽 지구Counter-Earth*라는 가상의 행성까지 도입하였다. 수학과 음악에 대한 열정(그리고 감각적 체험에 대한 경멸)에 사로잡힌 피타고라스학파는 만약 모든 행성이 음계를 발산한다면, 고양이가 갑자기 피아노 건반 위로 뛰어오르듯이 우주의 음악은 불쾌한 불협화음을 낼 것이라는 점을 고려하지 않았다. 하지만 우리는 이 개념을 1,000년도 더 지난 뒤에 보에티우스에게서 발견하게 된다. 그리고 코페르니쿠스가 미학적인 수리주의 원칙에 영감을 받았다는 사실을 잊지 말아야 한다.

* 지구가 불덩어리를 중앙에 두고 공전할 때, 힘의 균형을 맞추기 위해 지구 반대편에 지구와 비슷한 중량의 천체가 존재한다는 생각에서 나온 가상의 행성.

이어서 지구가 둥글다는 주장이 경험적 관찰에 바탕을 두고 입증되었다. 물론 고대 그리스의 천문학자 프톨레마이오스는 지구가 둥글다는 것을 알고 있었다. 그렇지 않았다면 경도를 360도로 나누지 못했을 것이다. 그런데 파르메니데스, 에우독소스, 플라톤, 아리스토텔레스, 유클리드, 그리고 아르키메데스도 그것을 이미 알았다. 그리고 기원전 3세기에 에라토스테네스도 알고 있었다. 그는 하지의 정오에 알렉산드리아와 시에네(현재의 아스완)에서 우물 바닥에 비치는 태양의 기울기를 계산해가며 지구 자오선의 길이를 상당히 정확하게 산출하였다.

하지만 당분간 나는 지구가 평평하다는 생각에 여지를 두려고 한다. 상상 천문학의 역사만 존재하는 것이 아니라, 천문학에 관한 상상의 역사 역시 존재한다는 것을 이야기하기 위해서다. 이는 민간에서는 물론이고 오늘날까지 과학의 많은 영역에 존재해 있다.

자, 그렇다면 크리스토퍼 콜럼버스가 서양에서 동양으로 가려 했을 때 무엇을 증명하려고 했으며, 살라망카의 학자들이 끈덕지게 부정한 것은 무엇이었는지 떠올려 보자. 콜럼버스는 지구가 둥글다고 생각했지만, 살라망카 대학의 학자들은 지구가 평평하다고 여겼고 세 대의 범선은 얼마 안 가서 우주의 심연 속으로 추락할 것이라고 가정했다.

교회가 태양 중심설을 받아들이지 않았다는 것에 분노한 19세기의 세속 사상은 기독교 사상 전체(교부 철학과 스콜라 철학)에 지구가 평평하다는 개념을 전파하였다. 이 개념은 다윈 학설의 지지자들이 모든 근본주의 형태에 맞선 투쟁의 과정에서 힘을 얻었다. 지구가 둥글다는 주장이 틀린 것처럼 종의 기원에 대한 교회의 견해가 틀릴 수 있다는 점을 강조했다. 따라서 4세기의 기독교 신학자 락탄티우스가 그의 저서 『신의 제도Divinae institutiones』에서 주장한 내용이 이용되기도 했다. 그는 성경에 묘사된 우주는 직사각형 모양인 감실*을 모델로 했기 때문에 지구가 둥글다는 이교도의 학설은 잘못되었다고 주장했는데, 특히 거꾸로 뒤집힌 사람들이 머리를 아래로 하고 걸어 다녀야 하는 대척지Antipodes가 존재한다는 생각은 받아들일 수 없다고 했다.

마침내 6세기에 비잔틴의 지리학자 코스마스 인디코플레우스테스는 그의 『기독교 지형학Topografia cristiana』에서 성경에 묘사된 감실 형태의 우주를 떠올리면서, 지구는 평평한 바닥 위에 아치가 솟아 있는 직사각형이라고 주장하였다.

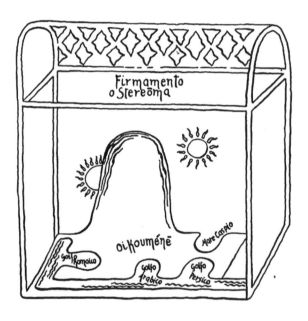

• 가톨릭교회에서 성당 내부에 축성한 성체를 넣어 두는 상자 형태의 용기.

곡선의 아치는 스테레오마stereoma, 다시 말해 창공firmamento의 베일에 가려져 우리 눈에는 보이지 않는다. 이것의 아래에 에쿠메네 ecumene, 즉 우리가 사는 땅 전체가 펼쳐져 있다. 바다 위에 있는 땅은 미미한 경사를 이루며 계속해서 북서쪽으로 올라간다. 이 위에는 우리 눈에 보이지 않을 정도로 매우 높은 산이 솟아 있고 그 정상은 구름 사이에 가려져 있다. 태양은 천사들(비와 지진 등 다른 모든 기상 현상을 조정하는)에 의해 움직이는데, 세상을 밝히며 아침에 동쪽에서 떠서 산 정면의 자오선을 향해 이동한다. 그리고 저녁에는 서쪽으로 가서 산 뒤로 사라진다. 달과 별은 그 반대 방향으로 순환한다.

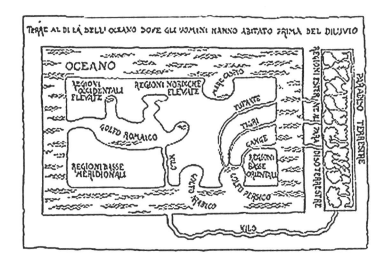

코스마스는 우리가 위에서 바라보는 듯한 지구의 모습도 보여 주었다. 액자 모양의 바다가 있고 그 너머에 노아가 홍수 이전에 살던 땅이 있다. 이 땅의 가장 동쪽에는 괴물들이 사는 지역에 의해 바다로부터 분리된 지상 낙원이 있다. 천국에서 유프라테스 강, 티그리스 강, 갠지스 강이 솟아나 해저를 통과해서 페르시아 만으로 흘러들어간다. 한편 나일 강은 태고의 땅(노아의 대홍수 이전의 땅)을 거치는 더욱 복잡한 경로를 통해 바다로 들어가고 낮은 북부 지역(더 정확하게는 이집트 땅)으로 계속 나아가서 로마이코 만, 즉 헬레스폰트 해협과 합류한다.

제프리 버튼 러셀이 그의 저서 『평평한 지구의 발명Inventing the Flat Earth』(뉴욕: Praeger 출판사, 1991)에서 밝혔듯이, 천문학 역사에 관한 권위 있는 책들(학교에서 여전히 공부하고 있는)은 코스마스의 이론이 중세를 통틀어 지배적인 견해였다고 주장하고 있다. 그리고 중세 교회는 지구가 중앙에 예루살렘이 있는 평평한 원반 모양이라고 가르쳤으며, 프톨레마이오스의 작품들은 중세 시대 내내 알려지지 않았다고 진술한다. 그런데 사실은 그리스어(기독교의 중세가 잊어버린 언어)로 쓰인 코스마스의 작품은 1706년에서야 서양 세계에 알려졌고, 1897년에 영어로 출판되었다. 따라서 중세의 작가들은 코스마스의 이론에 대해 알지 못했다.

중학교 1학년 학생도 단테가 지옥의 심연으로 들어가 연옥의 산기슭에서 정체 모를 별들을 보며 반대쪽으로 나왔다는 것을 쉽게 추론할 수 있을 것이다. 이는 중학생만 되도 지구가 둥글다는 것을 아주 잘 알고 있다는 의미다. 당장 일부만 언급해 봐도 즉, 오리게네스, 성 암브로시우스, 알베르투스 마그누스, 토마스 아퀴나스, 로저 베이컨, 요하네스 데 사크로보스코도 지구가 둥글다는 견해를 가지고 있었다. 콜럼버스의 시대에서 논쟁점은 살라망카의 학자들이 산출한 계산이 콜럼버스의 것보다 더 정확했다는 것이다. 그들은 지구가 틀림없이 둥글지만, 제노바 출신 탐험가가 믿었던 것보다 더 넓을 것이라고 여겼고, 따라서 지구를 일주하려는 시도는 완전히 무모한 짓이라고 생각했다. 유능한 항해사이지만 최악의 천문학자였던 콜럼버스는 지구가 생각보다는 작을 것이라고 여겼다. 물론 콜럼버스도 살라망카의 학자들도 유럽과 아시아 사이에 다른 대륙이 존재할 것이라고는 예상치 못했다. 살라망카의 학자들은 옳았다 해도 틀렸다. 그리고 콜럼버스는 틀렸을지라도 자신의 잘못을 충실하게 밀고 나갔고, 마침내 우연한 발견이긴 했지만 옳았다는 것을 증명했다.

중세 시대에 지구가 평평한 원판이라는 믿음은 어떻게 확산되었을까? 7세기에 세비야의 이시도르(정확한 과학적 연구의 본보기는 아닐지라도)는 적도의 길이를 여든 개의 단계로 측정하고 지구가 둥글다고 생각하였다. 하지만 이시도르의 필사본 중에는 수많은 세계 지도에 영감을 준 이른바 TO 지도가 있다.

원형의 위쪽에는 아시아가 있다. 전설에 의하면, 지상 낙원은 아시아에 있기 때문이다. 원 중심부의 가로대에서 한쪽에는 흑해가,

다른 쪽에는 나일 강이 표시되어 있다. 세로대는 지중해다. 이 세로대를 중심으로 왼쪽에는 유럽이 오른쪽에는 아프리카가 있다. 그리고 대양이 큰 원을 그리며 사방을 빙 돌고 있다.

지구가 원판처럼 보인다는 인상은 리에바나의 베아투스가 저술한 『묵시록 주해서*Comentario al Apocalipsis*』에 삽화로 들어간 지도에서 비롯되었다. 이 책은 8세기에 쓰였으나 몇 세기 뒤에 모사라베*의 세밀화 화가들이 그린 삽화가 추가되었다. 이 필사본의 도상학은 로마네스크 수도원들과 고딕 성당 예술에 큰 영향을 끼쳤으며, 무수하게 많은 다른 채색 사본에도 반영되었다.

그런데 지구가 둥글다고 생각했던 사람들이 어떻게 평평하게 보이는 지도를 만들었을까? 첫 번째 해명은 우리도 그렇다는 것이다. 이 지도들의 평면성을 비판하는 것은 현대의 지도책을 비판하는 것과 같을 것이다. 지도 제작상의 단순하고 관례적인 형식에 해당하니까.

반면 같은 시기에 아랍인들은 더욱 정밀한 지도들을 제작했다는 점을 지적할 수 있을 것이다. 비록 종종 북쪽을 아래에 남쪽을 위에다 표현하는 나쁜 습관을 지니고 있었더라도 말이다. 하지만 우리는 다른 사항들도 고려해 봐야 한다. 먼저 아우구스티누스 성인이 제안한 내용이다. 성인은 락탄티우스에서 시작된 감실 형태의 우주에 관한 논쟁을 인식했을 뿐만 아니라 지구가 둥근 형태라는 고대인들의 관점도 잘 알고 있었다. 성 아우구스티누스의 결론은 우리가 성경 속의 묘사에 너무 치중할 필요는 없다는 것이다. 우리가 잘 알

• Mozárabe. 이슬람 세력이 이베리아 반도를 점령한 시기에 개종하지 않은 스페인의 그리스도인을 뜻한다. 이들이 기독교 전통과 이슬람의 영향을 접목하여 완성한 강렬하고 독창적인 모사라베 양식은 기독교 예술과 건축 분야에 폭넓은 영향을 미쳤다.

고 있듯이, 성경은 이따금 비유로 말하기 때문이다. 그리고 아마도 지구는 둥글 것이라고 했다. 그런데 지구가 둥글거나 그렇지 않다는 것을 가리는 지식은 우리의 영혼을 구원하는 일과 무관하기에, 그 문제는 무시할 수 있다고 했다.

이러한 견해는 중세의 천문학이 존재하지 않는다(이따금 제안되기도 했듯이)는 의미가 아니다. 10세기의 교황 실베스테르 2세, 즉 제르베르 드 오리야크의 일화를 인용하는 것으로 충분할 것이다. 그는 루카누스의 저서 『파르살리아*Pharsalia*』를 얻기 위해 혼천의armillary sphere와 교환하기로 약속했다. 그런데 루카누스의 죽음으로 『파르살리아』가 미완으로 남은 작품이라는 것을 알지 못한 채 불완전한 사본을 받자 혼천의의 절반만 주었다고 한다. 이 일화는 고대 문화에 대한 중세 초기의 큰 애착뿐만 아니라 천문학에 대한 관심 또한 보여 주고 있다. 12세기와 13세기 사이에 프톨레마이오스의 『알마게스트*Almagest*』와 아리스토텔레스의 『천체론*De Caelo*』이 번역되었다. 모두가 알고 있듯이, 중세의 대학교에서 가르친 사과quadrivium에는 천문학이 포함되어 있었다. 그리고 8세기에 요하네스 데 사크로보스코의 『천구론*Tractatus de sphaera mundi*』은 이후 수세기 동안 모두가 인정하는 권위자였던 프톨레마이오스의 이론을 충실히 따랐다.

하지만 지리학과 천문학의 개념들이 플리니우스나 솔리누스와 같은 작가들에 의해 혼란스럽게 도입된 것은 사실이다. 그들에게 천문학은 분명히 주요한 관심사가 아니었다. 프톨레마이오스의 우주관은 간접적인 경로를 통해 소개되었으며, 천문학보다는 신학에 더 가까운 개념이었다. 아리스토텔레스가 가르쳤듯이, 세상의 모든 요소는 각각의 자연적인 위치에 자리해야 하는데, 폭력이나 비자연성에 의해서만 그곳에서 이동될 수 있다. 지구를 구성하는 요소들의 자연적인 위치는 세상의 중앙이다. 그리고 물과 공기는 중간 위치에 있어야 하며 불은 가장자리에 있다. 이는 타당하고 믿음직스러운 견해였고, 결국 이러한 우주의 이미지 위에서 단테는 저승의 세 왕국으로 떠나는 자신의 여행을 상상할 수 있었다. 그리고 이러한 묘사에서 하늘의 모든 현상을 고려하는 데에 부족한 구석을 채우기 위해 프톨레마이오스는 자신의 이론을 조정하고 수정하는 작업을 거치기도 했다. 특히 가속, 위치, 역행 운동, 그리고 거리에 따른 행성들의 변화와 같은 다양한 천문학적인 현상들을 설명하기 위해 주전원epicycles과 주원deferents 이론을 도입하였다. 이 체계는 모든 행성은 주원이라 불리는 큰 원을 따라 지구 주위를 공전하지만, 그 자신의 원주를 따라 주전원이라 불리는 작은 원을 그리며 회전하기도 한다고 가정하는 이론이다.

마지막으로, 중세 시대는 위대한 여행의 시기였지만 길은 황폐하고 숲은 울창하게 우거졌으며 그 당시의 항해술에만 의지해 망망대해를 건너야 했기에 정확한 지도를 작성할 기회가 없었다. 당시의 지도들은 산티아고 데 콤포스텔라에서 얻는 〈순례자 안내책자〉나 다름없었다. 이를테면 다음과 같은 식이다. 〈만약 로마에서 예루살렘으로 가고자 한다면 남쪽으로 가면서 길을 물어라!〉 매표소에서 열차 운행 시간표와 함께 살펴보는 열차 노선도를 한번 생각해 보자. 만약 밀라노에서 리보르노로 가는 열차를 타야 된다는(그리고 이후 제노바에서 갈아타야 한다는 것을 알면서) 생각이 분명하다면, 누구도 그 노선도에서 이탈리아의 정확한 형태를 추론하지는 않을 것이다. 역에서 기차를 타는 사람이 이탈리아의 정확한 형태까지 알 필요는 없다.

로마인들은 당시 알려진 세상의 모든 도시를 연결하는 도로 지도를 그렸다. 그리고 이 길들이 묘사된 지도는 15세기에 재발견한 사람의 이름을 따서 타불라 포이팅게리아나Tabula Peutingeriana라고 불리고 있다.

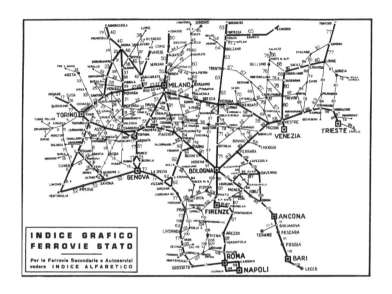

위쪽에는 유럽이 묘사되었고 그 아래에는 아프리카가 있다. 그런데 이 지도를 보고 있으면 열차 노선도를 볼 때와 똑같은 상황에 부닥치게 된다. 우리는 이 지도에서 출발하고 도착하는 지점들로 이어진 길들을 볼 수 있지만, 유럽이나 지중해, 혹은 아프리카의 형태를 전혀 짐작할 수 없다. 분명히 로마인들은 이것보다는 아주 더 정확한 지리학 개념을 가지고 있었을 것이다. 하지만 그들은 대륙의 형태에는 관심이 없었고, 오히려 마르세유에서 제노바로 가는 도로

가 있는지에 더 관심을 두었다.

또 한편으로, 중세의 여행은 상상으로 존재하는 것이었다. 중세 시대에 만들어진 『세계의 이미지*Imagines Mundi*』라는 백과사전은 갈 수 없는 먼 나라들의 이야기를 들려주면서, 불가사의한 것에 대한 기호를 충족시키려는 것에 최대한 중점을 두고 있다. 그리고 이 책의 저자들은 그들이 기술하는 장소들을 전혀 방문한 적이 없었다. 그 당시는 경험보다 전통의 힘을 더 중요하게 여겼기 때문이다. 따라서 지도는 지구의 형태를 묘사하기보다는 길을 따라가며 만나는 도시와 시민들을 열거하였다.

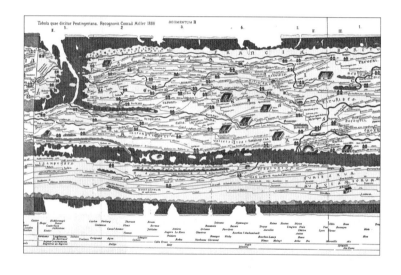

거듭 말하지만, 상징적인 묘사는 경험에 의한 묘사보다 더 중요했다. 많은 지도에서, 세밀화 화가들이 주의를 기울인 것은 예루살렘에 어떻게 도착하는지 안내하는 것이 아니라 지구의 중앙에다 예루살렘을 배치하는 것이었다. 그럼에도 그 당시의 많은 지도는 이탈리아와 지중해를 꽤 정확하게 묘사하였다.

마지막으로 고려할 사항으로, 중세의 지도들은 과학적인 기능을 가지지 않았다는 것이다. 그 대신 대중의 상상과 관련된 요구에 부응하였다. 오늘날 대중 잡지에 비행접시가 발견된 사례가 소개되고, 텔레비전에서 피라미드는 외계 문명에 의해 만들어졌다고 이야기하는 것과 같다. 오늘날의 상상력은 맨눈으로 본 하늘의 혜성이 UFO의 현존이라고 확신하게 한다. 15세기와 16세기에 이미 꽤 정확하게 제작된 많은 지도를 보면, 여전히 불가사의한 괴물들이 (그들이 살고 있다고 추정되는 지역에) 묘사되었으며, 그리고 그 지도는 완전히 터무니없지만은 않은 방식으로 복제되었다.

그러니까 중세의 지도들을 너무 진지하게 대하지는 말자. 중국에 도착한 마르코 폴로, 예루살렘의 십자군들, 어쩌면 아메리카의 아일랜드 사람들이나 바이킹들이 머릿속에 지니고 있던 지도들이었을 테니 말이다.

여담이지만, 바이킹들이 아메리카에 도착했었다는 전설은 사실일까? 우리는 중세 시대 항해술의 진정한 혁명은 선미에 장착된 방향키의 발명에서 비롯되었다는 것을 익히 알고 있다. 그리스와 로마의 배와 바이킹들의 배, 게다가 1066년 잉글랜드 해안에 상륙한 윌리엄 1세의 선박들까지 방향키는 측면 후방에 달린 두 개의 노가 담당했고, 이를 조작해서 배를 원하는 방향으로 돌렸다. 그 노는 젓기에 아주 힘들다는 점을 떠나 대형 목선을 조정하기가 사실상 불가능했다. 무엇보다도 배의 각도를 이리저리 바꾸어 가며 바람을 거슬러서 항해하기란 불가능했는데, 바람의 방향에 따라 선체의 양측에서 한쪽과 다른 쪽을 번갈아 가며 방향키를 조작해야 했기 때문이다. 따라서 선원들은 작은 연안을 항해하는 것으로 만족해야 했다. 순풍이 불지 않을 때 정박할 수 있게 해안선을 따라 배를 몰아야 했다.

그러므로 바이킹들(아일랜드 수도사들도 마찬가지로)은 나중에 콜럼버스가 해냈듯이 스페인에서 중앙아메리카까지 항해할 수는 없었다. 하지만 그들이 먼저 아이슬란드에서 그린란드까지 건너가고, 거기서 캐나다 해안으로 경로를 취했다고 생각하면 상황은 달라진다.

지도를 보면, 해적선의 능숙한 선원들(얼마나 많은 조난자가 있었을까마는)이 어떻게 아메리카 대륙의 최북단, 아마도 래브라도 해안에 도착할 수 있었는지 쉽게 알 수 있다.

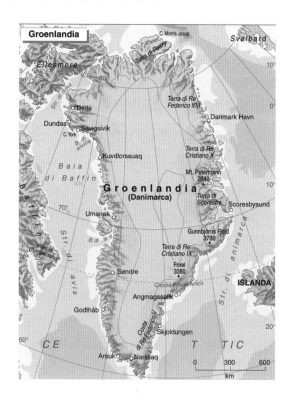

하늘의 형태

이제 땅은 그만 접고 하늘을 바라보자. 코페르니쿠스가 증언했듯이, 기원전 4~3세기에 고대 그리스의 천문학자 가사모스의 아리스타르코스는 지동설을 연구했다. 플루타르코스는 아리스타르코스가 불경죄로 비난받았다고 했는데, 지구가 움직인다고 가정했기 때문이다. 지구의 회전이 아닌 다른 방법으로는 천문학적인 현상들을 설명할 도리가 없었다. 플루타르코스는 그의 가설에 동의하지 않았으며, 이후 프톨레마이오스는 〈터무니없는 소리〉라고 평가하였다. 아리스타르코스는 그의 시대를 훨씬 앞서 생각했기에 아마도 그의 견해가 잘못된 것으로 판명되었을 것이다. 그렇기는 해도 천문학의 역사는 흥미롭다. 에피쿠로스와 같은 위대한 유물론자는 아주 오랫동안 유지되었던 천문학적인 발상을 발전시켰다. 이 견해는 루크레티우스의 저서 『사물의 본질에 관하여De rerum naturae』에도 나오는데, 17세기는 피에르 가상디에 의해 논의되기도 했다. 이는 바로 태양과 달, 그리고 별(매우 심각한 여러 이유로 인해)은 우리의 감각이 느끼는 것보다 더 크거나 작을 수 없다는 것이다. 따라서 에피쿠로스는 태양의 지름이 30센티미터가량이라는 판단을 내렸다.

코페르니쿠스의 『천구의 회전에 관하여De revolutionibus orbium caelestium』는 1543년에 출간되었다. 우리는 이 책으로 세상이 발칵 뒤집어졌다고 생각하며 코페르니쿠스 혁명이라고 말한다. 그리고 그로부터 89년 뒤인 1632년에 갈릴레오의 『프톨레마이오스와 코페르니쿠스의 두 우주 체계에 관한 대화Dialogo sopra i due massimi sistemi del mondo, tolemaico e copernicano』가 나왔으며, 우리는 그 책이 어떤 반대에 부딪혔는지 알고 있다. 그런데 다시 말하지만, 코페르니쿠스와 갈릴레오의 천문학은 모두 상상 천문학이었다고 할 수 있다. 그들은 행성궤도에 대해 잘못 이해했기 때문이다.

하지만 가장 철저한 상상 천문학은 위대한 천문학자이자 케플러의 스승인 티코 브라헤의 천문학으로, 그는 천동설도 지동설도 아닌 해결책을 제시하였다. 행성들은 태양 주변을 돌지만(그렇지 않으면 천문학적인 많은 현상을 설명할 수 없기에), 태양과 행성들은 우주의 중심에서 영원히 움직이지 않는 지구 주위를 돈다고 주장하였다.

브라헤의 가설은 예수회 교도들, 그중에서 특히 아타나시우스 키르허에 의해 진지하게 받아들여졌다. 키르허는 박식한 인물이었고 프톨레마이오스의 체계를 인정할 수 없었다. 그는 자신의 『황홀한 천체 여행Iter Extaticum coeleste』(1660)에 실은 태양계의 삽화를 통해, 우리에게 플라톤 체계 및 이집트 체계와 더불어 코페르니쿠스의 체계도 보여 주었다. 그는 태양 중심의 코페르니쿠스 체계를 정확하게 설명했으며, 다음의 내용을 덧붙이고 있다. 〈이 가설은 나중에 대부분의 비가톨릭 진영과 일부 가톨릭 수학자들, 다시 말해 글을 통해 새로운 사고들을 유포하려 했던 이들에게 받아들여졌다.〉

그렇지만 지구가 태양 주위를 돈다는 견해에 반대하는 아주 강력한 논쟁이 있었다. 로버트 플러드는 1617년에 출간한 『모든 우주의 역사Utriusque cosmi historia』에서 역학을 이용하여 반론하기도 했다. 만약 하늘과 같은 바퀴를 돌려야 한다면 주변부의 힘을 행사하여 돌리는 게 더 수월할 것이라며, 코페르니쿠스의 어리석은 학설은 태양을 비롯해 생명과 운동을 일으키는 모든 힘이 중심부에서 작용한다고 주장하지만, 그 주변의 구체들 사이에 제1운동자primum mobile가 있다고 반박했다. 알레산드로 타소니는 그의 책 『다양한 생각에 대한 열권의 책 *Dieci libri di pensieri diversi*』(1627)에서 지구가 움직인다는 상상이 불가능한 여러 가지 이유를 열거하였다. 여기에서는 단 두 가지만 소개해 보겠다.

일식과 월식을 통한 반론. 우주의 중심에서 지구를 떼어내어 달의 아래나 위에 둔다고 상상해 보자. 만약 지구를 달의 아래에 둔다면 달이 태양과 지구의 위에 있으므로, 일식은 절대 일어나지 않을 것이다. 달이 지구와 태양 사이에 위치할 수 없기 때문이다. 그리고 만약 지구를 달의 위에 둔다면 지구는 달과 태양 사이에 있을 수 없기에 월식은 일어나지 않을 것이다. 게다가 천문학은 일식이나 월식을 예측할 수 없을 것이다. 태양 운동을 계산하는 것에 예측의 근거를 두고 있기 때문이다. 따라서 태양이 움직이지 않는다면 천문학이 이룬 성과는 헛된 일이 되고 만다.

새들을 통한 반론. 만약 지구가 돈다면, 서쪽으로 날아가는 새들은 지구의 회전에 보조를 맞출 수 없을 것이고 앞으로 나아갈 수 없을 것이다.

데카르트는 갈릴레오의 가설에 찬성했으나 자기 생각을 발표할 용기가 없었다. 그렇지만 1644년에 출판한 『철학의 원리 *Principia philosophiae*』(1644)에서 소용돌이, 또는 투르비용 tourbillon(회오리바람)에 관련된 상당히 흥미로운 이론을 전개하였다. 그는 하늘이 바다와 같이 회오리나 소용돌이를 일으키며 빙빙 도는 액체일 것이라고 상상하였다. 이 소용돌이들은 움직이면서 행성들을 끌고 다니는데 지구는 태양 주변의 소용돌이에 휩싸여 있다. 그런데 움직이는 것은 소용돌이고 지구는 그것을 이끄는 소용돌이 안에서 부동인 채로 있다. 데카르트는 교회가 인식한 진리에 맞서지 않고 순전히 가설로

서, 지구 중심설과 태양 중심설 사이의 난관을 교묘하게 회피하는
방식으로 이 놀라운 견해를 진술하였다.

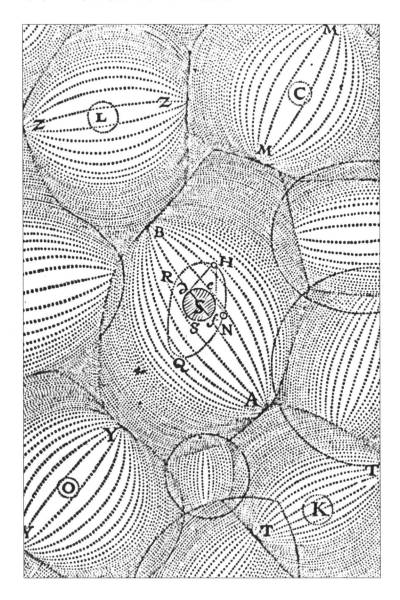

프랑스 시인 기욤 아폴리네르가 〈자비를 베푸소서, 무한과 미래의 경계에서 여전히 싸우고 있는 우리에게 자비를 베푸소서. 우리의 죄를 불쌍히 여기시고, 우리의 잘못을 불쌍히 여기소서……〉라고 노래했듯이, 당시는 천문학자가 심각한 실수를 여전히 많이 범하던 시기였다. 갈릴레오가 자신의 망원경으로 토성의 고리를 발견했지만, 그것이 무엇인지 알 수 없었던 것처럼 말이다.

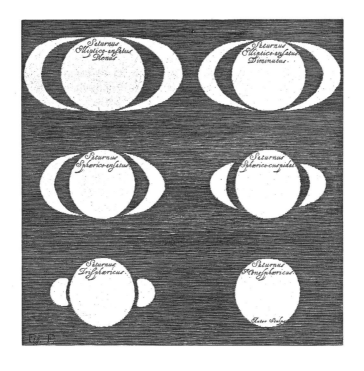

갈릴레오는 처음에 하나의 별이 아니라 별 세 개가 주야평분 시에 평행한 직선으로 한데 모인 것으로, 세 개의 작은 원처럼 보인다고 표현하였다. 그는 이후에 쓴 글에서 토성은 올리브 모양으로 보일 수 있다고 했으며, 그리고 마지막에는 세 개의 원이나 올리브라

고 묘사하는 대신, 〈가운데에 아주 검은 두 삼각형이 있는 두 개의 반타원형〉이라고 하였다. 우리에게 토성은 미키마우스와 아주 비슷하게 연상된다.

토성의 고리는 나중에서야 호이겐스가 밝혀낼 것이다.

세상의 무한성

상상 속의 세상을 떠돌며 불가사의한 빛에 둘러싸였던 우리 선조들의 천문학은 아주 혁신적인 발상을 제안하기도 했다. 바로 세상의 다원성이다. 이는 이미 고대의 원자론자들, 즉 데모크리토스, 레우키포스, 에피쿠로스, 그리고 루크레티우스가 제시한 바 있다. 로마의 히폴리투스가 그의 저서 『철학사상Philosophumena』에서, 〈만약 원자들이 허공에서 끊임없이 움직인다면 각기 다른 무한한 세상을 만들 수밖에 없다. 그리고 어떤 세상은 태양도 달도 없을 것이고, 다른 세상은 우리보다 별들이 더 크게 보일 것이고, 또 다른 세상은 더 많아 보일 것〉이라고 했다. 에피쿠로스의 원자론을 지지했던 이 가설은 낭설이라고 밝혀지기 전까지는 진실로 간주됐다. 루크레티우스는 『사물의 본질에 관하여De rerum naturae』에서 〈절대 끝은 없다. 이는 분명한 사실이고, 허공 그 자체의 본질은 분명하다〉고 했다. 그리고 이어서 〈그러므로 우주의 다른 곳에는 우리 세상과 같이 대기의 탐욕스러운 포옹으로 둘러싸인 다른 물질적인 연합체가 존재한다는 사실을 인지해야 한다〉고 썼다.

세상의 다원성과 허공의 가설은 아리스토텔레스를 비롯해 토마스 아퀴나스, 로저 베이컨 같은 위대한 스콜라 철학자들에 의해 반박되었다. 하지만 세상의 다원성에 대한 의혹은 〈신의 무한한 권능 infinita potentia Dei〉에 관한 논쟁이 불거졌을 때, 윌리엄 오컴과 장 뷔리당, 니콜 오렘을 비롯한 다른 학자들에 의해 제기되었다. 이후 15세기에 니콜라우스 쿠자누스, 16세기에 조르다노 부르노가 세상의 무한성에 관해 다루기도 했다.

이 가설이 내포하고 있는 치명적인 독은 새로운 에피쿠로스학파인 17세기 자유사상가들의 지지를 받으면서 아주 분명하게 드러났다. 다른 세상들을 방문해서 그곳의 거주자들을 만난다는 생각은 태양 중심설보다 더 위험한 이단이었다. 만약 세상이 무한하게 존재한다면 구원의 유일성에 의심을 품게 된다. 아담의 죄와 그리스도의 수난은 다른 곳의 신성한 창조물과는 관계없는, 우리 세계에 관련된 사소한 일화일 뿐이거나 십자가의 길과 골고타 언덕의 일화는 무수하게 많은 행성에서 수도 없이 반복될 것이다. 사람의 아들이 치르는 그 숭고한 희생의 유일성을 상실하면서 말이다.

베르나르 퐁트넬이 『세계의 다원성에 관한 대화Entretiens sur la pluralité des mondes』(1686)에서 상기시키듯이, 그 가설은 데카르트의 소용돌이 이론에서 이미 제시되었다. 만약 모든 별이 자신의 행성들을 소용돌이 속으로 이끌고 그 별이 더 큰 소용돌이에 휩쓸린다면, 하늘에서 무수한 행성 체계를 끌고 다니는 무한한 소용돌이들을 상상할 수 있기 때문이다.

세상이 하나가 아니라는 생각은 시라노 드 베르주라크가 상상한 달나라와 해나라로 떠나는 여행에서부터 프랜시스 고드윈의 『달세계의 인간The Man in the Moone』, 존 윌킨스의 『달세계의 발견Discovery of a World in the Moone』에 이르기까지 17세기 공상 과학 소설의 시작을 예고하였다. 그 당시에 상상한 우주여행 방법은 쥘 베른의 과학적인 모험에는 미치지 못했다. 시라노는 먼저 주인공의 몸에 이슬을 담은 호리병을 여러 개 묶고 태양의 열기가 이슬을 빨아들일 때 날아가는 방법을 생각했다. 두 번째는 폭죽으로 날아가는 기계 장치를 이용하였다. 한편 고드윈은 새들이 끌고 가는 비행기를 상상하기도 했다.

공상 과학 소설

쥘 베른에서 오늘날에 이르는 현대 공상 과학 소설은 상상 천문학의 새로운 장을 열었다. 소설 속에서 천문학 이론들과 과학적인 우주론은 마음껏 날개를 펴고 극단으로 치닫는다. 나의 오랜 제자 레나토 조반놀리는 『공상과학의 과학La scienza della fantascienza』이라는 흥미진진한 책을 썼다.* 그는 미래에 관한 이야기에서 전개되는 모든 사이비 과학 이론들(종종 매우 설득력이 있는)을 다루었을 뿐만 아니라 공상과학 속의 과학이 이후의 혁신과 개발을 거치면서 어떻게 아주 균일한 생각과 토포스topos들의 조직체를 구성하는지 보여주고 있다. 여기에는 쥘 베른의 니트로글리세린을 채운 대포와 허버

* 레나토 조반놀리, 『공상과학의 과학La scienza della fantascienza』, 밀라노: Bompiani 출판사, 1991 — 원주.

트 웰스의 반중력 상태의 방에서부터 다양한 우주 항해 기술을 이용한 시간 여행까지 포함하고 있다. 그리고 동면 상태의 우주여행과 수경재배 시스템을 갖추고 친환경적으로 자급자족할 수 있는 우주선, 빛의 속도로 우주여행을 한 비행사가 지구로 돌아왔을 때는 자신의 쌍둥이 형제보다 10년 더 젊다는 폴 랑주뱅의 〈쌍둥이 역설〉을 변형한 사례들도 얼마든지 많다. 예를 들어 로버트 하인라인은 『별들을 위한 시간Time for the Stars』에서 우주 공간을 탐사하며 텔레파시를 이용해 소통하는 쌍둥이 형제의 이야기를 다루었으며, 툴리오 레제는 『우주 연대기Cronache dell'Universo』에서 만약 텔레파시를 이용한 메시지가 곧바로 도착한다면 우주에 있는 다른 형제의 답변은 질문도 하기 전에 도착해야 한다는 점을 주시하였다.

이외에도 되풀이되는 다른 주제는 〈하이퍼스페이스〉다. 로버트 하인라인은 『스타맨 존스Starman Jones』에서 스카프를 모델로 삼아 설명하고 있다. 〈여기 화성이 있고, (……) 이것은 목성입니다. 화성에서 목성으로 가려면 여기에서 여기까지 가야 합니다. (……) 그런데 내가 화성이 금성 위에 위치하도록 스카프를 접는다고 가정하면 어떨까요? 우리가 그 공간을 가로질러 가는 데에 어떤 장애가 있을까요?〉 이처럼 공상 과학 소설은 공간이 그 자체로 접힐 수 있는 우주의 비정상적인 지점들을 찾아 나갔다. 또한 아인슈타인-로젠 다리, 블랙홀, 시공간의 통로 웜홀wormhole과 같은 과학적인 가설 역시 활용하였다. 커트 보네거트는 『타이탄의 미녀The Sirens of Titan』에서 우주 공간을 이동하는 초공간적인 터널이 존재한다는 가설을 제시하였고, 다른 작가들은 빛보다 더 빠르게 움직이는 소립자, 타키온을 고안하였다.

시간 여행과 관련된 문제들도 폭넓게 다뤄졌다. 유명한 〈할아버지의 모순〉(우리가 옛날로 돌아가 할아버지가 아버지를 낳기 전에 살해하면 아마도 그 순간 우리는 사라질 것이라는 논리)을 비롯해서 시간 여행자가 과거의 자신을 만날 것인지에 대해 논의되었으며, 과학자들이 발전시킨 개념들도 사용되었다. 독일의 과학철학자 한스 라이헨바흐가 『시간의 방향The Direction of Time』에서 언급한 원자보다 작은 세계인 아원자 세계subatomic world가 소개되는가 하면, 필립 K. 딕은 『거꾸로 가는 세상Counter-Clock world』에서 엔트로피의 역전에 대한 가설을 내세웠다. 프레드릭 브라운은 단편 소설 『끝The End』의 첫 대목에서 시간은 하나의 〈자리〉라고 가정했는데, 주인공 존스 교수는 그 자리를 반대로 돌리는 기계를 발명하였다. 존스 교수가 기계의 버튼을 누르자 교수가 한 똑같은 말이 끝에서부터 반대로 들려왔다.

그리고 마지막으로, 세상은 무한하다는 고대 이론을 활용하여 작가들은 평행 우주parallel universe를 상상하였다. 프레드릭 브라운은 그의 『미친 우주What Mad Universe』에서 엄청나게 많은 숫자의 우주가 동시에 존재할 수 있다는 것을 상기시켰다. 〈예를 들어, 지금 이 순간과 똑같은 장면이 펼쳐지는 우주가 있습니다. 당신이나 당신에 맞먹는 존재가 검은 구두 대신 갈색 구두를 신을 수는 있겠죠. (……) 당신이 손가락에 긁힌 상처가 있다든가 자줏빛 뿔을 가지고 있다든가 정도의 차이를 두며 되풀이되는 무수히 많은 우주가 있습니다.〉 하지만 〈가능한 세계들〉을 고찰하면서, 철학가 데이비드 K. 루이스는 1973년에 출간한 『반사실적 조건문Counterfactuals』에서 다음과 같이 진술하고 있다. 〈나는 가능한 우주들이 어떤 방법으로도 그럴듯한 언어적인 실체가 아니라는 점을 강조합니다. 그 자체의 가치로서만 고려할 만한 실체라고 여기는 것이지요. 내가 가능한 우주들에 대해 현실적인 태도를 드러낼 때는 문자 그대로 고려하는 것을 의미합니다. (……) 우리의 현실 세계는 다른 것들 가운데서 유일한 것입니다. (……) 당신은 이미 우리의 현실 세계를 믿습니다. 나는 당신이 이것보다 더 많은 것이 있다고 믿기만을 바랄 뿐입니다.〉

과학과 앞서거니 뒤서거니 하는 공상 과학 소설은 현실적인 과학과 얼마나 차이가 있을까? 공상 과학 소설의 작가들은 분명히 과학자들의 글을 읽었을 테지만, 과학자들도 공상 과학 소설을 읽으면서 그들의 상상력을 키우지 않았을까? 그리고 공상 과학 소설 속의 상상 천문학은 언젠가 또 우리의 상상력을 이끌지 않을까?

토마스 아퀴나스는 『명제집 주해In Primum Sententiarum』(8, 1, 2)에서 원인과 결과 간의 형태론적 관계를 두 부류로 구분하였다. 한 사람과 그의 초상화처럼 원인은 결과와 유사할 수 있거나 불이 연기를 일으키듯이 원인은 결과와 다를 수 있다는 것이다. 그리고 토마스 아퀴나스는 원인의 두 번째 범주에 태양을 포함하였다. 태양은 열기를 생산하지만, 그 자체로는 차가운 것으로 여겼기 때문이다. 우리는 이러한 예시로 이끄는 그의 천구 이론을 듣고 웃을지 모르겠지만, 언젠가 저온핵융합cold fusion을 진지하게 다룬다면 아퀴나스의 생각 역시 주목하며 다시 고려하지 않을까?

차가운 태양과 지구 공동설

차가운 태양과 관련해서, 지구 천문학의 특정 분야는 상상을 넘어 정신 착란의 영역이 되었다. 이런 영역은 인정을 거의 받지 못했을지라도 매우 진지한 생각과 결정들에 영향을 끼쳤다.

오스트리아의 사이비 과학 연구가 한스 회르비거가 제시WEL 이라고 불린 〈우주빙하이론Welteislehre〉은 1925년부터 나치 집단 사이에서 유포되기 시작했다.* 그 이론은 알프레드 로젠베르그와 하인리히 힘러와 같은 나치 정치인들에게 지지를 받았다. 그런데 히틀러가 집권한 이후 일부 과학계에서도 회르비거의 이론을 주목했는데, 예를 들어 뢴트겐과 같이 X선을 발견한 레나르트를 비롯한 과학자들에게 진지하게 받아들여졌다.

회르비거의 견해에 따르면, 우주는 얼음과 불 사이에 벌어지는 영원한 투쟁의 장이다. 우주는 진화하지 않고 얼음과 불이 주기를 두고서 번갈아 발생하기 때문이다. 옛날에 태양보다 엄청나게 더 큰 뜨거운 물체가 우주의 거대한 얼음덩어리와 충돌을 했다. 얼음덩어리는 열기로 가득한 물체 안으로 진입했고 수억 년 동안 그 내부에서 수증기로 있다가 모든 것을 폭발하게 하였다. 갖가지 파편들은 중간 지대를 거쳐서 얼어붙은 공간 속으로 발사되었고 거기에서 태양계가 만들어졌다. 달, 화성, 목성, 그리고 토성은 얼음덩어리고 은하계는 얼음의 고리다. 전통 천문학은 은하계가 별들로 이루어졌다고 여기지만, 교묘한 사진 기술은 이러한 환영을 창조하였다. 그리고 태양의 흑점은 목성에서 떨어져 나간 얼음덩어리라고 보았다.

세월이 흐르면서 최초 폭발의 힘은 점점 약해진다. 그리고 공식적인 과학이 믿고 있는 것과는 달리 각각의 행성은 타원형으로 회전하지 않는다. 그 대신 행성을 끌어당기는 더 큰 행성의 주위를 나선형으로 돌며 접근(감지할 수 없을 정도로)한다. 우리가 사는 주기의

* 한스 회르비거, 『우주빙하이론Glacial-Kosmogonie』, 카이저슬라우테른: Hermann Kaysers 출판사, 1913 ― 원주.

마지막에서, 달은 지구에 더욱 가까이 접근하여, 서서히 바다의 수면을 높이고 열대 지방을 물에 잠기게 하고 아주 높은 산들만 물 위로 드러나게 한다. 우주의 광선들은 더 강력해져서 유전학적 돌연변이를 일으키게 한다. 끝으로 우리의 위성은 폭발할 것이고 얼음, 물, 가스의 고리로 변한 다음 지구로 떨어질 것이다. 화성의 영향에서 비롯된 복잡한 사건들의 연속으로 지구 역시 얼음덩이로 변할 것이고 결국에는 태양에 다시 흡수될 것이다. 이후 새로운 폭발과 새로운 시작이 있을 것이다. 지구는 과거에 이와 같은 과정을 이미 거쳤으며 세 개의 다른 위성을 재흡수하였다.

이러한 우주생성론은 분명히 고대의 신화와 서사시를 상기시키는 일종의 〈영원한 회귀〉의 관념을 전제로 하였다. 오늘날의 나치들도 〈전통의 지식〉이라고 부르는, 그러한 관념은 자유주의와 유대인의 과학, 소위 〈가짜 지식〉과 맞섰다. 게다가 우주빙하론은 노르딕과 아리안적인 이론으로 보인다. 루이 포웰과 자크 베르지에는 『마술사의 아침Le Matin des Magiciens』(1960)*에서 우주 빙하의 기원을 확고하게 주장했는데, 그 신념은 히틀러의 군대가 얼어붙은 러시아 땅에서 아주 잘 버틴 것에 고무된 것이었다. 한편 저자들은 우주의 얼음이 어떻게 작용할지 연구하느라 V-1 비행 폭탄의 실험도 지체되었다고 전한다. 1938년에 엘마르 브루그Elmar Brugg**라는 가명을 쓴 작가의 책이 출판되었다. 작가는 회르비거에게 20세기의 코페르니쿠스라는 경의를 표했다. 그리고 우주빙하이론은 우주의 힘과 지구

* 루이 포웰 & 자크 베르지, 『마술사의 아침Il mattino dei maghi』, 밀라노: Mondadori 출판사, 1963 ― 원주.

** Rudolf Elmayer-Vestenbrugg, 『한스 회르비거의 우주빙하론Die Welteislehre nach Hanns Hörbiger』, 라이프치히: Koehler Amelang 출판사, 1938 ― 원주.

의 사건들 사이의 밀접한 관련성을 설명한다고 주장했으며, 민주주의 진영과 유대인의 과학계가 회르비거에 대해 침묵하는 것은 평범한 사람들이 벌이는 뻔한 음모의 일종이라고 단언하였다.

나치당이 마술 행위와 헤르메스 과학의 추종자들, 예를 들어 루돌프 폰 제보텐도르프 남작이 창설한 신비 단체 툴레 협회의 조직원들로 들끓었다는 사실은 이미 충분히 연구되었다.[*]

한편 나치당원들 사이에서 진지하게 받아들여진 또 다른 이론이 있었다. 지구는 속이 비어 있고 우리가 사는 곳은 지구의 볼록한 바깥이 아니라 내부의 오목한 표면이라는 것이다. 그 이론은 19세기 초기에 오하이오의 존 클레베스 심메스 대위라는 자가 처음으로 주장했으며, 그는 다양한 과학 협회에다 글을 썼다. 〈전 세계에 알립니다. 나는 지구가 비어 있고 우리는 그 내부에 살고 있다고 선포합니다. 지구 내부는 몇 개의 동심 구체를 포함하고 있으며, 남북 양극에는 12도나 16도의 면적으로 두 극이 열려 있습니다.〉 나무로 된 그의 지구 모형은 오늘날 미국 필라델피아 자연 과학 아카데미에 보관되어 있다.

지구공동설은 50년 뒤에 사이러스 리드 티드에 의해 다시 제기되었다. 우리가 하늘이라고 믿고 있는 것은 지구의 내부를 채운 가스 덩어리와 반짝이는 빛의 지대라고 주장하였다. 그리고 태양과 달, 그리고 별들은 천구에 존재하는 것이 아니라 다양한 현상에 의해 야기된 시각효과일 뿐이라고도 했다.

이 이론은 제1차 세계 대전 이후에 피터 벤더에 의해 독일에 소

• 예를 들어, 르네 알로의 『히틀러와 비밀 결사*Hitler et les sociétés secrètes*』, 파리: Grasset 출판사, 1969, 조르조 갈리의 『히틀러와 마법 나치즘*Hitler e il nazismo magico*』, 밀라노: Rizzoli 출판사, 2005 등의 연구서가 있다. — 원주.

개되었고, 이후 칼 노이퍼트는 〈지구공동설Hohlweltlehre〉 운동을 발족하기도 했다. 일부 출처*에 따르면, 지구 공동설은 독일의 고위층 사이에서 진지하게 받아들여졌으며, 독일의 일부 해군들은 이 이론을 통해 영국 함선들의 위치를 더 정확하게 알아낼 것으로 믿었다고 한다. 적외선 탐지기를 사용할 경우 지구 표면의 만곡이 관측을 방해하지 않을 것이기 때문이다. 게다가 V-1 폭탄이 계산 착오로 잘못 발사되기도 했다는데, 미사일의 탄도가 볼록한 표면이 아니라 오목한 지표면을 가정하여 계산되었기 때문이었다. 만약 이것이 사실이라면, 누가 봐도 정신 착란적인 천문학의 섭리에 복종한 역사적인 희극일 것이다.

상상 지리학과 실제 역사

12세기 후반에 머나먼 동방에서 보낸 편지 한 통이 서양에 도착했다. 그 편지에는 십자군들이 원정에 나서서 탈환했으나 다시 빼앗긴, 무슬림들이 사는 땅 너머의 동쪽에 사제왕 요한 또는 프레스터 존이 다스리는 풍요로운 기독교 왕국이 있다는 이야기가 담겨 있었다. 편지는 다음과 같이 시작되었다.

듣고서, 반드시 믿으시오. 나 사제왕 요한은 왕 중의 왕으로, 하늘 아래 온갖 재물과 덕성, 권력에서 지상의 모든 왕을 능가하오. 72명의 왕이 짐의 왕국에 공납하고 있소. (⋯⋯) 우리의 통치권은 사도 토

• 다음의 출처들을 들 수 있다. 1946년 『대중 천문학Popular Astronomy』에 실린 제러드 카이퍼의 논문과 1947년 『어스타운딩 사이언스 픽션Astounding Science Fiction』(39호)에 실린 윌리 레이의 「나치랜드의 사이비 과학Pseudo-science in Naziland」 ― 원주.

마스가 잠들어 있는 인도 땅 너머 동쪽 끝으로 뻗어 있고, 서쪽으로는 바빌론의 사막을 넘어서 바벨탑에 이를 정도로 광대하오. (……) 짐의 영토에서는 온갖 종류의 동물들이 태어나서 자라고 있다오. 코끼리, 단봉낙타, 낙타, 하마, 악어, (……) 검은 표범, 야생 나귀, 흰 사자와 붉은 사자, 곰, 흰 지빠귀, 벙어리 매미, 그리핀, 호랑이, 자칼, 하이에나, 야생 황소, 켄타우로스, 야만인, 뿔이 달린 인간들, 파우누스, 사티로스와 같은 종족의 여자들, 피그미족, 개의 머리를 단 인간들, 40큐빗 높이의 거인들, 키클롭스, 피닉스라는 이름의 새들, 그리고 천공 아래 사는 거의 모든 종류의 동물들 (……) 우리 영토의 한곳에는 인더스라 불리는 강이 흐르고 있소. 천국에서 샘솟는 이 강은 전 지역을 관통하며 여러 지류로 구불구불 흘러가오. 이곳에는 자연석, 에메랄드, 사파이어, 석류석, 황옥, 감람석, 줄마노, 녹주석, 자수정, 붉은 줄무늬 마노, 그리고 다른 보석들이 있다오.•

그리고 이어서 다른 놀라운 것들이 열거되었다. 사제왕 요한의 서신은 그로부터 17세기까지 여러 언어와 형식으로 번역되고 번안되어 널리 유포되었다. 그 편지는 동양을 향한 기독교 서양의 팽창에 큰 영향력을 발휘했다. 무슬림의 땅 너머에 기독교 왕국이 존재할지 모른다는 생각은 모든 탐사 행위와 확장 사업에 정당성을 부여하였다. 조반니 다 피안 델 카르피네, 기욤 드 뤼브룩, 마르코 폴로가 모두 사제왕 요한에 대해 언급했다. 14세기 중반경에는 그동안 모호하게 동방에 있다고만 전해졌던 사제왕 요한의 왕국이 에티

• 『사제왕 요한의 편지La lettera del Prete Gianni』, 조이아 차가넬리 감수, 파르마: Pratiche 출판사, 1990, p. 55 ─ 원주.

오피아에 있다는 소식이 전해졌다. 포르투갈 선원들이 아프리카 탐험을 시작했던 때였다. 전설의 왕국을 찾으려는 시도는 15세기에 잉글랜드의 왕 헨리 4세, 베리 공작, 교황 에우제니오 4세에 의해 이뤄졌다. 그리고 카를 5세 황제의 대관식이 볼로냐에서 거행된 시기에는 예루살렘에 있는 성묘를 탈환하기 위해 동맹이 가능한 인물로 프레스터 존이 여전히 논의되기도 했다.

사제왕 요한의 편지는 어떤 목적으로 어떻게 만들어졌을까? 아마도 그 편지는 프리드리히 1세의 스크립토리엄scriptorium(필사실)에서 제작된 반(反)비잔틴 선전물이었을 것이다. 그런데 문제는 그 편지의 기원이 아니라 그것을 입수한 뒤의 행보였다. 지리학적인 상상을 거쳐서 서서히 정치 계획으로 힘을 굳혀 갔기 때문이다. 다시 말해, 몇몇 필경사들이 문서 위조(그 당시 대단히 훌륭한 문학 장르였다)를 통해 불러일으킨 망령이 아프리카와 아시아를 향한 기독교 세계의 팽창 정책에서 백인의 부담감을 덜어 주는 우호적인 구실로 작용했다는 것이다.

이렇게 해서 우리는 실제 역사를 창출한 상상 천문학의 위력을 실감할 수 있다. 이것이 유일한 경우만은 아니었다. 나는 아브라함 오르텔리우스가 제작한 16세기 〈세계 지도Typus orbis terrarum〉로 이 글을 마무리하려고 한다.

당시 오르텔리우스는 아메리카 대륙을 놀랄 만큼 정확하게 묘사했지만, 그의 이전과 이후의 많은 사람이 생각했듯이 여전히 지구의 남반구를 덮는 거대한 〈남방 대륙Terra Australis〉이 존재한다고 여겼다.

이 미지의 남쪽 대륙을 찾기 위해, 스페인의 멘다냐, 프랑스의

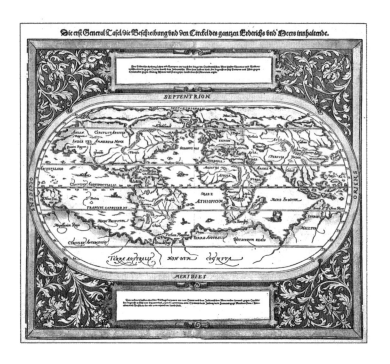

부갱빌, 네덜란드의 타스만, 영국의 제임스 쿡 같은 집념의 항해가들이 태평양을 탐험하였다. 그리고 상상 지도 덕분에 마침내 진짜 오스트레일리아, 태즈메이니아, 그리고 뉴질랜드가 발견된 것이다.

그러므로 무한과 미래의 지대에서 싸운 자에게 자비를! 모든 상상 천문학과 지리학의 위대함에 경의를! 그리고 종종 풍요로운 결실을 보는 실수에도 너그러운 마음을!

2001년 천문학 학회와 2002년 지리학 학회에서 발표한 두 강연을 수정함.

속담 따라 살기

NUC*에서도 사본을 찾을 수 없었다. 그뿐만이 아니다. 브뤼네
Brunet나 그레세Graesse 같은 서지학자들의 언급도 없다. 오컬트 관
련 도서 목록(Caillet, Ferguson, Duveen, Verginelli Rota, Biblioteca Mágica,
Rosenthal, Dorbon, Guaita 등등)에서도 이 책에 대한 언급은 보이지 않
는다. 따라서 발행 연도가 불명확한데다 저자가 알려지지 않은 이
책자에 관한 정보를 얻기란 어렵다. 이 책은 소위 유령 출판사들 중
한 곳(필라델피아: Secundus More 출판사)에서 『새로운 유토피아 또는
읽어버린 섬에 관해. 유능한 제정자가 속담은 민중의 지혜라는 원칙
에 따라 행복 공화국을 건설하고자 했던 그곳』**이라는 흥미진진한

* 미국 의회 도서관에서 2,500개 도서관의 소장 도서를 기록해 놓은 〈국가 종합 목
록National Union Catalog〉으로, 필요한 자료가 어느 도서관에 소장되어 있는지 등
의 서지 정보를 제공한다.
** 저자는 존재하지 않는 책을 상상해서 소개하고 있다. 따라서 이 칼럼은 가짜 서평
인 셈이다. 작가가 상상한 책의 제목은 다음과 같다. De la Nuova Utoppia (sic) ò
vero de Insula Perdita, ove un Legislattore d'Ingenio haveva cercato di realizzare
la Repubblica Felice attenendosi al principio per lo cui li Proverbi sono la
Saggezza de' Popoli, 8° (2) 33; 45 (6) (1 bianca).

제목을 달고 출판되었다.

책은 두 부분으로 나뉜다. 첫 부분은 행복 공화국이 어떤 원칙에 기초하여 설립되었는지 밝히고 있고, 두 번째 부분은 공화국의 건설 이후 뒤따른 문제점과 불행, 다시 말해 유토피아가 몇 년 가지 못하고 실패한 원인을 열거하고 있다.

제정자는 유토피아의 기본 원칙으로 속담은 인간의 지혜라는 것에 더하여 국민의 소리는 신의 소리라는 이념도 따랐다. 그러므로 완벽한 국가는 유일한 지혜와 다른 모든 이념, 그러니까 도덕적, 사회적, 정치적, 종교적인 계획에 기반을 두고 건설되어야 한다. 이는 미리 실패를 각오해야 했는데, 지적인 오만hýbris은 고대의 지혜(과거에서 배우고, 내세를 믿고, 현재를 살아가는)와 거리를 두고 있기 때문이다.

행복 공화국이 설립되고 몇 달 뒤, 사람들은 유토피아 원칙이 일상생활을 복잡하게 만든다는 것을 곧장 깨닫게 되었다. 사냥과 긴요한 필수품을 조달하는 과정에서 어려움이 발생했는데, 〈개가 없는 자는 고양이를 데리고 사냥해야 한다〉(부실한 성과를 내는)는 원칙을 따라야 했기 때문이다. 그들은 원래 어업에만 종사했으나, 〈잠자는 이는 물고기를 낚지 못한다〉고 확신하여, 어부들은 지나치게 많은 양을 포획하느라 육체와 정신이 피폐해져 아주 젊은 시기에 일을 접어야 했다. 끊임없는 위기는 농업에도 몰아닥쳤다. 〈배가 익으면 스스로 떨어진다〉고 여겼기 때문이다. 목공일(그리고 벽에다 새 그림을 달 때에도)도 마찬가지였다. 〈못은 못을 없앤다〉*고 믿었기에, 오래된 못에다 새 못을 꿰지 않고서 망치를 두들겼다. 구리 세공인에

• 〈못은 못을 없앤다Chiodo scaccia chiodo.〉 고통은 고통으로 다스린다는 의미를 가진다.

대한 뿌리 깊은 불신 탓에 냄비를 만들지도 팔지도 못했다. 〈냄비는 악마가 만든다〉고 알려졌기 때문이다. 따라서 구리 세공인은 뚜껑만 만들어서 팔았다. 하지만 아무도 냄비를 사지 않았기에 그들에게 물건을 요청하는 사람도 전혀 없었다.

길을 따라서 가기 어려웠다. 〈옛길을 떠나 새길을 가는 자는 목적지를 잃게 된다〉고 했기 때문이다. 〈출발한 곳으로 다시 돌아갈 수 없으므로〉 유턴이 금지되었고, 〈통로가 많은 곳으로 들어선 자는 많은 위험이 따를 것이기에〉 교차로도 금지되었다. 좌우간 모든 차량이 금지되었다. 〈일을 급히 서두르면 망친다〉고 말하기 때문이다. 그리고 〈당나귀의 머리를 씻기려면 잿물과 비누가 낭비된다〉*고 했기에, 사람들은 견디기 힘든 악취 때문에 당나귀를 타고 다닐 수도 없었다. 그리고 대다수 시민은 여행뿐만 아니라 생산 활동에서도 의욕을 잃게 되었다. 〈꿈꾸는 자는 필요성을 느끼지 못한다〉(약물 사용을 조장하기도 하면서)고 했기 때문이다. 〈무언가를 원하는 자는 다른 사람을 보내지 않기에〉, 우편 사업도 폐지되었다. 사유 재산을 보호하기도 어려웠다. 〈짖는 개는 물지 않기에〉 개들이 짖지 못하게 입마개가 씌워졌고, 도둑들은 그들 마음대로 집을 넘나들었다.

위생 개념은 아주 희박해졌다. 〈뜨거운 물에 덴 사람은 찬물도 두려워하기〉 때문이었다.

잘못 해석된 협동의 원칙이 샐러드를 만드는 과정에 적용되었다. 〈식초는 구두쇠가, 소금은 현명한 사람이, 올리브오일은 바보가 뿌

---

* 〈당나귀 머리를 씻기려면 잿물과 비누가 낭비된다A lavare la testa all'asino si perde il ranno e il sapone.〉 무식하고 완고한 사람과 논쟁하는 것은 무의미하다는 뜻을 담고 있다.

려야 가장 맛있는 샐러드를 만든다〉°고 전해지기 때문이다. 〈올리브 오일, 발사믹 식초, 후추, 그리고 소금은 장화도 맛나게 한다〉는 말도 유명하긴 하다. 여하튼 〈다른 사람의 손을 빌려 불을 만지기는 쉽기〉에, 요리할 때마다 샐러드 조리에 적절하다고 생각되는 누군가를 찾아(또는 그 일을 지원하는 누구든) 힘을 빌려야 했다. 그런데 오일을 뿌릴 바보를 찾는 게 어려웠다. 〈천성의 백치는 다른 사람에게 놀림거리〉이기 때문이다. 구두쇠를 찾는 것도 문제였다. 아무도 구두쇠로 보이고 싶지 않은데다가 구두쇠는 시간에도 인색했기 때문이다. 그리고 〈구두쇠는 돼지와 같고 죽은 뒤에 더 낫다〉고들 말하기 때문이다. 결국, 그들은 샐러드 만드는 일을 단념하기에 이르렀다. 어차피 〈시장이 반찬〉이기 때문이다.

샐러드과 같은 문제가 아침에 거울을 볼 때에도 발생했다. 〈가장 좋은 거울은 오래된 친구〉이기 때문이다. 매일 아침 거울을 보기 위해 오래된 친구를 찾기란 쉽지 않았으며, 서로의 얼굴을 보면서 면도를 하다가 불상사를 겪기도 했다.

〈침묵은 금〉이기에, 사회생활은 몇 마디 단음절을 교환하는 것으로 그치게 되었다. 그리고 〈현인에게 효과적인 설교는 몇 마디의 말일 뿐이다〉, 〈닫은 입으로는 파리가 들어가지 못한다〉, 〈말을 적게 하고 많이 들으면 절대 실수하지 않는다〉, 〈밖으로 나가는 말은 인간을 허약하게 만들고, 간직한 말은 강하게 만든다〉고 했기에, 말조심은 아무리 강조해도 지나치지 않았다. 더군다나 〈약간의 술은

• 이탈리아 민간에서는 예로부터 맛있는 샐러드를 만드는 비법을 전하고 있다. 표현에는 다소 차이가 있지만 대략 다음과 같은 내용이다. 〈식초에는 구두쇠가 되어야 하고, 올리브오일은 낭비벽이 있는 사람처럼 다루어야 한다. 그리고 소금은 현명하게, 후추는 분별 있게 뿌려야 하고, 나중에는 그것을 미친 사람처럼 뒤섞어야 한다.〉

위를 진정시키지만, 지나치면 위장과 머리를 망친다〉, 〈술은 즐거움을 선사하지만, 비밀을 폭로시킨다〉, 〈술과 불행은 같은 길로 나아간다〉고 하며 술의 위험을 경고하였기에, 사람들은 유쾌한 모임들을 회피하게 되었다. 그리고 어쩌다 사람들이 모이게 되는 경우에는 〈먼저 치는 사람이 이긴다〉고 했으므로 난폭한 싸움으로 그 자리가 끝나곤 했다. 여전히 잘못 이해된 협동의 원칙에 따라 도박 행위도 불가능하게 되었다. 〈기회를 믿는 자는 장님을 안내자로 삼는다〉고 했기에, 모든 도박꾼은 장님을 찾느라 진땀을 뺐다. 그리고 도박판을 끝내려면 애꾸눈 사나이가 오는 것으로 충분했다. 〈장님들의 나라에서는 애꾸눈도 왕〉이기 때문이다. 활쏘기와 같이 기술과 관련된 게임도 이내 금지되었다. 〈화살은 그것을 쏜 사람에게 떨어진다〉고 했기 때문이다.

상점은 그 종류를 막론하고 운영하기가 어려웠다. 〈만든 자에게 돌아오기 마련이다〉고 했기에, 제과점 주인들은 손님들이 던지는 케이크를 얼굴에 맞곤 했다. 거래는 불쾌한 언쟁으로 변질되었다. 〈경멸하는 자는 사거나, 사는 사람은 분명히 경멸하는 자〉이기 때문이다. 손님이 상점으로 들어와 어째서 이런 쓰레기들을 팔 수 있느냐고 따지면 화난 주인은 더 큰소리로 외쳤다. 〈쓰레기는 당신과 당신의 창녀 어머니지!〉 마지막으로, 〈갚을 시간과 죽을 시간은 늘 있다〉고 했기에, 상인들은 외상을 긋고 갚지 않는 손님들 때문에 쫄딱 망하게 되었다.

좌우간 성인들의 축제일＊을 기념하느라 일하는 날은 얼마 되지

＊ 가톨릭 전례에 따른 이탈리아의 교회력은 1년 365일이 성인의 축일로 채워져 있으며, 〈투티 이 산티Tutti i santi〉 또는 〈온니산티Ognissanti〉의 날로 지정한 11월

않았다. 물론 축일이 지나면 성인은 잊힐지라도, 〈식탁에서는 늙지 않는다〉고 했기에 1년에 365일은 연달아 술판이 벌어졌다. 포도즙이 발효되어 포도주가 되는 마르티노 성인의 축일은 말할 것도 없을 것이다. 성인에 대한 지나친 숭배 탓에, 어떤 농담이든 다 허용되었던 카니발 기간에는 장난과 희롱만이 난무했기에 군대 전체가 기강과 품위를 잃어버렸다. 그러다 〈나는 적으로부터 나 자신을 보호하지만, 신은 나의 친구로부터 나를 보호한다〉는 확신에서 이후 모든 군대가 해체되었다.

종교 생활도 어려움으로 가득했다. 무엇보다도 사제들을 알아보기가 힘들었다. 〈옷이 신분을 만들지 않는다〉고 해서 성직자들은 언제나 변장을 하고 다녔다. 그다음으론 〈신은 침묵하는 자에게 말씀하신다〉는 점을 명심하면서 신자들은 기도할 의욕을 잃고 말았다.

법의 집행은 정말이지 골칫거리였다. 〈죄의 자백은 용서의 중간에 있다〉고 했기에, 유죄 판결은 거의 불가능했다. 그리고 〈죄는 미워하되, 사람은 미워하지 마라〉고 전하기에 죄인을 대중에게 공개할 수도 없었다. 게다가 〈좋은 충고는 값을 따질 수 없기〉에 변호사에게 가는 일은 엄두도 내지 못했다. 그리고 판사들은 〈많이 들을수록 남는 것은 없다〉고 주장하며, 재판에 증인을 소환하지 못하게 했다. 어쩔 수 없이 증인을 불러야 하는 경우에는 불치병을 앓는 사람들 중에서 찾았다. 〈병원이나 묘지에서 나온 자들은 언제나 더 진실하다〉고 생각했기 때문이다. 가족을 상대로 저지른 범죄는 처벌할 수 없었다. 〈누구든 자신의 집에서는 왕〉이기 때문이다. 〈높이 올라

11일은 모든 성인을 기념하는 날이기도 하다.

가는 자는 추락하기 마련이다〉라는 격언을 당연하게 여겼기에, 산업 재해는 조사할 수 없었다. 그런데 가장 심각한 범죄에는 사법 거래가 이뤄져서 죄인은 혀를 잘라 내는 것으로 사형을 면할 수 있었다. 〈고요한 입과 혀로 많은 고난을 피하고, 무거운 판결보다는 가벼운 합의가 낫다〉고 말하기 때문이다. 이따금 교수형이 집행되기도 했는데, 그런 날이면 처형된 사람들 간에 달리기 경주를 시키는 야만적인 시도가 있었다. 〈머리가 없는 자는 강한 다리가 있다〉고 했기 때문이다. 그 결과는 당연히 기대에 미치지 못했지만 말이다. 이뿐만 아니라 〈예의는 모든 문을 여는 열쇠다〉라고 믿는 강도들을 처벌하기가 어려웠다. 강도들은 무장하는 대신 간단한 설득으로 돈과 물건을 뺏을 수 있었고, 피해자들은 자진해서 그들의 재물을 넘겼다. 여하튼 일반적으로 어떠한 처벌이든 마지못해 이루어졌다. 〈두려워하지 않는 자에게 몽둥이는 소용없는 것〉이기 때문이다.

그러다 〈칼로 흥한 자는 칼로 망한다〉는 진리를 깨닫고는, 〈눈에는 눈으로〉라는 법률이 제정되어 공개적으로 처벌되었다. 이 제도는 살인과 같은 범죄에는 효과적이었으나 남색의 죄를 범한 죄인을 공개 처형할 때는 난처한 상황이 벌어졌다. 따라서 그 제도는 이내 폐지되었다.

탈영은 범죄가 아니었다. 〈싸우다 도망간 자는 다음 날 살아서 다시 싸울 수 있다〉고 했기 때문이다. 이상하게도 투명 잉크를 사용하는 것은 잘못으로 인정되었다. 〈자신이 쓴 글을 읽지 못하는 자는 바보〉이기 때문이다. 〈살아 있으면 언제든 다시 보기 마련이다〉라고 했기에, 무덤가에 고인의 사진을 두는 것도 금지되었다. 마침내, 〈죄를 지은 자는 그의 고소인을 비난한다〉는 이른바 반다나 제1원칙으로 인해 판사들은 가장 최악의 명성을 얻게 되었다. 이 규율의 제2원칙은 〈적게 훔친 도둑은 철창신세로 끝나지만, 많이 훔친 도둑은 권력에 오른다〉고 전한다.

이처럼 부당한 원칙에 기반을 둔 공화국에서 여성들의 지위는 비참했다. 속담은 여자들에게 한 번도 너그러운 적이 없었다. 〈불과 여자와 바다와는 농담할 거리가 없다〉, 〈너의 아내를 교구 사제와 친구와 매부에게서 멀리 두어라〉, 〈우는 여자와 땀 흘리는 말은 유다보다 더 믿을 수 없다〉, 〈여자는 작을수록 좋다〉, 〈여자와 질투가 심한 남자는 위험하기 짝이 없다〉, 〈사랑에 빠진 여자는 문을 잠가도 소용없다〉, 〈여자는 악마보다 더 많이 안다〉, 〈여자는 처음에는 꿀같이 달콤하다가 나중에는 담즙처럼 쓰다〉, 〈암탉이 울고 수탉이 조용한 닭장에 평화란 없다〉, 〈여자는 골칫거리다.〉

아내들은 온종일 시어머니에 대한 불평불만을 들어야 했다. 〈시어머니가 귀를 기울이게 하는 가장 좋은 방법은 며느리에게 말하는 것이다〉라고 생각했기 때문이다. 사랑하는 남자와의 결혼은 끊임없이 학대당하는 불행의 시작이었다. 〈치열한 사랑은 혹독한 대가를 치른다〉고 했으며, 〈싸움 없는 사랑은 곰팡이를 피게 한다〉고 여겼기 때문이다. 그리고 노처녀들은 연상 남자와의 사랑을 기대할 수 없었다. 〈나이 든 남자는 여자를 버리고 술을 찾는다〉고 전하기 때문이다.

이처럼 기본적으로 여자를 싫어하는 풍습은 이성 관계를 힘들게 만들었다. 실제로 〈술, 담배, 그리고 여자는 남자를 타락시키는 원인이다〉, 〈나쁜 친구들 사이에 있느니 혼자 있는 것이 낫다〉고 말하곤 했다. 또한 사랑 고백을 불신하는 풍조가 만연했는데, 〈애정 표시는 양심에 꿀리는 데가 있다는 증거〉이기 때문이다. 그런데 이와 반대로 간통 행위는 아주 빈번하게 일어났다. 〈이웃집 여자와의 사랑은 큰 이익이다. 시간과 돈을 낭비하지 않을 수 있기 때문이다〉라고 전하기 때문이다. 〈새해는 새로운 삶〉이라고 생각했기에, 아이들은 오직 1월에만 탄생할 수 있었고, 따라서 4월 초에만 임신할 수 있었다. 그런데 〈크리스마스는 가족과 부활절은 친구들과 보낸다〉고 했으므로, 부활절이 있는 4월의 수태는 간통으로 이뤄졌다. 또한 〈크리스마스는 발코니에서 태양과 함께, 부활절은 집안에서 장작불과 함께〉라고 했기에, 부활절이면 남편들은 불타는 장작 나무와 같은 부정한 아내들의 뒤를 밟곤 했다. 여하튼 이렇게 해서 행복 공화국의 아이들은 거의 대부분이 사생아로 태어났다.

이렇듯 성적인 어려움을 겪었지만, 수음이나 외설물 유통으로도 위로받을 수 없었다. 〈스스로 만족하는 자가 즐기는 자〉이며, 〈눈으로 보되 만지지 못하는 것은 박멸해야 할 것〉으로 여겼기 때문이다. 동성애는 드문 일이 아니었다. 〈사람은 끼리끼리 모이기〉 마련이고, 〈아름다움은 보는 사람의 눈에 달려 있다〉(제 눈에 안경이다)고 했으니 말이다.

사람들은 의사가 많은 문제를 해결할 것이라고 기대하지 않았으며, 의사들에게 엄청난 불신을 가졌다. 무엇보다도 〈불안이 질병보다 더 해롭다. 두려움을 치료하는 의사는 없다. 의사의 실수는 무덤으로 끝난다. 치과 의사는 다른 사람들의 치아로 먹는다〉고 했으며, 〈모든 질병이 해로운 것은 아니다〉, 〈희망이 있는 곳에 삶이 있다〉고 생각했기 때문이다. 최악의 상황에는 안락사에 의지하였다. 〈극단적인 질병에는 극단적인 치료〉가 필요하기 때문이다. 게다가

〈하루에 사과 하나면 의사가 필요 없다〉, 〈면도를 하면 하루 동안 기분이 좋고, 아내를 얻으면 한 달 동안 기분이 좋고, 돼지를 잡으면 일 년 동안 기분이 좋다〉고 하였다. 그러므로 사람들은 의사에게 가는 대신 돼지를 잡곤 했다. 〈심장은 시키는 대로 하지 않는다〉고 했으므로 심장병 전문의들은 치료에서 손을 놓았다. 이비인후과 전문의들은 〈코를 자르려다 얼굴을 망친다〉 하여 악명을 떨쳤다. 수의사들도 좋은 소리를 듣지 못했다. 〈선물한 말의 입을 들여다보지 마라〉(남의 호의를 트집 잡지 마라)고 했기에, 그들은 비싼 돈을 주고 산 말들만 치료할 수 있었다. 그런데 폐렴 질환은 빈번하게 발생했다. 〈주의 봉헌축일*이 되면 겨울에서 벗어난다〉고 했기에 사람들은 아직 눈보라가 몰아칠지라도 그 축일 이후로는 옷을 아주 가볍게 입었다. 여하튼 의사들조차도 진료하기를 꺼렸다. 〈절름발이와 걷는 사람은 절름발이가 된다〉고 우려했기 때문이다.

이 불행한 국민들의 마지막 위로는 경기와 오락이었을 것이다. 하지만 어떠한 스포츠 경기도 그것을 시작하기도 전에 승부가 결정되었다. 〈발을 떼기도 전에 누가 이길지 알 것이다〉고 했기 때문이다. 〈훌륭한 기수는 언제나 창을 지닌다〉고 했기에, 기수가 거추장스러운 창을 들고 있느라 경마는 실제로 불가능했다. 진흙 속에서 치러진 전통적인 경기들은 가치가 없게 되었다. 〈진흙 싸움은 이기든 지든 진흙투성이가 될 것이다〉고 했기 때문이다.

실제로 펼쳐졌던 유일한 경기는 장대 놀이다. 장대 놀이는 닭 뼈가 달린 장대의 끝까지 올라가는 경주인데, 〈모험하지 않으면 아무

---

* 마리아가 아기 예수를 모세의 율법에 따라 예루살렘 성전에 바친 사건을 기념하는 축일로 교회력에서 2월 2일이다.

것도 얻을 수 없다〉는 교훈을 몸소 보여 준다.

놀이와 성적인 활동에 어려움이 있다고 해서 시민들이 교육을 도피처로 삼은 것은 아니다. 무엇보다도 그들은 학교 교육을 신뢰하지 않았다. 〈경험은 학습보다 더 중요하다〉고 했기 때문이다. 그리고 그들은 〈《만약》과 《하지만》은 역사에 남지 않는다〉고 여겼기에 논리를 불신하였다. 선생님들은 최악이었다. 〈아는 자는 직접 하고, 모르는 자는 남을 가르친다〉고 했기 때문이다. 그런데 학생들은 선생님들의 허점을 알아채지 못했다. 〈질문하는 자는 실수하지 않는다〉고 했기 때문이다. 수학 교육은 최소한으로 축소되었다. 학생들은 〈세 번 없는 두 번은 없다〉*는 말을 분명하게 알았지만 이어지는 다음 숫자들은 이해하지 못했다. 〈자루에 담겨 있지 않다면, 네 마리라고 말하지 마라〉**고 했기 때문이다. 게다가 자루에 무엇을 담아야 할지 몰라 당황하였다. 〈곰을 잡지 않고서 곰 가죽을 가지고 있다고 자랑하지 마라〉고 했기 때문이다. 상급 수학은 더 말할 것도 없다. 〈둥글게 태어난 자는 네모로 죽을 수 없다〉***고 했기에 원적문제(圓積問題, Squaring the circle)에 대한 터부가 존재했다. 가장 영리한 학생들은 〈일찍 말하는 자는 가장 조금 안다〉고 했기에 불리한 입장에 있었으며, 〈깨닫는 자는 고통 받는다〉고 했으므로 곧 병에 걸렸다. 그러므

• 〈세 번 없는 두 번은 없다Non c'è due senza tre.〉 사건은 한 번으로 끝나지 않는다. 좋은 일이든 나쁜 일이든 세 번은 일어난다는 뜻을 담고 있다. 나쁜 일을 연이어 겪은 뒤 좋은 일이 생기기를 기대하는 의미도 담겨 있다.

•• 〈자루에 담겨 있지 않다면, 네 마리라고 말하지 마라Non dire quattro se non l'hai nel sacco.〉 정말로 확실하지 않다면 장담하지 말라는 의미다. 자루에 담긴 새의 숫자를 세는 과정에서 나온 속담이다.

••• 〈둥글게 태어난 자는 네모로 죽을 수 없다Chi nasce tondo non può morire quadrato.〉 타고난 본성은 결코 바꿀 수 없다는 말이다.

로 〈죽은 박사보다는 살아 있는 당나귀가 낫다〉고 여기게 되었다.

학업을 마친 학생들은 직업을 구할 때 이력서도 마음대로 제시할 수 없었다. 〈자만하다가는 낭패 보기 쉽다〉는 말이 두려웠기 때문이다. 〈기술을 배워서 그것을 따로 두어라〉는 말은 실업이나 불완전 고용을 조장하였다. 한편, 〈20대는 가지고 있지 않고, 30대는 하지 않고, 40대는 가지고 있는 그 조금을 잃는다〉고 했다.

과학 기술에 대한 인식은 거의 희박했다. 〈흘러 지나간 물은 이미 소용없다〉고 했기에 재활용 시스템이 금지되었다. 그리고 아주 느린 전통적인 방법들만 따랐다. 〈한 방울씩 모여 바다가 된다〉, 〈풀이 자라면서 말이 자란다〉, 〈서두르면 일을 그르친다〉, 〈급할수록 돌아가라〉고 가르쳤다.

요컨대, 분명한 사실은 행복 공화국의 주민들은 아주 불행했다는 것이다. 그들은 차츰 섬과 그 섬의 제정자를 떠나갔으며, 제정자는 자신의 유토피아가 실패했다는 것을 깨달았다. 그렇지만 〈늦더라도 하지 않는 것보다 낫다〉고 했다. 이 책의 익명 작가는 속담을 지나치게 신뢰하는 풍습을 비판하면서 지혜롭게 다음과 같은 견해를 덧붙였다. 〈과거의 지혜가 굶주린 자를 먹이지는 않는다〉, 〈말과 행동 사이에는 큰 차이가 있다〉, 〈무엇이든 지나친 것은 해가 된다〉. 결국, 제정자는 〈한 가지 일은 그다음 일로 이어진다〉지만 〈그 열매로 어떤 나무인지 알 수 있다〉고 했으며, 〈모든 매듭은 빗에 걸릴 것이다〉*라고 생각했다. 그리고 〈끝이 좋으면 모두 좋고〉, 〈느려도 착

• 〈모든 매듭은 빗에 걸릴 것이다Tutti i nodi vengono al pettine.〉 미뤄뒀던 골칫거리는 언젠가 드러나게 된다. 또는 나쁜 행동은 언젠가 그 대가를 치를 것이라는 의미를 담고 있다.

실하면 이긴다〉고 했지만, 이와 반대로 〈끝이 나쁘면 모든 것이 나쁘고〉, 〈자기가 뿌린 씨는 자기가 거둬야 한다〉고 여겼다. 그 이유는 〈비참하게 태어난 자는 비탄에 잠겨 죽고〉, 〈모래를 뿌린 자는 분노를 거둬들이고, 바람을 뿌린 자는 폭풍우를 거둬들인다〉*고 했기 때문이다. 그리고 〈좋은 일은 일찍 끝나기 마련이다〉.

〈모든 나무에는 벌레 먹은 자국이 있고, 모든 동전에는 양면이 있다〉는 점을 진작부터 알았더라면 좋았을 것이다. 하지만 〈어리석은 자는 나중에야 깨닫고〉, 〈앞일은 아무도 모르는 법〉이라고 했다.

그리고 다음의 속담은 먼 옛날 우리의 익명 작가에게도 적용되는 말이다. 〈죽은 자는 그대로 두고 남아 있는 자에게는 평화를!〉 또한 나는 내가 읽은 것만을 인용했을 뿐이다. 그러니, 〈엉뚱한 사람한테 화풀이하지 마시라!〉

『애서가 연보 — 시간 여행: 새로운 유토피아 섬들을 찾아서*Viaggi nel tempo: alla ricerca di nuove isole dell'utopia*』에 실린 상상 서평, 마리오 스코냐밀리오 감수, 밀라노: Rovello 출판사, 2007.

• 〈모래를 뿌린 자는 분노를 거둬들이고, 바람을 뿌린 자는 폭풍우를 거둬들인다Chi semina sulla sabbia raccoglie solo rabbia. Chi semina vento raccoglie tempesta.〉 악행을 행한 자는 그로 인해 더 심한 앙갚음을 당한다는 말이다.

나는 에드몽 당테스요!

일부 운 없는 사람들은 가령 알랭 로브그리예*와 같은 작가의 글을 통해 문학을 접하였다. 알랭 로브그리예의 글은 전통적인 서사 구조를 위반하기에, 오래전부터 내려오는 서사 구조가 무엇인지 이해한 뒤에야 읽을 수 있다. 반면 카를로 에밀리오 갓다의 언어적인 발명과 변형을 즐기기 위해서는 이탈리아어 규칙을 이해해야 하고, 『피노키오Pinocchio』의 훌륭한 토스카나어에 익숙해져야 한다.

어렸을 때 나는 교양 있는 집안의 친구와 한참 동안 책 경쟁을 벌인 적이 있었다. 그 친구는 루도비코 아리오스토의 작품을 읽었다. 나는 그에게 뒤지지 않기 위해 노점상에서 탓소의 책을 사느라 주머니의 돈을 털었다. 나는 어쩌다 그 책을 꺼내 들기도 했지만, 사실은 몰래 『삼총사Les Trois Mousquetaires』를 읽고 있었다. 그러던 어느 날 저녁 우리 집에 방문한 그 친구의 어머니가 주방에 있던 그 범

• Alain Robbe-Grillet(1922~2008). 프랑스의 소설가이자 시나리오 작가, 영화감독. 전통적인 기법을 파괴하고 새로운 형식의 소설을 추구했던 프랑스 누보로망의 대표적인 작가로 꼽힌다.

죄물 서적(미래의 문학가들이 찬장에 등을 기대고 웅크리고 앉아 읽었으며, 눈이 나빠진다는 엄마의 고함에 마지못해 밖으로 나가 바람을 쐬곤 했던)을 보시고는, 깜짝 놀라서 말씀하셨다. 「넌 어떻게 이런 형편없는 책을 읽을 수 있니?」 그 부인은 나의 어머니에게 자신의 영웅은 우드하우스*라고 말했는데, 나 역시 커다란 기쁨으로 그 책을 읽곤 했다. 그런데 같은 대중 소설인데도 어째서 우드하우스가 뒤마보다 더 고상할까?

이미 오래전부터 연재소설에는 형벌이 가해졌다. 프랑스에서는 1850년에 연재소설을 싣는 신문사에 벌금을 부과하기로 한 법안이 통과되어 그의 종말을 위협했을 뿐만 아니라 독실한 기독교 신자들 사이에서 연재소설이 가정을 망치고 아이들을 타락시키고 어른들을 공산주의로 물들이고 옥좌와 제단의 권위를 훼손한다는 여론이 일었다. 또한, 비평가 알프레드 네트망은 두 권의 책 『신문 연재소설에 대한 비평 연구Études critiques sur le feuilleton roman』(1845)에서 거의 1,000페이지에 달하는 분량으로 이 사악한 문학에 대해 분석했다.

하지만 우리는 아주 어릴 적부터 연재소설을 읽으면서 고전적인 서술 장치에 대해 배울 수 있다. 연재소설 속의 서술 장치들은 이따금 뻔뻔스러울 정도로 아주 순수한 형태로 표현되지만, 신화를 창출하는 압도적인 힘을 갖추고 있다.

그래서 나는 어떤 한 권의 책이 아니라 연재소설이라는 특정한 장르와 아나그노리시스anagnorisis 또는 인지(認知)라는 구체적인 장

• P. G. Wodehouse(1881~1975). 영국 출신의 소설가, 극작가, 시나리오 작가다. 90권 이상의 다작을 했으며, 특히 뛰어난 재치가 돋보이는 유머 소설이 유명하다. 1955년 미국에 귀화했다.

치에 대해 생각해 보려고 한다.

연재소설에서 영원히 사용되는 서술 장치를 이해하기 위해서, 먼저 아리스토텔레스(『시학』, 1452a-b)의 정의를 인용할 필요가 있을 것이다. 〈인지〉는 〈모르는 것에서 아는 것으로 바뀌는 것〉이다. 특히, 어떤 인물이 (타인의 폭로를 통해서, 혹은 목걸이나 흉터를 발견하는 것으로) 누군가가 그의 아버지거나 아들이라는 것을 느닷없이 깨닫게 되거나, 더 불행하게는 자신과 결혼한 여자 이오카스테가 어머니라는 사실을 오이디푸스가 알았을 때처럼 한 사람을 다른 사람으로 인식하는 것을 의미한다.

아나그노리시스의 상황에서, 주인공은 서술자의 게임을 흔쾌히 받아들이거나 서사 규칙에 따라서 반응한다. 어떤 이들은 두 번째 경우에서 효과가 상실될 위험이 있다고 생각하지만, 전혀 그렇지 않다. 이를 증명하기 위해 나는 서술에 관한 몇 가지 고찰을 할 것이고, 이후 아나그노리시스의 경이로움을 직접 맛보기 위해 일부 작품들을 연속해서 인용할 것이다.

두 배의 아나그노리시스는 등장인물뿐만 아니라 독자도 눈치 채지 못하게 해야 한다. 〈뜻밖의 일〉은 암시나 의심을 통해서 예고될 수 있지만, 서술자의 기량에 따라서 거의 감지하기 힘든 실마리가 제공되거나 갑작스러운 사건의 반전이 일어나서 실제로 독자들도 예상치 못한 사건에 맞닥뜨리게 된다. 반면, 주인공은 불시에 어떤 사실을 깨닫게 되지만 독자는 무슨 일이 일어나는지 이미 알고 있을 때, 단순한 아나그노리시스가 발생한다. 이러한 범주의 전형적인 사례는 몬테크리스토 백작의 정체가 적들에게 밝혀지는 대목이다. 독자는 책의 중반부터 이 장면을 기대하고 예상한다.

두 배의 아나그노리시스에서 독자는 주인공과 자신을 동일시하면서 주인공과 같이 놀라고 그의 기쁨과 고통을 공유한다. 단순한 아나그노리시스에서 독자는 한 걸음 더 앞서 간다. 비밀을 알아채거나 짐작하는 주인공이 좌절을 겪고 복수의 칼을 갈면서 사건은 전환을 맞을 준비를 한다. 다시 말해서 독자는 이후 몬테크리스토 백작이 그랬듯이, 그의 적들이나 두목, 주인공을 배신한 여자를 상대하려고 한다. 〈당신은 날 경멸했지? 그러면 이제 내가 진정 누군지 말해 주겠어!〉 그러곤 마지막 순간이 오길 기다리며 입술을 핥는다.

성공적인 아나그노리시스 효과를 위해 도움이 되는 요소는 〈변장〉이다. 변장한 주인공이 가면을 벗을 때에 다른 인물들은 더 크게 놀라게 된다. 이때 독자는 그 나름대로 폭로의 상황에 동참하거나, 가면의 실체를 알고 있을 때는 아무것도 몰랐던 다른 인물들이 당황하는 장면을 즐긴다.

아나그노리시스의 두 가지 유형에서, 인식 내지는 폭로가 〈쓸모없거나 무의미한〉 것이면 오히려 재미를 떨어뜨리는 요소가 된다. 사실 폭로는 신중하게 지출돼야 하는 돈이고, 흥미진진한 구성에서 정점의 순간이 되어야 한다. 여러 번 자신의 정체를 드러내며 누명을 쓴 피해자라는 사실을 재차 강조하는 몬테크리스토 백작의 경우는 보기 드문 사례일 것이다. 하지만 그 폭로가 반복되었을지라도 흥미를 떨어뜨리지 않는 능수능란함을 갖추고 있다. 그러나 판매 부수를 고려해야 하는 대중 연재소설은 과도하다 싶을 정도로 폭로를 반복하면서 모든 극적인 힘을 상실한다. 그 대신 아주 익숙해져서 끊을 수 없는 약을 독자에게 처방하듯이, 순수한 위안의 기능을 가진다. 이러한 장치의 남용이 극에 달하게 되면, 폭로는 구성 전개의 관점에서 완전히 무의미한 것이 되고, 연재소설은 독자를 확보하기 위한 홍보의 목적으로만 채워지게 된다. 무의미하게 잇따르는 아나그노리시스의 뛰어난 사례는 퐁송 드 테라이유의 『신전의 대장장이*Le forgeron de la Cour-Dieu*』에서 볼 수 있다. 다음의 목록에서 무의미한 아나그노리시스는 별표(앞으로 보겠지만, 대부분이 해당된다)로 표시되었다. 이야기는 다음과 같다.

*제롬 신부는 잔느에게 자신의 정체를 밝히고, 마쥬흐에게도 자신이 누구인지 밝힌다. *마쥬흐 백작 부인은 발로뉴의 이야기를 듣고서 잔느가 오로르의 자매임을 알게 된다. *어머니가 남긴 작은 상자 속의 초상화를 본 오로르는 잔느가 자신의 자매임을 깨닫는다. 오로르는 어머니의 편지를 읽고 나서 뱅자맹 노인이 프리츠라고 인식한다. *루시앙은 오로르에게서 잔느가 그녀의 자매라는 말(그리고 그의 어머니가 그녀들의 어머니를 죽였다는 것)을 듣는다. *라울 백작은 세자르가 블레주의 아들이라는 것과 자신을 함정에 빠뜨리려는 자가 마쥬흐 백작 부인이라는 것을 알게 된다. *루시앙은 결투에서 라울 백작에게 상처를 입힌 뒤 그의 셔츠 아래에서 그레첸의 초상화가 있는 메달을 발견한다. *집시 소녀는 폴리테의 손에서 발견한 메달을 보고 오로르가 자유의 몸이라는 것을 알게 된다. *비비는 잔느와 오로르가 집시 소녀가 말한 귀족이라는 것을 깨닫는다. *폴(마쥬흐의 기사라 불린다)은 비비가 자신에게 보여 준 그레첸의 메달(폴리테에게서 메달을 받은 집시 소녀가 다시 그에게 준 것이다)을 통해, 자신이 체포해야 할 귀족이 딸 오로르라는 것을 알게 된다. *비비는 폴에게 그의 딸이 잔느를 대신해서 체포되었다고 밝히고, 탈출한 비비는 단

두대에서 죽음을 면한 소녀가 오로르라는 것을 알게 된다. 비비는 마차에서 그와 함께 탄 인물이 다고베르트라는 것을 알아챈다. *다고베르트는 비비에게서 잔느와 오로르가 파리에 있고 오로르는 감옥에 갇혀 있다는 말을 듣는다. 폴리테는 튈르리에서 그의 생명을 구한 남자가 다고베르트라는 것을 깨닫는다. *다고베르트는 언젠가 그의 앞날을 예견했던 집시 소녀를 알아본다. *다고베르트의 의사는 갑작스레 도착한 독일 의사가 그의 오랜 스승임을 깨닫고, 독일 의사는 그가 제자라는 것을 알게 되며 방금 길에서 구한 젊은이가 폴리테라는 것을 깨닫는다. 몇 년 뒤에 폴리테는 자신과 이야기하는 낯선 사람이 비비라고 알아챈다. 둘 다 집시 소녀와 그녀의 조수 조에를 안다. 베네딕트는 비비를 우연히 만나고 알게 된다. *폴(수년간 미쳐 있었다)은 온전한 정신을 되찾고 베네딕트와 비비를 알아본다. 늙은 은둔자는 제롬 신부로 밝혀진다. *마쥬호의 기사는 제롬 신부에게서 그의 딸이 살아 있다는 소식을 듣는다. *집시 소녀는 자신의 하인이 다름 아닌 비비라는 사실을 깨닫는다. *공화주의자(함정에 걸려들었다)는 매력적인 독일 여인이 그가 단두대로 보낸 부부의 딸이라는 사실(그녀의 정체는 두 페이지 앞에서 독자에게 공개되었다)을 깨닫는다. *집시 소녀(집시들에게 유죄를 선고 받았다)는 루시앙, 다고베르트, 오로르, 그리고 잔느가 그녀를 함정에 빠뜨리고 파멸시킨 자들임을 깨닫는다.

이 작품을 읽지 않은 독자(다행스럽게도)라도 상관없을 것이다. 아나그노리시스의 돌풍 속에서 아무것도 모르는 등장인물들이 갈팡질팡하는 상황을 이해할 수 있을 것이다. 그런데 독자가 혼란한 상태에 빠진다면 오히려 더 성공적이다. 이 소설은 전형적인 연재소설들과 비교했을 때, 홍보 효과를 노리는 영화에 더 가깝다. 「파리에서의 마지막 탱고Ultimo tango a Parigi」*가 대중의 관심을 끌기 위해 정신 이상자들 사이에서 벌어지는 정사 장면을 120분간 계속해서 관객들에게 제공하듯이 말이다. 그리고 마르키 드 사드는 『소돔의 120일Les cent vingt journées de Sodome』에서 단테가 〈온통 떨면서 나의 입술에 입 맞추었소〉라고만 언급한 내용을 백여 페이지의 분량을 향해 가속 페달을 밟으며 달려 나갔다.

풍송 드 테라이유의 〈인식〉은 지나치게 과장되었을 뿐만 아니라 무의미하다. 독자는 그의 등장인물들에 대해 이미 다 알고 있기 때문이다. 그런데 독자들을 가장 쉽게 만족시키기 위해 가학적인 요소가 도입되었다. 소설의 주인공들은 바보 역할을 연기한다. 그들은 독자들과 이야기의 주변 인물들이 아주 잘 알고 있는 내용을 가장 나중에 이해하기 때문이다.

소설 속의 바보는 아나그노리시스에서 〈진짜 바보〉와 〈무고한 바보〉로 나뉜다. 이야기의 전개와 자료, 신뢰, 분명한 징후의 모든 요소가 아나그노리시스로 치닫기 위해 모이는 상황에서 주인공 혼자만 무지한 상태로 남아 있다면, 우리는 〈진짜 바보〉를 보고 있는 것이다. 다시 말해서, 인물과 독자 모두에게 수수께끼를 풀 실마리가 제공되었음에도 불구하고 인물이 수수께끼를 풀지 못하는 것은 이해가 되지 않는다. 작가가 비난조로 만들어 낸 진짜 바보의 완벽한 예시는 탐정 소설에서 사설탐정(독자와 같은 속도로 인식하는)보다 사건을 더 해결하지 못하는 경찰관들일 것이다. 하지만 이야기 전개

• 이탈리아 베르나르도 베르톨루치 감독이 1972년에 제작한 영화로, 개봉 당시 외설 시비를 일으키며 상영 금지 처분을 받기도 했으나 세계적인 흥행에 성공했다.

에서 인물에게 아무런 언질도 주지 않는 〈무고한 바보〉의 경우도 있다. 전개되는 사건을 독자가 훤히 들여다보게 하는 것이 대중 소설의 전통적인 방식이다. 예를 들어 독자는 전통적인 서술 방식을 통해서 인물 X가 인물 Y의 아들이라는 것을 알지만, 인물 Y는 연재소설을 읽는 처지가 아니므로 그 사실을 알 수 없다.

대표적인 경우는 외젠 쉬의 『파리의 비밀 *Les mystères de Paris*』에 등장하는 게롤슈타인의 로돌프다. 로돌프는 상냥하고 천진한 매춘부, 플뢰르 드 마리라고 알려진 거리의 여가수를 만난다. 그리고 이어서 그가 예전에 사라 맥그리거와의 사이에서 가진 어린 딸을 빼앗겼다는 이야기가 나오는데, 이때 독자는 플뢰르 드 마리가 분명히 그의 딸일 것으로 추측한다. 그런데 로돌프는 불결한 선술집에서 우연히 만난 소녀가 자신의 딸이라고는 상상하지 못한다. 그러다 아주 적절하게 이야기의 마지막에 가서야 그 사실을 깨닫는다. 외젠 쉬는 독자들이 이미 짐작했으리라는 것을 알기에 1부의 마지막에서 그 사실을 예고한다. 이는 문학적 전통과 상업적인 배급 구조에 이야기가 종속되는 대표적인 경우다. 문학적 전통은 독자가 가장 그럴싸한 해답이 무엇인지 알게 한다. 한편 연재소설은 여러 회에 걸쳐서 이야기가 진행되고 일주일 단위로 배포되기에 너무 오랫동안 독자를 애태우게 해서는 안 된다. 독자의 기억이 희미해져서 이야기의 흐름이 끊어질 위험이 있기 때문이다. 따라서 외젠 쉬는 독자의 기억력과 긴장감에 부담을 지우지 않고서 새로운 장을 펼치기 위해 그 시합을 마무리해야 했다.

서술적인 의미에서 볼 때, 외젠 쉬는 다음 시합에 던질 비장의 카드를 품은 채 자진해서 불속으로 뛰어든 것이다. 그런데 이 자멸 행위는 작가가 서술의 분명한 해결책, 즉 대중 소설은 복잡해서는 안되며, 줄거리의 구상에서도 단순하고 명쾌해야 한다는 해법을 따르기로 했을 때부터 이미 시작되었다.

무의미한 아나그노리시스의 범주에 들어가는 마지막 장치는 〈가짜 이방인의 토포스〉다. 대중 소설에서는 각 장의 도입부에 독자들이 알지 못하는 신비에 싸인 인물이 자주 등장한다. 그런데 어느 정도 충분히 진행된 다음에 〈이방인은 독자가 X라고 알게 될 사람이다〉라고 알려 준다. 여기에서 우리는 서술적으로 미비한 방책을 다시 보게 되는데, 서술자는 인식의 즐거움을 저속한 방식으로 여러 차례 소개하고 있다. 그러면 아나그노리시스는 이제 소설 속의 주인공이 아니라 독자를 겨냥하고 있다. 연재소설의 애독자들은 그 이방인이 가짜 이방인이라는 것을 즉시 알아채고 누구인지 짐작한다. 하지만 작가는 눈치가 많이 부족한 몇몇 독자들과 같이 바보 놀이를 하려고 고집을 피운다.

그럴지라도 이 미흡한 장치들은 구성 양식의 관점에서 서술적인 버팀목이 되고, 심리적 성취감과 환희의 측면에서 놀라운 효과로 작용한다. 독자의 나태함은 그가 이미 풀었거나 쉽게 풀 수 있는 수수께끼들을 읽는 것으로 위로받길 원하기 때문이다.

여기까지 도달해서, 우리는 이처럼 낡은 기술에 의지하는 연재소설의 아나그노리시스가 정말로 (이 글의 시작에서 언급한) 서술적인 위력을 가지는지 물어보고 싶을 것이다. 물론, 그렇다. 나의 한 친구는 이렇게 말하곤 했다. 「나는 어떤 영화에서 펄럭이는 국기가 나오면 눈물이 나. 어느 나라의 국기든 상관없이.」 누군가는 영화 「러브 스토리」의 비평에서, 올리버와 제니의 우스꽝스러운 상황에서 웃음을 터뜨리지 않으려면 얼음 같은 심장이 필요할 것이라고 썼다. 이 말은 틀렸다. 얼음 같은 심장을 가지고 있더라고 우리의 눈에서는 눈물이 흐를 것이다. 격정의 화학이 존재하기 때문이다. 서술 장치들은 우리를 울리고 싶을 때 언제나 우리를 울린다. 그 막강한 장치들 앞에서는 아주 냉소적인 사람일지라도 흐르는 눈물을 몰래 훔칠 것이다. 서부 영화 「역마차Stagecoach」(성급하게 만든 리메이크 작품들까지도)를 여러 번 본다 하더라도, 아파치 인디언들에게 전멸당할 위기에 있을 때 이 상황을 역전시켜 줄 기병대가 구원의 나팔소리를 울리며 도착하는 장면에서는 아주 심술궂은 심장이라도 셔츠 아래서 두근거릴 것이다.

자, 이제 우리는 누가 누구를 인식하게 될지 이미 알고 있을지라도, 아나그노리시스의 기쁨과 감동에 자유롭게 빠져들도록 하자. 그리고 연재소설 전체에서 끊임없이 재현되는 전형적인 서술의 다양한 기법들을 만끽하도록 하자.

「오!」 밀레디가 일어서면서 말했다. 「나에게 그런 불명예스러운 판결을 내린 재판정이 있으면 어디 한번 찾아보세요. 그런 판결을 집행한 자가 있는지 어디 말해 보세요.」「조용히 하시오!」 누군가 말했다. 「그 대답은 내가 하겠소!」 그리고 붉은 망토를 걸친 남자가 앞으로 나왔다. 「저 사람은 누구요, 누구냐니까?」 밀레디가 소리쳤다. 그녀는 공포에 질려 숨이 막혔고, 머리카락은 산발이 되어 그녀의 창백한 얼굴 위에서 구불거렸다. 「그런데 당신은 누구요?」 그 자리에 있던 모두가 외쳤다. 「저 여자에게 물어보시오.」 붉은 망토의 사나이가 말했다. 「보시다시피, 그녀는 나를 알아봤으니까요.」「릴의 형리, 릴의 형리!」 밀레디가 소리쳤다. 그녀는 극심한 공포에 휩싸였고, 넘어지지 않으려고 벽에 바짝 기대어 섰다. 30년 동안 앙드레에서 고개를 숙였던 이 남자는 몸을 꼿꼿이 세우고는 타락한 아들에게 아버지의 시체를 가리키며 말했다. 「자작님, 당신의 아버지는 당신 어머니의 첫 남편을 살해했습니다. 그러곤 당신의 형을 바다에 던졌습니다. 하지만 그 형은 죽지 않았습니다. 바로 이 사람입니다.」 그가 아르망을 가리키자 앙드레는 공포에 휩싸여 뒷걸음질을 쳤다. 바스티앙은 이어서 말했다. 「당신의 아버지는 마지막 순간에 잘못을 뉘우치고는 그가 훔쳤고 당신에게 남기려고 했던 재산을 당신의 형에게 돌려주었습니다. 이제 이곳은 당신의 집이 아닙니다. 아르망 자작님의 집입니다.」 「썩 꺼지시오!」 아르망은 주인처럼 말했고, 앙드레는 아마도 그의 인생에서 처음으로 복종하였다. 그는 뒤로 물러나면서도 여전히 위협적인 태도를 보이는 호랑이처럼 천천히 움직였다. 문턱에 다다르자 창문을 향해 눈길을 돌리고는 여명이 밝아오는 파리를 바라보았다. 그는 끔찍한 최후의 도전장을 던지듯이 외쳤다. 「아아, 우리 둘 고결한 형제여! 우리는 최후의 승자가 누구일지 보게 될 것이다. 당신이 자선가라면 나는 악당이오, 당신이 하늘이라면 나는 지옥…… 파리는 우리의 전쟁터가 될 것이오!」 그는 입가에 잔인한 미소를 지은 채 고개를 빳빳이 들고 나갔다. 눈물 한 방울 흘리지 않고 더는 그의 집이 아닌 그곳을 무례한 돈조반니처럼 등졌다. 그는 한 번 더 멈춰 섰고 그 자리에 있던 사람들을 초점 없는 눈으로 둘러보았다. 사람들은 묵묵히 듣고 있었으며 얼굴에는 웃음기가 사라졌다. 「그런데……」 그는 이어서 말했다. 「나는 도둑이자 살인자, 여자들을 고문한 자가 누구인지 오늘 저녁 바로 한 시간 전에 알아냈소. 그는 우리 중에 있소. 바로 여기에!」그러고는 손을 뻗어 자작을 가리켰다. 자작은 의자에서 벌떡 일어섰고, 연사의 가면이 바닥으로 떨어졌다. 「아르망, 조각가!」누군가가 말했다. 「앙드레!」아르망이 우레와 같은 소리로 외쳤다. 「앙드레, 날 알아보겠소?」그런데 끔찍하고 느닷없는 이야기의 결말을 듣느라 손님들이 꼼짝 않고 있는 그 순간, 문이 열리고 검은 옷을 입은 한 남자가 나타났다. 질펀한 술판을 벌이는 돈조반니에게 그의 아버지의 죽음을 알리러 가는 늙은 하인처럼 이 남자는 손님들은 거들떠보지 않은 채 곧장 앙드레에게 가서 말했다. 「펠리포네 백작님, 오래전부터 병상에 있던 당신의 아버지가 위독하십니다. 임종을 앞두고 당신을 보고 싶어 합니다.」하지만 이 소식을 전한 남자는 그를 막기 위해 앙드레의 뒤에서 튀어나온 아르망을 보고는 소리쳤다. 「맙소사, 대령님과 똑 닮은 모습」한 쌍의 부부가 있던 방의 출입문에서 한 사람이 나타났다. 그를 본 펠리포네 백작은 겁에 질려 뒷걸음질을 쳤다. 새로운 인물은 키가 큰 36세가량의 남자로 빨간 리본이 달린 길쭉한 파란색 제복을 입고 있었다. 왕정복고 시대에 황제의 군인들이 입었던 것과 비슷했다. 그의 눈에서 번뜩이는 음울한 빛은 창백한 분노의 기색과 경멸의 표정을 얼굴에 드리웠다. 그는 두려움에 떨며 물러나는 펠리포네 백작을 향해 몇 발자국 다가간 뒤에 비난의 손가락질을 겨누며 말했다. 「살인자! 살인자!」「바스티앙!」겁에 질린 펠리포네는 중얼거렸다. 「그렇소.」경기병은 대답했다. 「그렇소, 나는 당신이 죽였다고 믿었던 바스티앙이오. 하지만 죽지 않았소……. 피로 범벅된 바스티앙은 한 시간 뒤에 카자크인들에게 발견되었소. 옥에 갇혀 40년을 보내고 나서 당신 손에 묻힌 대령의 피에 대한 계산을 치르기로 했소.」 넋이 나간 펠리포네가 끔찍한 광경 앞에서 뒷걸음치는 동안 바스티앙은 백작 부인을 향해 말했다. 「부인, 이 남자, 이 가련한 인간은 아버지를 죽였듯이 당신의 아들을 죽였습니다.」 이에 백작 부인은 순간 당황하더니 고통으로 가득 차서 아들의 살인자를 향해 호랑이가 발톱으로 할퀴듯이 몸을 던졌다. 「살인자! 살인자!」 그녀는 외쳤다. 「교수대가 널 기다리고 있어…… 사형 집행인에게 내가 직접 널 넘길 거야!」 하지만 그 순간, 악당이 뒷걸음질치고 있는 동안에 어머니는 가슴 속에서 뭉클한 무언가를 느꼈다. 그녀는 절규했고 창백한 얼굴로 비틀대다가 그 자리에 주저앉고 말았다. 그녀가 복수를 위해 심판대에 넘기려고 했던 이 남자, 그녀가 교수대로 끌고 가려 했던 이 남자, 비참하고 악랄한 이 남자는 그녀 안에서 움직이기 시작한 또 다른 아들의 아버지였던 것이다. 「그녀요! 그녀예요!」 마르지아와 브르지니아에게서 눈길을 돌리며 늙은이가 소리쳤다. 그는 실신한 여인의 고통스러운 절규를 적절하게 해석한 유일한 사람이었다. 그녀는 습관적인 무기력함에 빠졌으나, 마치 중요한 고백을 시작하려는 사람처럼 이따금 다시 깨어났다. 그리고 마침내 눈물이 흘러나와, 고통의 세월을 거치며 그렇게 오랫동안 메말라 있던 뺨을 적셨다. 얼마 전부터 충격으로 제정신이 아닌 노인 엘리아스는 여인들이 백작 부인의 머리를 들어 올리는 순간의 기회를 활용하였다. 그녀들은 마실 것을 주거나 아름다운 금 십자가가 달리고 휘황찬란한 빛의 값비싼 다이아몬드가 박힌 목걸이를 보여 주기 위해 백작 부인의 머리를 들어 올리곤 했다. 이때 노인은 「비르지니아와 실비아!」라는 이름들을 되뇌었다. 백작 부인은 「실비아!」라고 외쳤고,

그녀의 투명한 눈은 부적이라도 되는 듯이 귀금속을 응시하였다. 그리고 그녀의 아름다운 머리는 맹렬한 사막의 바람에 지탱하지 못하고 줄기가 꺾이는 꽃처럼 베게 위로 다시 떨어졌다. 하지만 아름다운 배신자의 마지막 시간을 알리는 자명종은 아직 울리지 않았다. 그녀는 잠시 후 전류에 닿은 것처럼 몸을 떨더니 눈을 떴다. 그러곤 오직 어머니만이 지을 수 있고 이해할 수 있는 뜨거운 사랑의 표정으로 마르지아를 바라보았다. 「나의 딸아!」 그녀는 외쳤고 다시 쓰러졌다. 그 찰나에 얼굴을 붕대로 감은 한 남자가 급하게 방으로 들어와서는 상처 입은 여인들의 두 침대 사이에서 무릎을 꿇고 절망적으로 소리쳤다. 「용서해 주오! 용서해 주오!」 비르지니아 백작 부인은 그 울부짖는 소리에 경련을 일으켰다. 그녀는 놀라운 속도로 상체를 일으켰으며 엎드려 있는 가엾은 남자를 바라보고는 비통한 목소리로 외쳤다. 「마르지아! 마르지아! 저 악당이 너의 아버지란다!」 에티엔느는 주머니에서 지갑을 꺼내고는 거기에서 커다란 검은 인장이 찍힌 밀봉된 편지를 꺼내 조르주에게 주면서 말했다. 「사랑하는 나의 아들아, 이 편지를 읽어라…… 큰 소리로 읽어라…… 그리고 당신, 루시에 포티에는 들으시오…….」 조르주 다리에는 떨리는 손으로 편지를 받았다. 그는 봉인을 뜯을 용기가 없는 듯이 보였다. 「읽어라!」 예술가는 반복했다. 그 젊은 남자는 봉투를 뜯고 편지를 읽었다. 「사랑하는 나의 조르주, 1861년 9월에 불쌍한 한 여인이 아이를 안고서 쉐브리에 있는 내 집에 나타났단다. 그 가련한 여인은 살인과 절도와 방화라는 세 가지 혐의로 박해를 받고 감시를 당했어. 그녀의 이름은 잔느 포티에였지…….」 조르주와 루시에, 그리고 루시앙 라브루는 놀라며 셋이 똑같이 그 이름을 되뇌었다. 「나는…… 나는…… 」 당황한 조르주가 말했다. 「나는 잔느 포티에의 아들입니다. 그리고 루시에…… 루시에는…… 내 동생이구나!」 이 말과 동시에 그는 어린 소녀에게 팔을 뻗었다. 「나의 오빠!…… 나의 오빠!……」 루시에는 소리치며 조르주의 가슴으로 뛰어들었고 그는 그녀를 힘껏 포옹하였다. 「그래…… 그래……」 그러고는 조르주가 외쳤다. 「이것은 죄악의 증거입니다. 오, 나의 어머니!…… 어머니!…… 마침내 신은 측은히 여기셨습니다. 하지만 잃어버렸다고 믿었던 결정적인 증거는…… 어디에 있었나요?」 「당신의 어머니와 당신이 쉐브리에 도착했을 때 당신이 지녔던 작은 종이인형 말의 옆구리에.」 에티엔느 카스텔이 대답했다. 「당신은 그것을 증명할 수 있나요?……」 「이것은 당신 어머니의 사망 진단서입니다…… 지금의 폴 샤르망, 백만장자, 대 기업가, 제임스 모티머의 이전 동료는 다름 아닌 자크 가로입니다!」 별안간 마리우스는 의자를 당겨 테나르디에 옆으로 바짝 다가갔다. 이 동작을 알아챈 테나르디에는 자신의 말에 압도된 상대를 의식하며 청중을 쥐락펴락하는 연설가의 느긋한 태도로 말을 이어나갔다. 「그 남자는 정치와는 무관한 이유로 몸을 숨겨야 했지요. 그는 하수도의 열쇠를 가지고 있었고 그곳에 숨어 있었어요. 다시 말하지만, 6월 6일 저녁 8시경이었지요. 당신은 이제 이해하실 겁니다. 젊은이의 시체를 옮겼던 자는, 지금 제가 당신에게 말씀드리고 있는 열쇠를 가졌던 사나이, 장발장이었어요. 그 증거로 코트 조각이 (……)」 테나르디에는 말을 멈추고 온통 시커먼 얼룩이 진 찢어진 검은색 천 조각을 주머니에서 꺼내더니 두 손의 엄지와 검지로 집어 눈높이까지 들어 올렸다. 마리우스는 벌떡 일어나 새파랗게 질려서 숨을 쉬지도 않고 천 조각만 응시하였다. 그리고 말 한마디 없이 그 헝겊에서 눈을 떼지 않은 채 벽 쪽으로 뒷걸음질쳤다. 그러곤 뒤로 뻗은 오른손으로 벽 위를 더듬어 벽난로 옆의 벽장 자물쇠에 달린 열쇠를 찾았다. 열쇠를 손에 쥔 마리우스는 테나르디에가 펼쳐 들고 있는 천 조각에서 놀란 눈을 거두지 않은 채, 벽장 문을 열고 황급히 팔을 그 안으로 들이밀었다. 그러는 동안에도 테나르디에는 계속 지껄이고 있었다. 「남작님, 저는 그 살해된 청년이 장발장의 계략에 걸려든 부유한 외국인으로, 거액의 돈을 지니고 있었다는 아주 유력한 이유들을 가지고 있습니다.」「그 청년은 바로 나였소! 여기 그 코트가 있소!」 마리우스는 외쳤고 온통 피로 얼룩진 낡은 검정 코트를 마룻바닥에다 던졌다. 그러곤 테나르디에의 손에서 헝겊을 낚아채어 몸을 구부려서 찢어진 옷자락에 맞춰보았다. 찢어진 자리는 꼭 들어맞았고, 그 헝겊 조각으로 완전한 옷이 되었다. 「맙소사!」 빌포르는 소리쳤고 놀라서 뒤로 물러났다. 「이 소리, 이 목소리는 부소니 신부의 목소리가 아니오!」「그렇습니다!」 신부는 가발을 벗어 던지고 머리를 흔들었다. 그러자 지금까지 눌려 있던 그의 길고 검은 머리카락들은 어깨 위로 떨어져 씩씩한 남자의 얼굴을 드러냈다. 「이건, 몬테크리스토 백작의 얼굴이 아닌가!」 빌포르는 눈을 동그랗게 뜨며 외쳤다. 「그것도 아닙니다. 검사님, 당신은 좀 더 옛날을 떠올려야 합니다.」「이 목소리, 이 목소리를 내가 어디서 들었던가?」「당신은 마르세유에서 처음으로 들었을 겁니다. 지금으로부터 23년 전, 당신과 생메랑의 따님이 결혼하던 날이었지요. 기록을 찾아보시지요.」「당신은 부소니가 아니오? 몬테크리스토 백작도 아니고? 맙소사, 그렇다면 당신은 숨어서 나를 무자비하게 공격한 잔인한 적이군! 내가 마르세유에서 당신에게 어떤 잘못을 했을 테고……. 오, 이런!」「그렇습니다. 제대로 짚으셨군요.」 몬테크리스토 백작은 넓은 가슴 위에다 팔짱을 끼며 말했다. 「생각해 보세요, 잘 생각해 보세요!」「도대체 내가 너한테 무슨 잘못을 했다는 거야?」 빌포르는 소리쳤다. 그의 정신은 이미 이성과 광기 사이를 오갔으며, 꿈도 현실도 아닌 안갯속에서 헤매고 있었다. 「내가 너한테 뭘 어쨌다는 거야? 말을 해! 어서!」「당신은 나에게 천천히 다가오는 잔인한 죽음을 선고했지요. 당신은 나의 아버지를 죽였고, 내게서 자유와 더불어 사랑을, 사랑과 더불어 행복을 빼앗아 갔소.」「넌 누구냐? 도대체 넌 누구냐고?」「나는 당신이 이프성의 지하 감옥에 처넣은 불쌍한 사나이의 망령이오. 결국, 그 감옥에서 빠져나온 이 망령에게 신은 몬테크리스토 백작이라는 가면을 씌워주셨지. 오늘 이날을 위해 지금까지 다이아몬드와 황금을 뒤집어쓰고 다녔던 거요.」「아, 알겠어! 누군지 알겠어!」 검사는 소리쳤다. 「그러니까, 너는……」「나는 에드몽 당테스요!」 몬테크리스토 백작의 얼굴빛은 끔찍할 정도로 창백해졌고, 그의 눈빛은 뜨겁게 불타올랐다. 그는 방 옆에 달린 탈의실로 달려가 순식간에 넥타이와 코트와 조끼를 벗고는 뱃사람들이 입는 웃도리를 입고 선원 모자를 썼다. 그러곤 모자 아래로 그의 길고 검은 머리카락을 늘어뜨리고 나왔다. 그는 이렇게 무섭고도 냉혹한 태세로 팔짱을 낀 채 그가 돌아오기를 기다리던 장군 앞으로 나아갔다. 장군은 이가 덜덜 떨리고 다리에 힘이 풀려 한 발자국 뒤로 물러서다가 탁자에 손을 짚으며 간신히 몸을 지탱하였다. 「페르낭!」하고 백작이 소리쳤다. 「나의 수많은 이름 중에서 당신을 쓰러뜨릴 이름은 단 하나로 충분하오. 어떤 이름인지 짐작하겠지? 그렇지 않소?」 장군은 고개를 뒤로 젖히고 두 손을 뻗치고 시선을 고정한 채 아무 말 없이 그 무시무시한 망령을 뚫어지게 바라보기만 했다. 그러곤 벽을 짚고 천천히 문까지 뒤로 미끄러져 갔다. 그는 구슬프고 비통하고 고통스러운 이 한마디 외침만 남긴 채 문을 빠져나갔다. 「에드몽 당테스!」 그러고는 사람의 소리라고는 할 수 없는 한숨을 내쉬며 건물의 입구까지 다다른 뒤에 술 취한 사람처럼 안뜰을 허우적대며 빠져나가 하인의 팔 안에 쓰러졌다. 「적어도 후회는 하는 건가?」 암울하고 근엄한 목소리가 들려왔고, 그 소리에 당글라르는 머리털이 곤두섰다. 그는 희미한 눈으로 주변을 살폈다. 그리고 산적 두목의 뒤에서 망토를 두른 한 남자가 돌기둥의 어둠에 몸을 숨기고 있는 것을 보았다. 「내가 뭘 후회한다는 말이오?」 당글라르가 더듬거리며 말했다. 「당신이 저지른 죄악 말이오.」 같은 목소리가 말했다. 「오! 그래요, 후회해요, 후회합니다!」 당글라르는 소리쳤다. 그러곤 앙상한 주먹으로 자기 가슴을 쳤다. 「그렇다면, 당신을 용서하겠소.」 그 남자는 망토를 벗어 던지고는 모습을 드러내기 위해 한 걸음 앞으로 나왔다. 「몬테크리스토 백작!」하고 당글라르는 말했다. 조금 전까지 굶주림과 고통으로 창백했던 그의 얼굴은 이제 두려움으로 더욱 창백해졌다. 「잘못 짚으셨소. 나는 몬테크리스토 백작이 아니오.」 「그럼 당신은 누구란 말이오?」 「나는 당신이 팔아넘겼고 배신했고 오명을 씌운 사람이오. 당신이 풍요의 자리로 올라서기 위해 짓밟은 사람이오. 나의 아버지는 당신 때문에 굶주리다 돌아가셨소. 그래서 나는 당신을 굶주려 죽이려 했소. 하지만 이제 당신을 용서하오. 나 또한 용서가 필요하기 때문이오. 나는 에드몽 당테스요!」 그는 갑자기 껄껄거리며 웃음을 터트리고

는 시체 앞에서 춤추기 시작했다. 미치고 말았던 것이다.[*]

오, 아나그노리시스와 거짓된 낯섦의 기쁨이여! 아킬레 캄파닐레[**]도 그 기쁨을 감추지 못했다. 『만약 달이 내게 행운을 전한다면Se la luna mi porta fortuna』의 시작부에서 비현실적인 인식을 통해 표출하고 있을지라도.

천구백 몇 년도 12월 16일 동틀 무렵에 누군가가……, 위기와 위험을 무릅쓴 채 우리의 이야기가 처음 시작되었던 그 방에 등장했다. 그는 그곳에서 헝클어진 머리카락과 창백한 뺨을 한 젊은 남자가 초조하게 앞뒤로 왔다 갔다 하는 장면을 보고는 몹시 놀랄 것이다. 아무도 그 젊은이가 팔쿠치오 의사라고 알아보지 못했다. 무엇보다도 그는 팔쿠치오 의사가 아니었기 때문이고, 다음으로 그는 팔쿠치오 의사와 조금도 닮지 않았기 때문이었다. 우리는 그 방에 몰래 들어온 누군가의 놀라움을 지켜보면서 완전히 터무니없다고 생각한다. 그 남자는 자신의 집에 있었고, 그가 마음대로 서성거릴 권리를 가지고 있는 것이다.[***]

• 인용된 글 모음은 순서대로 다음 작가들의 작품이다. 알렉상드르 뒤마, 퐁송 드 테라이유, 주세페 가리발디, 자비에 드 몽테팽, 빅토르 위고, 그리고 다시 알렉상드르 뒤마와 카롤리나 인베르니지오 순이다. ― 원주.

•• Achille Campanile(1899~1977). 이탈리아의 작가이자 저널리스트로 소설과 희곡, 시나리오를 주로 집필했다. 특히 비현실적인 유머와 말장난으로 유명하다.

••• 아킬레 캄파닐레, 「만약 달이 내게 행운을 전한다면Se la luna mi porta fortuna」, 『작품집: 소설과 이야기들, 1924~1933』, 밀라노: Bompiani 출판사, 1989, p. 204 ― 원주.

『애서가 연보 – 책에 대한 노스탤지어: 어린 시절 독서로의 감상적인 탈선*Biblionostalgia: divagazioni sentimentali sulle letture degli anni più verdi*』에 실림, 마리오 스코냐밀리오 감수, 밀라노: Rovello 출판사, 2008.

율리시스, 우린 그걸로 됐어요

자코모 요이스Giacomo Yoyce, 혹은 조이스Joyce, 귀도 피오베네는 이오이스Ioice라고 부르는 작가의 괴짜 소설(소설이기나 할까?)은 몇 년 전에 나왔지만, 많이 사용하지 않는 언어인 영어로 쓰였기 때문에 소수의 사람만 읽었다. 그 책에 관해 독자들에게 설명하려니(교양 있는 독자는 프랑스어 번역판을 읽을 수 있는 지금), 작품이 나에게 불러일으키는 황당무계한 감정의 피해자가 된 듯하여 이따금 혼란스럽기까지 하다. 하지만 나는 여러 곳에 흩어진 논평들을 소개함으로써, 앞으로의 발전을 위한 지침으로 삼고 싶은 마음이다. 아래에 인용된 글들은 어떤 논리나 일관된 방식을 따르지 않고 각기 독자적인 성격을 띠기에, 단락마다 번호를 붙여서 소개한다.

1. 이탈리아에서 이 작품은 조이스의 다른 책들과 마찬가지로 일부 소수의 사람에게만 알려졌다. 그나마 그들 대부분도 예술가나 지식인들의 모임에서 떠도는 소리를 들었을 뿐이다. 『율리시스 Ulysses』(호메로스의 영웅을 영어로는 율리시스라고 부르기 때문인데, 나중

에 오디세우스로 번역되었다)의 몇 안 되는 판본은 이 손에서 저 손을
거쳐 마지못해 읽혔다. 그의 작품을 이해하려는 부질없는 시도 뒤
에는 충격과 혼란에서 오는 어지럽고 혼탁한 인상만 남을 뿐이다.

2. 그가 앞서 발표한 『젊은 예술가의 초상』을 읽어서 알기에, 우리는
   그 책이 결국 모두 부스러기가 될 것이라고 여긴다. 그의 문체와
   사고, 모두 물에 젖은 화약처럼 눅눅한 파편들로 산산이 조각날
   것이다.

3. 힘들게 한번 읽은 뒤에 곧장 말할 수 있다. 길게 생각할 것도 없
   다. 『율리시스』는 예술 작품이 아니다.

4. 소설로 접근한 조이스의 문학은 전체적인 통합을 이루지 못하는,
   일종의 심리적이고 문체적인 점묘주의라는 결과를 낳았다. 이는
   조이스에만 해당하는 문제는 아니다. 그와 비슷한 작가들, 가령
   마르셀 프루스트나 이탈로 스베보•의 문학 역시 오래가지 않는
   일시적인 현상에 불과하다.

5. 트리에스테에 거주하는 아일랜드 삼류 시인 조이스가 (아주 형편
   없는 글을 쓰는 또 다른 작가인) 스베보를 발굴해 낸 사람이었다는
   얘기는 놀라운 일이 아니다. 어쨌든 스베보는 프루스트에서 그
   절정을 이루는, 수동적인 분석 문학에 누구보다도 더 가까이 접

• Italo Svevo(1861~1928). 이탈리아 작가로 국경에 접한 항구 도시 트리에스테 출
신이다. 조이스나 프루스트에 앞서 인간의 내적 고백을 담은 심리 소설을 개척한 작
가로 평가받는다. 스베보는 트리에스테에 머물던 제임스 조이스에게 영어 수업을
받으며 친분을 쌓았다. 의식의 흐름과 심리 분석을 다룬 스베보의 장편소설 『제노의
의식*La coscienza di Zeno*』(1923)은 조이스와 에우제니오 몬탈레의 도움으로 프랑
스에 알려지면서 유럽 문단의 주목을 받았으며, 〈이탈리아의 프루스트〉라는 별명
을 얻기도 했다. 이탈리아에서 스베보의 문학은 그의 사후에 재조명되어 중요한 가
치를 인정받았다.

근한 이탈리아 작가일 것이다.

6. 근본적으로 조이스는 이탈리아 부르주아의 악취미를 영속시키는 작가들 중 한 명이다. 하지만 신의 가호와 무솔리니의 도움으로, 이탈리아 전체가 유럽과 파리에 휘둘려 완전히 부르주아적인 근성으로 물든 것은 아니다.

7. 파리의 센 강변에서 누군가가 이 작품을 번역하였다. 그런데 그 책의 마지막 페이지에 도착하면 충격과 혐오감이 남을 것이다. 괴물들이 사는 쓰레기로 가득 찬 긴 터널을 빠져나온 느낌이 들 것이다. 조이스는 모든 것을 질식시키는 재를 뿌리는 작가다. 낭만주의자들은 당신이 타락한 천사가 되길 열망하게 했다. 그리고 지금 이 무자비한 고해 신부는 당신을 설득한다. 당신은 가장 음산하고 야만스러운 마법을 향해 몽롱한 야망을 품은 에로틱한 성향의 나태한 짐승이라고. 당신이 우쭐하게 여기는 꿈들은 다름 아닌 밤에 행해지는 의식들이고, 사상의 떠들썩한 향연에 뛰어들려는 물질의 정신 착란이라고. 반복하지만, 피할 방법이 없다……. 그의 작품에는 엄청난 인내가 존재한다. 거의 광기에 가깝고 비범하진 않을지라도 지적인 인내가 존재하는 것은 사실이다. 하지만 조이스의 진리는 우리의 경험적인 현존에 지나치게 얽매인 부차적이고 일시적인 진리다.

8. 소위 신비주의 시인들 중의 한 명으로 꼽히는 주세페 웅가레티는 조이스와 프랑수아 라블레 사이의 관계를 고찰하였다. 두 세계 (조이스와 라블레) 사이에는 두 공간을 아주 분명하게 구별 짓는 평행선이 그어져 있다. 한쪽에는 상상과 시적 묘사, 신화로 이뤄진 고전의 힘에서 분출되는 조직적인 무질서를 드러내고 있다. 다른

편에서는 현대적인 지성과 취향, 인간의 묘사, 심리학의 힘이 느껴진다. 다시 말하지만, 라블레의 작품에서 드러나는 특징은 서사적인 주제가 기괴하고 모순되고 형이상학적인 영화로 변하는 것이다. 그리고 유동적이고 일정한 모양이 없으며, 풀어지고 조화되지 않은 재료들이 한데 통합되어 있다. 이 안에서 등장인물들의 현란한 무리(고대 시가에서 모두 훌륭한 영웅으로 대접받았던)는 비정상적이고 흉측하고 얼토당토않은 유형의 인물로 변화된다. 반면 조이스의 소설은 단순한 사건과 감상적이고 심리적인 상황 안에서 전개된다. 한 남자가 아침에 일어나는 것과 같은 단순한 사건은 원자와 세포, 그리고 사고의 극도로 화학적인 구성에서 이끌어 낸 환상적인 구조 안에서 상세하고 미세한 효과, 점묘적인 인상, 기괴하고 어두운 환영으로 빠져든다. 요컨대, 전자는 완벽한 환상의 구조에 의지하면서 초인적인 모순의 영역으로 들어간다. 후자는 수술용 메스와 확대경, 그리고 최근 유행하는 지식의 핀셋으로만 통과할 수 있는 비인간적인 몽상의 대륙으로 들어간다.

9. 조이스는 이른바 정신 분석학적인 소설을 쓰는 작가라고 말할 수 있겠지만, 그의 작품에서 드러나는 특징은 이 작가를 그 문학 장르에서도 제외되도록 한다. 그는 조잡하게 형성된 감정과 천박한 수준의 깊이를 끌어안고서, 어리석음과 편견과 막연한 문화적 회상, 낡은 감상주의, 그리고 성적인 오만이라는 혼합물을 만들었다. 게다가 그는 자신의 목적과 서술적 결과에서 벗어나지 않은 채, 사용하지 않았더라면 더 나았을 방법을 정신 분석학에서 끌어냈다. 이 점에서 그의 증언은 문학이 아니라 단지 과학적인 것에 불과하다. 그리고 그의 소설은 분명히 문학의 역사에서 아주

낡고 혼하게 답습된 경향에 포함된다. 따라서 그는 자신이 도스또예프스끼, 졸라, 그리고 일정 정도는 사무엘 버틀러와 같은 작가들의 영광스러운 길을 따르는 교묘하고 때늦은 모방자라는 사실을 인정해야 할 것이다.

10. 일부는 문학의 역사적인 순간에서 프루스트나 조이스가 중요한 인물이라고 평가한다. 하지만 그들은 우리에게 현재의 정신을 대변하지 않는다고 분명하게 말할 수 있다. 그들의 작품에서 표현되는 그들의 세계관, 즉 특정하고 보편적인 세계관Weltanschauung은 그것이 창작된 사회의 사고방식과 연결되어 있기에, 우리에게는 유효하지 않다고 할 수 있다. 우리가 〈집단주의 문학〉을 이야기할 때, 결국에는 우리가 사는 공동체의 인간관계, 사회생활, 사랑과 인생 전부가 담긴 문학을 요구하며, 그러한 문학은 우리에게 인생을 살아가는 새로운 규범과 양식을 구성하는 새로운 관점으로 작용하게 된다. 우리는 이러한 윤리학이 우리가 치열하게 사는 공동체의 사회적이고 인간적인 현상의 당연한 결과로서, 어떻게 우리 삶의 새로운 체계로 융화되었는지 이미 봐왔다. 그러하기에, 우리는 모든 형태의 타락한 개인주의와 부르주아 소설들(자서전, 자기 언급형 일기 문학, 자기 인식의 심리주의)을 반대하는 것이다.

11. 사실, 자코모 조이스, 데이비드 허버트 로런스, 토마스 만, 앙드레 지드와 같은 알프스 너머의 작가들은 하찮고 고상한 묘기를 부리느라 그들의 시적 진리와 진실을 희생시켰다. 이른바 유럽의 예술가들이라고 불리는 그들 모두는 최고의 진리를 소유하고 이따금 그것을 가지고 노는 자의 악의적인 미소를 얼굴에 띠고 있다. 그들이 소유하고서 위험한 유희를 벌이는 진리는 시적인 진

리이자 그들의 순수한 감성이다. 그들은 이 최고의 선을 만지작거리기로 합의했으며, 각자 고유한 방식에 따라 유희를 벌이지만, 거짓된 지식의 탑을 쌓으려는 의지에 똑같이 복종하고 있다. 그리고 바로 이런 이유에서 조이스는 염소에게 강아지를 낳으라고 강요하듯이, 상식적인 한계를 벗어나는 작품들을 생산한다.

12. 조이스는 확실히 암시와 자유 연상의 악마에 사로잡혔다. 그리고 사실상 음악 악보와 같은 그의 산문 구성법은 19세기 말에 크게 유행한 바그너 음악이 무턱대고 도입된 것이다. 조이스는 자욱한 암시들의 대위법을 통해 식별할 수 없는 라이트모티브*를 짜 맞춘다. 더욱이 그는 일화들과 색조의 조화를 꾀했다. 이 장면에서 지배적인 색깔은 붉은색이 되었다가 다른 곳에서는 녹색이 되는 등의 따위이다. 그의 양식은 일관성이 없고 혼란스럽기도 하다. 보들레르와 함께 소극적으로 시작했다가, 이내 퇴폐주의의 낡은 장소로 바뀌고, 그러다 모음의 색에 관해 언급한 랭보의 유명한 소네트의 공감각적인 이미지를 드러낸다. 알다시피, 그러한 길에서 우리는 신문 조각으로 만든 그림이나 빈 병으로 만든 작품들을 만나게 된다. 조이스의 언어는 불량한 언어다. 그리고 말장난을 일삼는 그의 불량한 언어를 나에게 허락하자면, 조이스는 에스페란토 악마의 유혹에 자신의 몸을 내맡겼다.

13. 문제는 토마스 만의 공산주의적인 소설들을 극복할 필요가 있다는 것이다. 조이스는 에두아르 뒤자르댕이 겸손하게 고안한 내

---

* Leitmotive. 음악적 주제나 동기를 뜻하는 용어로, 바그너에 의해 확립된 기법이다. 어떤 인물, 행위, 감정 등을 상징할 목적으로 되풀이 사용하여 통일성과 연속성을 주는 악구를 말한다.

적 독백을 단순히 병적인 다변증으로 변화시켰다. 이렇게 하여 그는 체제의 진정한 예술가인 우리의 미래주의자들이 대담하게 창조한, 간략하고 역동적이고 동시다발적인 훌륭한 자유어Parole in libertà를 변질시켰다.

14. 작가는 자기 민족의 정신을 버려서는 안 된다. 성공을 열망하는 조이스는 새로운 예술 국제주의에 아주 일찍 순응하였다. 그는 진실한 감성의 실체를 버리고, 자기 민족에 대한 가장 부당한 반란 행위를 새로운 작품들 안에서 표출하였다. 다시 말해, 조국의 민족성과 언어, 그리고 종교를 조롱한 것이다. 조이스는 『젊은 예술가의 초상』에서부터 인도주의를 비방하면서, 혼란과 몽롱한 꿈, 잠재의식으로 되돌아갔다. 그는 자신의 해로운 악령에 의해 도리어 질식당했으며, 남은 거라곤 의지의 폭력을 써서 프로이트의 방법을 접목한 정신 분석학자의 현학적이고 무익한 배짱뿐이다. 불완전한 정신과 영원한 것보다는 덧없는 것에 더 집착하는 그 아일랜드인의 태도는 경멸스럽기까지 하다. 예술가는 언제나 그리스적인 정신으로 가득 차야 한다는 솔직하고 고결한 태도라면 차라리 나을 것이다. 그는 한 발은 생리학적인 부패에 두고 다른 발은 정신병원에 두는 사이비 지식인의 뻔뻔스러운 자세를 취한다. 누구든 그의 문학은 기껏해야 외설물 상인이나 뒤적거릴 쓰레기 소설이자 쇠퇴하는 문학의 표본이라는 선언에 동의하지 않을 수 없다. 조이스는 우리 문학계에도 강한 전염성으로 분란을 일으키는 현대 퇴폐주의의 대표주자이다. 왜일까? 그는 반고전주의 경향을 띠며 풍자적인 태도로 고대와 현대의 라틴 문명에 대립해 있기 때문이다. 그는 자신의 반란에다 불순하고 파괴적인 성

격을 부여했으며, 제단에서 보편적인 로마를 제거하고 그 자리에 유대인 국제주의의 황금 우상을 놓으려고 한다. 국제주의는 수년 전부터 현대 사상의 여러 흐름을 지탱하는 버팀목이 되었다. 특별히 파리에서 진지를 구축한 유대인 조직을 조이스가 추종한 것은 사실이다. 조이스는 제국의 문명과 가톨릭 문화를 망라한 모든 라틴적인 것을 반대한다. 그의 반라틴 성향에는 흥미로운 구석이 있다. 그가 우스꽝스럽고 파렴치한 방식으로 로마와 교황청에 대해 조롱을 퍼붓지만, 그 안에서 이스라엘 아들들을 유혹하는 은밀한 손길을 직관하지 못한다면 충돌은 크지 않을 거라는 것이다.

15. 그런데 정말이지, 현대 소설은 하수도로 던져 버려야 한다. 더구나 도덕성의 부흥과 영성 회복의 도가니인 이탈리아에서라면 말이다. 도덕과 종교, 사회와 가족 의식, 선행, 의무, 아름다움, 용기, 영웅적 행위, 희생, 다시 말해 인간 본성이자 서구 문명의 덕성이 모두 상실되고, 유대인 벌레가 모든 것을 파괴하게 만드는 대표적인 작가의 모델이 조이스이지 않을까?

16. 코라도 파볼리니, 안니발레 파스토레, 아델키 바라토노, 그리고 몬탈레, 벤코, 리나티, 체키, 판눈치오는 말할 것도 없고, 이 작가들의 펜에서 조이스를 옹호하는 글은 거의 찾아보기 힘들다. 그리고 마지막의 판눈치오는 다음과 같은 훌륭한 견해를 밝혔다. 〈이탈리아 문학의 진정한 문제는 완전히 유럽 문학으로 변하는 것이다. 외국 문학의 막강한 줄기에 접목하여 원래 그 안에 있던 것처럼 자연스럽게 하나가 되어, 우리를 둘러싼 현실 안에서 관찰하고, 사랑하고, 고통 받는 이야깃거리를 가진다는 것이다. 그런데 그 이야기는 테레사 아줌마나 미켈레 삼촌의 전혀 측은하지

않은 사건들의 흔한 반복이 아니라, 이보다 더 고약한 환상적인 여행, 무의미한 귀환, 교외 전찻길 산책들을 거짓된 서정시로 묘사하고 있다. 이 문학 속에서 부질없는 산책이 얼마나 무수히 반복됐던가!

17. 새로운 이탈리아의 정신을 음해하는 진정한 위협 요소는 이탈로 스베보에서 알베르토 모라비아에 이르는 유대계 작가들의 산문 문학에 있다. 그들의 문학에는 사회의 어두운 구석에서 〈인간〉이 아닌 인간들의 혐오스러운 형상을 건지는 불행의 그물이 촘촘하게 짜여 있다. 그 인물들은 비천하고 불쾌한 감성을 지닌 무기력한 흠투성이 존재들이며, 육체적으로나 도덕적으로 병들어 있다. 그들의 이야기를 전하는 서술자들의 스승은 마르셀 프루스트와 자코모 조이스라는 이름으로 불리는 정신병자들로, 뼛속까지 이방인이자 유대인이며, 머리털 끝까지 패배주의로 물든 자들이다.

참고

도입부를 제외하고 위에 소개된 여러 견해는 1920년대와 1930년대에 발표된 칼럼에서 인용되었다. 순서대로 출처를 밝히면 다음과 같다.

1. Carlo Linati, "Joyce", *Corriere della Sera*(1925. 8. 20).
2. Rapporto di lettura del manoscritto del *Portrait of the Artist as a Young Man*(1916).
3. Santino Caramella, "Anti-Joyce", *Il Baretti*(vol. 12, 1926).
4. Valentino Piccoli, "Ma Joyce che è?", *L'Illustrazione Italiano*(vol. 10, 1927) / "Il romanzo italiano del dopoguerra", *La Parola e il Libro*(vol. 4,

1927).

5. Guido Piovese, "Narratori", *La Parola e il Libro*(vols. 9~10, 1927).

6. Curzio Malaparte, "Strapaese e stracittà", *Il Selvaggio*(vol. 4, no. 20, 1927).

7. G. B. Angioletti, "Aura poetica", *La Fiera Letteraria*(1929. 7. 7).

8. Elio Vittorini, "Joyce e Rabelais", *La Stampa*(1929. 8. 23).

9. Elio Vittorini, "Letteratura di psicoanalisi", *La Stampa*(1929. 9. 27).

10. Luciano Anceschi, "Romanzo collettivo o romanzo collettivista", *L'Ambrosiano*(1934. 5. 17).

11. Vitaliano Brancati, "I romanzieri europei leggano romanzi italiani", *Scrittori nostri*(Mondadori: Milano, 1935).

12. Mario Praz, "Commento a Ulysses", *La Stampa*(1930. 8. 5).

13. Filippo Tommaso Marinetti et al., *Il romanzo sintetico*(1939).

14. Ennio Giorgianni, "Inchiesta su James Joyce", *Epiloghi di Perseo*(vol. 1, 1934).

15. Renato Famea, "Joyce, Proust e il romanzo moderno", *Meridiano di Roma*(1940. 4. 14).

16. Mario Pannunzio, "Necessità del romanzo", *Il Saggiatore*(1932. 6).

17. Giuseppe Biondolillo, "Giudaismo letterario", *L'Unione Sarda*(1939. 4. 14).

위의 모든 자료는 조반니 찬치의 저서에서 도움을 받았다. Giovanni Cianci, 『이탈리아에서 조이스의 행운*La fortuna di Joyce in Italia*』, 바리: Adriatica 출판사, 1974.

『애서가 연보 — 뒤늦은 논평들*Recensioni in ritardo*』에 실림, 마리오 스코냐밀리오 감수, 밀라노: Rovello 출판사, 2009.

섬은 한 번도 발견된 적이 없기 때문입니다

유토피아는 섬에 있다. 사제왕 요한의 왕국과 같이 아주 드문 예외도 있지만 말이다. 섬은 장소가 아닌 곳이자 접근할 수 없는 곳으로 여겨진다. 단지 우연히 도착할 수 있는 곳이다. 하지만 그곳에 한 번 남겨지면 다시는 돌아올 수 없는 곳이기도 하다. 그러므로 오직 한 섬에서만 완벽한 문명이 실현될 수 있고, 우리는 그에 관해 전설을 통해서만 알 수 있다.

그리스 문명이 군도에 존재했고 섬에 익숙했을지라도, 오디세우스가 키르케와 폴리페모스, 나우시카를 만났던 곳은 불가사의한 섬들이었다. 섬은 아폴로니오스 로디오스의 『아르고나우티카』에서 아르고 원정대가 찾아 나서는 곳이고, 성 브렌던이 항해 중에 발견한 신성하고 축복받은 곳이며, 토머스 모어가 그렸던 유토피아이기도 하다. 유럽의 작가들이 흥미진진한 작품 속에서 묘사했듯이, 신비스럽고 완벽한 문명이 꽃을 피운 섬들은 17세기와 18세기 사람들이 꿈꾸었던 이상향이었다. 바운티호에서 반란*을 일으켰던 폭도들은 섬에

* 1789년 영국 군함 바운티호에서 항해사 크리스찬 등 25명이 함장에 반항하여 반

서 잃어버린 천국을 찾았고(결국, 꿈을 이루지는 못했지만), 쥘 베른의 네모 선장이 사는 곳도 섬이며, 스티븐슨과 몬테크리스토 백작의 보물들이 숨어 있는 곳도 섬이다. 그리고 모로 박사의 괴물들의 섬과 제임스 본드가 도착하는 닥터 노의 섬과 같이 디스토피아적인 섬도 있다.

어째서 섬은 매력적일까? 섬isola이라는 말 자체가 의미하듯이 세상과 단절된isolato 장소이기 때문은 아니다. 마르코 폴로나 조반니 피안 델 카르피네는 광대한 육지를 가로질러 인간 사회와 멀리 떨어진 장소들을 발견하기도 했으니까. 경도를 계산할 수 있게 된 18세기 이전까지 섬은 우연히 발견되는 곳이었다. 오디세우스가 그랬듯이, 우연히 발견한 섬에서 탈출한다더라도 나중에 되돌아가서 다시 찾을 수는 없는 곳이었다. 성 브렌던이 살던 시대부터 섬은 언제나 인술라 페르디타insula perdita, 즉 잃어버린 섬이었다. 바로 여기에 섬의 매력이 있다.

이런 배경은 15세기와 16세기 사이에 섬에 관한 책들이 큰 인기를 끌었던 이유를 설명하고 있다. 이 책들은 세상의 모든 섬에 관해 기록했는데, 어렴풋이 전설로만 암시된 섬들뿐만 아니라 잘 알려진 곳도 다루었다. 그 나름대로는 (이전 세기에서 다룬 전설의 땅 이야기와는 달리) 가능한 정확한 지리학을 겨냥했으며, 민간에 전해 내려온 이야기와 여행가의 보고서를 종합하였다. 이따금 틀린 구석도 있었다. 단 하나의 섬이 존재하는 곳에(오늘날 우리가 알고 있듯이), 타프로바네 섬과 실론 섬, 두 개의 섬이 존재한다고 믿었던 것이다. 그렇

란을 일으킨 사건이다. 반란자들은 블라이 함장과 19명의 선원을 보트에 태워 추방했으며, 함장 일행은 48일간의 표류 끝에 본국으로 돌아올 수 있었다. 타히티 섬에 정착해서 살던 반란자들은 이후 해군에게 체포되어 본국으로 송환되었으며 재판을 받고 일부는 교수형에 처해졌다.

지만 어쩌겠는가! 그 지도책들은 알려지지 않았거나 기껏해야 아주 조금 알려진 지리학을 묘사한 것이었을 테니 말이다.

이후 제임스 쿡, 부갱빌, 라페루즈와 같은 18세기 탐험가들의 보고가 시작되었다. 그들 역시 섬을 찾아 나섰지만, 전설 속의 이야기를 신뢰하는 대신 그들이 본 것만을 기술하려고 했다. 이는 이전과는 아주 다른 시각이었다. 하지만 여전히 그들도 〈남방대륙〉처럼 존재하지 않았던 섬이나 이전에 누군가가 발견했지만 다시는 찾을 수 없었던 섬을 탐색하였다.

따라서 오늘날에도 섬에 대한 우리의 환상은 신화 주변을 떠돌고 있다. 〈존재하지 않는 섬〉은 부재의 신화고, 〈아주 많이 존재하는 섬〉은 과잉의 신화며, 〈발견되지 않은 섬〉은 부정확의 신화다. 그리고 〈다시 발견되지 않는 섬〉은 잃어버린 섬의 신화다. 이 네 가지는 아주 다른 이야기다.

먼저 〈존재하지 않는 전설의 섬〉이다. 섬에 대한 전설은 일반적으로 베른과 스티븐슨의 경우처럼 실제로 섬이 존재하는 것처럼 상상하도록(의심을 잠시 접어 두기를 호소하면서) 요구하는 것들과 피터 팬의 네버랜드처럼 말 그대로 전설의 힘을 입증하기 위해서 존재하지 않는 섬에 관해 이야기하는 것으로 나뉜다. 그 자체로 존재하지 않는 섬은 적어도 오늘날의 우리에게는 의미가 없다. 이유는 단순하다. 아무도 그것을 찾으러 가지 않기 때문이다. 후크 선장의 섬을 찾으러 바다로 가는 아이들이나 네모 선장의 섬을 찾아 떠나는 어른들은 없기 때문이다.

마찬가지로 나는 〈아주 많이 존재하는 섬〉도 무시할 수 있다고 여긴다. 이와 같은 과잉 현상을 대변하는 경우는 실론 섬과 타프로바네 섬의 중복이 유일하다고 믿기 때문이다. 이 이야기는 타르치지오 란치오니가 발표한 섬에 관한 칼럼*에서 아주 상세하게 설명되었다. 사실, 지금 내가 관심을 두는 것은 더는 발견할 수 없는 섬을 향한 불행한 사랑이다. 반면 타프로바네 섬은 아무도 그것을 찾지 못했을 때에도 언제나 발견되었기에, 연애의 관점에서 절망적인 사랑

• Tarcisio Lancioni, 『애서가 연보 ─ 섬에 대한 책 여행』, 밀라노: Rovello 출판사, 1992 ─ 원주.

이야기가 아니었다. 돈 조반니의 무절제의 상징과도 같이 타프로바네 섬은 지도에서 〈천 하고도 셋〉*이었다.

대(大)플리니우스에 따르면, 타프로바네 섬은 알렉산드로스 대왕 시대에 발견되었으며, 처음에는 포괄적으로 〈대척지〉의 땅으로 표시되었고 그저 〈다른 세상〉으로 여겨졌다. 대플리니우스의 섬은 실론 섬으로 볼 수 있는데, 이는 적어도 16세기에 나온 프톨레마이오스의 지도 판본에서 추정할 수 있다. 세비야의 이시도르 역시 인도의 남쪽에 그 섬을 배치했으며, 그곳은 보석이 가득하고 일 년에 두 번의 여름과 겨울이 있는 곳이라고만 언급하였다. 마르코 폴로의 여행, 즉 『동방견문록』에는 타프로바네 섬이라는 명칭이 언급되지 않지만, 실론 섬을 세일람Seilam 섬이라 부르고 있다.

실론 섬과 타프로바네 섬의 중복은 존 맨더빌 경의 『여행기The Travels』에서 분명하게 드러난다. 그 섬들에 관해 각각 두 개의 다른 장에서 기술하고 있다. 그는 실론 섬이 어디에 위치하는지 정확하게 알려 주지 않지만, 그 영토의 사방이 족히 800마일가량에 달한다고 분명하게 밝히고 있다.

뱀과 용, 악어들이 득실거리기에, 그곳에서 사람이 살 엄두는 감히 내지 못한다. 악어는 뱀의 일종으로 황색이고 등이 번들거린다. 네 개의 발에 다리는 짧고 집게발이나 갈고리처럼 큼지막한 발톱을 가

---

* 모차르트의 오페라 「돈 조반니Don Giovanni」에서 하인 레포렐로는 주인이 그동안 사랑한 여성들의 숫자를 나라별로 열거하면서, 〈허나 스페인에서는 벌써 천 하고도 셋이나 되요ma in Ispagna son già mille e tre〉라고 노래한다.

지고 있다. 그중에서 어떤 녀석은 길이가 성인 남자가 두 팔을 벌린 너비의 세 배에 달하고 어떤 녀석은 여섯 배, 여덟 배, 열 배에 달하기도 한다. 그 녀석들이 모래가 많은 어떤 지역을 지나갈 때면 거대한 나무가 끌려가는 것처럼 보인다. 그리고 코끼리를 비롯한 다른 많은 야생 동물들도 살고 있다. 그 섬에는 큰 산도 하나 있다. 산의 중앙에는 매우 아름다운 평원에 큰 호수가 있는데, 수량이 아주 풍부하다. 그 지역의 사람들은 천국에서 쫓겨난 아담과 이브가 바로 그 산 위에서 백 년 동안 울었으며 그들이 흘린 눈물이 모여 호수를 이루었다고 한다. 호수의 바닥에는 많은 보석과 알이 굵은 진주들이 있다. 호수 주변으로는 키 큰 갈대와 풀들이 무성하게 자라는데, 그 사이로 악어와 뱀, 커다란 거머리들이 득실거린다. 그 나라의 왕은 일 년에 한 번씩 가난한 사람들이 호수로 들어가 보석과 진주를 채취할 수 있게 허락한다. 물에는 파충류들이 있기 때문에 그들은 작은 완두콩과 비슷한 열매의 일종인 레몬이라 불리는 식물에서 추출한 연고를 팔과 허벅지와 다리에 바른다. 이런 방법을 써서 그들은 악어나 독을 가진 다른 파충류들을 겁내지 않는다. (……) 이 섬에는 머리가 둘 달린 야생 거위들도 있다.*

한편 타프로바네 섬은 사제왕 요한의 왕국 아래에 있다고 맨더빌은 전한다. 맨더빌은 사제왕 요한의 왕국이 에티오피아가 아니라 여전히 인도 지역에 있다고 생각했으며, 사제왕 요한의 인도와 지상의

* John Mandeville, 『여행기, 또는 세상에서 가장 경이롭고 놀라운 것들에 관한 학술서Viaggi, ovvero trattato delle cose più meravigliose e più notabili che si trovano al mondo』, 에르만노 바리조네 감수, 밀라노: il Saggiatore 출판사, 1982, pp. 135~136 ─ 원주.

천국이 있는 극동 지역을 자주 혼동하고 있다. 좌우간 타프로바네 섬은 인도의 인근(그리고 홍해가 바다로 흘러들어 가는 지점이라고 그가 명시한 곳)에 있다. 이시도르의 기술처럼 섬에는 각각 두 번의 여름과 겨울이 있으며, 큰 개미들이 지키는 거대한 황금산들이 솟아 있다고 했다.

이 개미들의 덩치는 개만큼 크다. 그래서 아무도 그 산에 가까이 갈 수가 없다. 자칫하다간 개미들에게 습격을 당해 잡아먹힐지도 모르기 때문이다. 따라서 아주 교묘한 술책을 써야만 그 산의 황금을 손에 넣을 수 있다. 날씨가 푹푹 찌는 날이면 개미들은 아침부터 정오까지 땅속에서 휴식한다. 그러면 그 지역의 사람들은 낙타, 단봉낙타, 말이나 다른 동물들을 타고 거기로 가서는 신속하게 금을 쓸어 담는다. 그러곤 개미들이 땅속에서 나오기 전에 동물들을 타고 급히 도망쳐 나온다. 다른 때, 날씨가 몹시 덥지 않을 때는 개미들이 땅속으로 들어가지 않는다. 그러면 다른 묘책을 써서 황금을 가져온다. 원주민들은 망아지나 새끼 당나귀가 있는 암말들을 골라 위쪽이 완전히 열려 있는 빈 바구니 두 개를 땅에 끌릴 정도로 낮게 매단다. 그러곤 새끼들은 집에다 두고 어미 말들은 그 산으로 보내 풀을 뜯게 한다. 개미들은 바구니들을 보자마자 곧장 그 위로 뛰어오른다. 개미들은 비어 있는 것을 그냥 놔두지 못하는 습성을 가지고 있기 때문에 주변에 있는 무엇으로든 그 안을 즉시 채운다. 이렇게 해서 개미들은 바구니를 금으로 채우게 된다. 바구니가 가득 찼다고 여겨질 때쯤 새끼들을 풀어서 어미 말을 찾는 울음소리를 내게 한다. 그러면 어미 말들은 금을 채운 바구니를 싣고서 새끼들에게로 황급히 돌아온다.*

• John Mandeville, 『여행기』, pp. 203~205 — 원주.

이러한 시각에서 출발하여 세월을 거치는 동안, 타프로바네 섬은 시시각각 변하는 팽이처럼 돌아가게 된다. 인도양에서 장소를 이리저리 옮기거나 어떤 때는 독립적으로 존재하다가 또 어떤 때는 실론 섬과 중복되기도 했다. 그리고 한동안은 수마트라 섬과 동일시되다가 때로는 보르네오 섬 가까이에 있는 인도차이나 반도와 수마트라 섬 사이에서 발견하게 된다.

그리스의 역사가 디오도로스 시켈로스는 그곳의 원주민들에게 겉과 속이 다른 성격(그들의 말은 철저하게 이중적으로 나뉜다. 이 사람에게는 이것을 말하고 다른 사람에게는 다른 것을 말한다)을 부여했으며, 이탈리아의 지리학자 톰마조 포르카키는 『세상에서 가장 유명한 섬들 Isole più famose del mondo』(1572)에서 타프로바네 섬은 금은보화와 코끼리, 엄청나게 큰 거북이 가득하다고 전했다.

포르카키는 다양한 전설을 풀어 놓고는 그 섬의 지리적인 위치에 관한 정확한 언급을 어디에서도 찾지 못한 점에 대해 독자들에게 사과하며 저술을 마무리한다. 〈고대와 현재의 많은 작가가 이 섬에 대해 다루었음에도 불구하고 섬의 경계를 지적한 자는 없었다. 나의 안내가 평범하고 부족한 것에 다시 한 번 양해를 구하는 바이다.〉 또한 그는 타프로바네 섬이 실론 섬과 같다는 견해에 의구심을 가졌다.

그 섬은 처음에(프톨레마이오스에 따르면) 시몬디Simondi라고 불렸고, 그다음은 살리체Salice, 마지막으로 타프로바네라고 불렸다. 하지만 타프로바네 섬을 수마트라가 아니라 제일람Zeilam 섬이라고 하는 사람들이 없지 않을지라도, 요즘 사람들은 그 섬이 오늘날 수마트라라고 결론짓는다. (……) 그런데 일부에서는 고대인 중 아무도 타프로바네 섬의 위치를 정확하게 짚지 못했다고 말한다. 실제로 그들은 고대인들이 섬이 있을 것이라고 믿으며 가리킨 장소에는 어떤 섬도 없다고 주장한다.

이리하여 아주 많은 섬이었던 타프로바네 섬은 서서히 존재하지 않는 섬이 된다. 따라서 토머스 모어는 〈실론 섬과 아메리카 대륙〉 사이에 그의 유토피아를 배치했으며, 톰마조 캄파넬라는 〈태양의 나라〉를 세우는 장소로 타프로바네 섬을 이용하였다.

이제, 탐색(이따금 애태우게 하는)과 여전히 계속되는 향수를 자극했던 〈부재의 섬〉으로 들어가 보자.

당연히 고대의 서사시는 어쩌면 존재하거나 어쩌면 존재하지 않는 섬들의 이야기를 우리에게 들려준다. 그 결과 오디세우스가 방문했다고 언급된 섬들이 실제로 어디에 존재하는지 파악하는 연구도 진행되었다. 그리고 아틀란티스 신화는 아직 끝나지 않는 탐색(미스터리 잡지와 텔레비전 프로그램으로 판단하건대)의 길로 이끌었다. 하지만 아틀란티스는 하나의 전체 대륙으로 여겨졌기에, 어느 날 바닷속으로 가라앉았다는 생각이 곧바로 받아들여졌다. 따라서 아틀란티스는 전설의 대상이지 탐험의 대상은 아니다.

한편 섬을 탐색하는 여정을 제일 먼저 들려준 여행기는 『성 브렌던 항해기Navigatio Sancti Brendani』일 것이다.

성 브렌던은 그의 신비스러운 뱃사람들과 같이 많은 섬을 방문하였다. 새들의 섬, 지옥의 섬, 바다 한가운데에 외따로 솟아 있는 작은 암초 섬에는 유다가 사슬로 매여 있었고, 예전에 신바드가 속았던 가짜 섬도 만나게 된다. 브렌던의 배는 그 섬에 정박하는데 그

다음 날 섬이 요동쳐서 선원들이 불을 켠 뒤에야 그들은 섬이 아니라 끔찍한 바다 괴물 위에 있다는 사실을 깨닫는다.

하지만 그 어느 섬보다도 후대 독자들의 상상을 자극했던 섬은 〈복자들의 섬〉*이었다. 그 섬은 지상 낙원과 같은 곳으로, 우리의 탐험가들이 7년간의 험난한 모험을 겪은 뒤에 닿은 곳이었다.

그 자체의 아름다움과 그 안에 있는 경이롭고 우아하고 유쾌한 것들로 인해 다른 어느 곳보다도 더 귀한 땅이다. 아름답고 깨끗하고 소중한 강에는 가장 달콤하고 신선하고 부드러운 물이 흐르고, 진귀한 갖가지 나무들은 귀한 열매들이 달려 있다. 많은 장미와 백합, 제비꽃, 허브가 온통 감미롭고 좋은 냄새를 풍기며 지천으로 널

• 복자들의 섬isola dei beati, 또는 축복받은 자들의 섬이라고 불린 이유는 생전에 의로운 일을 하거나 신앙적으로 경건한 삶을 산 사람들이 죽어서 가는 곳이라고 여겼기 때문이다.

려 있다. 그리고 온갖 쾌활한 기질의 노래하는 새들이 있다. 모두가 조화로이 아주 달콤하고 부드러운 노래를 부른다. 기후는 그야말로 기분 좋은 봄날같이 상쾌하다. 그리고 자연이 만든 도로와 길들, 보석이 있다. 눈으로 본 모든 것들은 마음을 매우 기쁘게 한다. 갖가지 종류의 가축과 야생 동물들도 있다. 동물들은 그들의 마음대로 기꺼이 돌아다니고 머문다. 모두는 서로에게 어떤 피해나 방해도 주지 않고 다 같이 친하게 지낸다. 그리고 새들도 이와 마찬가지로 살고 있다. 그리고 포도밭과 포도나무가 타고 올라가는 파고라에는 맛과 아름다움에 있어 다른 모든 것들을 능가하는 포도가 주렁주렁 달려 있다.*

성 브렌던이 방문한 파라다이스 섬은 욕망(아틀란티스 대륙이나 오귀기아 섬, 오디세우스가 도착한 파이아케스인들의 섬보다도 더 강렬한)을 일깨웠다. 중세 시대를 통틀어, 그리고 르네상스 시대에도 그 섬이 존재한다는 확고한 믿음이 있었다. 에버스도르프의 세계 지도에서 볼 수 있듯이, 지도상에도 섬이 표기되었다. 그리고 포르투갈 왕을 위해 토스카넬리가 제작한 지도에서 성 브렌던의 섬은 바다 중앙에 위치하는데, 〈서쪽 길을 거쳐 동쪽으로 접근하며buscando el levante por el poniente〉 도달하는 일본 쪽을 향하여 있다. 그리고 거의 예언과도 같이 이후 그곳에서 아메리카 대륙이 발견되었다.

이따금 성 브렌던의 섬은 아일랜드와 같은 위도에 나타나거나 더 이후의 지도에서는 더 남쪽으로 내려가 〈행운의 섬Isole Fortunate〉으

• 『성 브렌던 항해기』, 마리아 안토니에타 그리냐니 감수, 밀라노: Bompiani 출판사, 1975, pp. 229~231 — 원주.

로 알려진 카나리아 제도와 같은 위도에 있다. 그래서 행운의 섬은 종종 성 브렌던이라고 불렸던 섬과 혼동되었다. 또한 성 브렌던의 섬은 마데이라 섬과 동일시되거나, 16세기에 페드로 데 메디나가 쓴 『항해술Arte del navegar』(1545)에서 그렇듯, 전설상의 안틸리아 섬처럼 존재하지 않는 다른 섬으로 생각되기도 했다. 마르틴 베하임이 1492년에 제작한 지구의에서 그 섬은 훨씬 더 서쪽으로 이동하고 적도에 인접한 곳에 자리하고 있었다. 그리고 이미 그때 잃어버린 섬, 〈인술라 페르디타〉라는 이름을 가지고 있었다.

호노리우스 아우구스토두넨시스는 그의 『세계 지리De Imagine Mundi』(12세기)에서 성 브렌던의 섬을 가장 기쁨이 넘치는 곳으로 묘사하였다. 인간이 알지 못하는 섬으로, 우연히 발견되었을지라도 그 뒤에 다시 찾을 수 없는 곳이었다.* 그리고 14세기에 피에르 베르쉬르는 〈행운의 섬〉에 대해 이와 똑같은 설명으로 묘사하였다.

게다가 〈잃어버린 섬〉이 언젠가 다시 발견될 것이라고 기대한 내용이 에보라 조약에서 증언되었다. 이 조약에 따라 포르투갈의 마누엘 1세 국왕은 1519년 6월에 카나리아 제도에 대한 모든 권한을 스페인에 넘겼는데, 잃어버린 섬, 또는 숨겨진 섬에 대한 포기 조항도 분명하게 명시되었다. 1569년에 게라르두스 메르카토르는 자신의 지도에다 여전히 신비스러운 섬을 표기하였으며, 1721년에는 최후의 탐험가들이 그 섬을 찾으러 떠났다.**

* Est quaedam Oceani insula dicta Perdita, amoenitate et fertilitate omnium rerum prae cunctis terris praestantissima, hominibus ignota. Quae aliquando casu inventa, postea quaesita non est inventa, et ideo dicitur Perdita.

** 이와 관련된 모든 내용은 다음의 책을 참고하길 바란다. 아르투로 그라프, 『중세

성 브렌던의 섬은 존재하지 않는 섬이 아니다. 왜냐하면 누군가는 실제로 그곳에 가봤기 때문이다. 하지만 아무도 그곳으로 다시 돌아가지 못했기에 잃어버린 섬이다. 이런 이유로 섬은 충족되지 못한 욕망의 대상이 되고, 그의 전설은 연인 라라를 잃어버린 닥터 지바고의 〈짧은 만남〉처럼 현실 속 모든 사랑 이야기의 알레고리가 된다. 절망적인 사랑은 절대 이루어질 수 없는 사랑을 꿈꾸는 것(확실하게 존재하지 않는 섬, 또는 사랑에 대한 청소년기의 환상)이 아니라, 단 한 번 다가왔다가 영원히 사라지는 사랑에서 비롯된다.

그런데 어떻게 섬을 잃어버리게 됐을까?

고대 시대부터 뱃사람들은 별을 관측하는 것 말고는 다른 길잡이 수단이 없었다. 선원들은 아스트롤라베나 직각기와 같은 천체 관측기구를 이용하여 수평선으로부터 별의 고도를 측정하고 천정 zenith과의 거리를 계산하였다. 그리고 천정 거리로 적위를 파악하여 배가 어느 평행 지점에 있는지, 주어진 지점으로부터 얼마나 북쪽 또는 남쪽에 있는지를 알 수 있었다. 하지만 섬을 다시 찾기 위해서(다른 어떤 장소라도) 위도만으로는 충분하지 않았으며 경도도 알아야 했다. 우리는 뉴욕과 나폴리가 같은 위도에 있지만 같은 위치에 있지 않다는 것을 알고 있다. 이는 경도가 다르기 때문이고 두 도시가 자오선의 다른 각도에 있기 때문이다.

그리고 경도를 알아내는 문제는 거의 18세기 말까지 항해사들이 고심한 문제였다. 주어진 지점에서 동쪽이나 서쪽으로 얼마나 떨어져 있는지 알려 주는 경도를 측정할 확실한 수단들이 없었다.

의 신화와 전설, 그리고 미신*Miti, leggende e superstizioni del Medio Evo*』, 토리노: Loescher 출판사, 1892~1893, chap. 4 — 원주.

이런 일이 솔로몬 제도(잃어버린 섬의 놀라운 사례가 되는)에서 일어났다. 1528년에 스페인 탐험가 알바로 데 사베드라는 솔로몬 왕의 황금을 찾아 이 전설의 섬들로 향했다. 하지만 그는 마셜 제도와 애드미럴티 제도 사이를 항해하였다. 그러다 1568년에 알바로 데 멘다나가 도착해서 솔로몬 제도라는 이름을 붙였다. 그런데 그 뒤로 아무도 그 섬을 다시 찾지 못했으며 심지어 멘다나 조차도 다시 갈 수 없었다. 거의 30년 뒤에 그가 케이로스와 같이 그 섬들을 찾아 다시 떠났을 때 간발의 차로 솔로몬 제도 남동쪽의 산타크루즈 섬에 도착했지만 말이다.

이런 일은 그의 뒤를 이은 다른 탐험가에게도 일어났다. 17세기 초에 네덜란드는 동인도회사를 설립하고 아시아에 바타비아라는 도시를 만들어 동쪽으로 향하는 많은 탐험대의 출발점으로 삼았다. 그들은 〈뉴네덜란드Nieuw Nederland〉까지 상륙했지만 솔로몬 제도에 닿은 적은 없었다. 한편 솔로몬 제도의 동쪽에 있는 다른 섬들이 영국 해적들에 의해 발견되었으며, 영국 궁정은 주저하지 않고 그들에게 귀족의 직위를 수여하였다. 하지만 아무도 솔로몬 제도의 행방을 알지 못했고 오랫동안 많은 사람은 단지 전설이라고 믿었다.

멘다나는 그 섬들에 도착했지만, 경도를 부정확하게 표시했다. 비록 그가 하늘의 도움을 받아 적절한 방법으로 표시했더라도 그 경도의 위치를 찾는 다른 탐험가들(두 번째 탐험에서 그 자신도)은 자신들의 위치를 온전히 확신할 수 없었다.

몇 세기 동안 유럽의 막강한 해상 권력은 고정점을 설정하는 방법을 밝혀내는 데에 매진하였다. 세르반테스가 풍자하기도 했듯이, 경도를 측정하는 유용한 방법을 알아내는 자에게는 막대한 포상금

이 걸려 있기도 했다. 항해사들, 과학자들, 그리고 괴짜들은 각종 대안을 제시하였다. 월식에 근거한 방법도 있었고, 자석 침의 편차를 관찰하는 방법도 제안되었다. 한편 갈릴레오는 매일 밤 여러 차례 볼 수 있을 만큼 자주 목격되는 목성의 위성식(衛星蝕) 현상에 근거한 방책을 내놓았다.

하지만 그 모든 방법은 미흡한 것으로 드러났다. 물론 확실한 방법이 있었을 것이다. 떠나온 항구의 시간과 바다에서 X 지점의 시간을 안다면 가능하다. 단, 고대부터 지구는 360도의 경도로 세분되었으며 태양은 한 시간에 15도씩 움직인다는 사실에 근거하여, 그 차이에서 X 지점의 경도를 산출하는 것이다. 다시 말해서, 만약 파리에서 출발할 때의 시계가 정오를 가리키고 X 지점의 시계가 오후 6시를 가리킨다면, 매시간 15도의 차이를 계산하여 X 지점의 경도는 파리의 자오선으로부터 90도 떨어져 있다는 것을 알 수 있을 것이다.

그런데 이 방법을 알고 있다 하더라도 실제로 적용하기는 불가능했다. 바람과 파도가 몰아치는 가운데 몇 달씩 계속되는 항해에서 완벽하게 작동되는 시계는 없었기 때문이다. 고정된 평면을 유지해야 하는 모래시계와 물시계는 말할 것도 없을 것이다. 게다가 해상 시계는 아주 정밀하게 작동되어야 했다. 만약 4초가 틀리면 경도 1도를 잘못 계산하는 결과를 낳을 테니 말이다.

시간을 측정하는 문제와 관련해서, 당시의 일부 연대기는 〈교감의 가루polvere di simpatia〉에 대해 언급하였다. 교감의 가루는 기적의 치료제로 상처를 낸 무기에 바르면 상처 부위의 공기에 퍼진 혈액의 입자에 작용하여(원자의 지속적인 상호 작용을 통해) 상처를 치료하는 효과를 냈다. 무기와 부상자가 아주 먼 거리에 떨어져 있을지라도 효력이 발생했다. 그런데 그 가루약은 상처를 낫게 하지만 무기에 바르는 즉시 부상자에게 고통과 발작을 일으키게 한다.

따라서 개를 배에다 싣는 방법을 생각해 냈다. 상처 입은 개를 배에 싣고 출항한 뒤에 육지에서는 매일 똑같은 시간에 기적의 가루약을 무기에 뿌리는 것이다. 그러면 항해 중인 개는 고통으로 울부짖을 것이고 이를 통해 배에서는 출발지의 시간을 알 수 있을 것이다.*

나는 나의 소설 『전날의 섬』에서 이에 관한 이야기를 다루었는데, 여기에 소설 일부를 인용하고자 한다. 결국, 이것도 앞에서 언급한 불확실한 정보에 관한 이야기고, 이 사례의 구체적인 정황을 묘사하는 유일한 자료가 되기 때문이다.

어느 날 아침 뱃사람 하나가 돛의 활대 끝에서 떨어져 두개골이 깨어지는 사고가 발생했다. 갑판은 북새통이 되었고, 선장은 비어드 박사를 부르러 사람을 보냈다. 로베르토는 그 틈을 이용해서 살며시 화물창으로 내려갔다.

통로가 어두워서 로베르토는 손으로 허공을 더듬으면서 내려갔다. 운이 좋았던지, 아니면 짐승의 신음 소리가 여느 때보다 커서 그랬는지, 하여튼 로베르토는 바닥 짐칸까지 갈 수 있었다. 〈다프네〉 같으면, 술통이 차지하고 있던 공간이었다. 그는 거기에서 무서운 광경을 목도했다.

눈들이 많은 곳이어서 부러 칸막이까지 한 것이겠지만 어쨌든 칸막

---

* 〈교감의 가루〉는 그 당시 많은 문학 작품에서 다루었는데, 특히 케넬름 딕비 경의 작품들을 들 수 있다. 이에 관해 언급한 최근의 책으로는 데이바 소벨의 『경도 *Longitude*』, 런던: Fourth Estate 출판사, 1996가 있다. — 원주.

이 안의 누더기 깔개 위에는 개가 한 마리 누워 있었다.

꽤 혈통이 좋은 개였던 모양이나, 배고픔과 고통으로 뼈가 앙상했다. 그런데도 그 개를 살려 두고 있는 것을 보면 개의 임자에게는 어떤 목적이 있는 게 분명해 보였다. 개 앞에는 먹을 것과 마실 것이 푸짐하게 놓여 있었다. 개 먹이가 아닌 것으로 보아, 승객들의 식량에서 여투어 낸 것임에 틀림없을 터였다.

개는 혀를 길게 늘어뜨린 채 모로 누워 있었다. 머리에는 힘이 없어 보였다. 위로 드러나 보이는 한쪽 옆구리에는 끔찍한 상처가 큼지막하게 나 있었다. 사람의 입술 같은 뻘건 속살이 선명하게 내비쳤는데 상처의 가장자리와 중앙의 화농한 부위에서 나오는 분비물은 흡사 유장(乳漿) 같았다. 로베르토는, 개의 상처가 그런 모양을 하고 있는 것은 의사가 그것을 봉합하는 대신 목적이 있어서 일부러 절개된 채로 버려두고 있다는 것을 알았다.

로베르토는 의술(醫術)의 잔인성에 치가 떨렸다. 상처는 자연적으로 생긴 것이 아니라 정교한 의술이 가한 것임이 분명했다. 뿐만 아니라 의술을 통하여 그것을 아물지 못하게 하고 있는 것도 분명했다. 개는, 언제부터인지는 모르지만, 그 상처가 생긴 이후로 줄곧 고통을 받아 왔을 터였다. 뿐만 아니었다. 로베르토는 상처의 주위에 결정체 찌꺼기가 묻어 있는 것을 보았다. 의사(그렇다, 잔혹 행위의 전문가인 의사가 아니라면 누구일 것인가)가 매일 거기에다 소금을 뿌리고 있음이 분명했다.

로베르토로서는 그 불쌍한 짐승의 머리를 쓰다듬어 줄 수 있을 뿐 속수무책이었다. 개는 한결 부드러워진 소리로 끙끙거렸다. 그는 개를 도와주고 싶었다. 그러나 그럴 수가 없었다. 손을 대면 개가 더욱 고통스러워할 것 같아서였다. 더구나 로베르토로서는, 자기 자신의 사활이 걸린 문제인 만큼 그 개를 불쌍하게 여길 수 없었다. 그는, 비어드 박사가 런던에서 비밀리에 실은 것이 바로 그 개일 것이라고 생각했다.

로베르토 자신의 눈으로 확인한 바도 있고, 또 비어드 박사가 가진 지식으로 미루어 보아 개는 영국에서 이미 상처를 입은 채 실렸을 것이고, 비어드 박사는 그때부터 줄곧 그 상처를 관리해 온 것이 분명했다. 그렇다면 런던에서 누군가가 매일 개에게 상처를 입힌 무기나, 개의 피가 묻은 천에다 무슨 짓을 함으로써 개의 반응을 원격 조작하고 있을지도 모르는 일이었다. 그것은 개의 상처를 고치는 치료 행위일 수도 있고, 비어드 박사가 무기고약은 해가 될 수도 있다고 했으니까, 그 상처를 더욱 고통스럽게 하는 행위일 수도 있었다.

그렇다면 〈아마릴리스 호〉에 승선해 있는 박사와 조수들은 개의 반응을 통해 유럽 시각을 알아내었던 것일까? 그리고 이 유럽 시각과 현재 통과하는 지점의 시각과의 상관관계를 통해 경도를 계산하고 있었던 것일까?•

개에 대한 이야기는 상상 속에나 나올 법한 것으로 여겨질 것이다. 그렇다면 같은 소설에 소개된 다른 해결책, 갈릴레오가 1637년에 쓴 편지(로렌초 레알리오에게 보낸)에서 제시한 방법을 살펴보자. 갈릴레오는 목성 주변에 있는 위성들의 위치를 관찰하면서 경도를 파악할 수 있다고 생각했다. 하지만 거듭 말하지만, 파도에 따라 출

• 움베르토 에코, 『전날의 섬L'isola del giorno prima』, 이윤기 옮김, 서울: 열린책들, 1996.

렁이는 배에서 망원경을 정확하게 조작하기는 어려울 것이다. 갈릴레오는 이 문제를 해결하는 기이한 방책을 제시하였다. 그의 해괴한 발상을 엿보기 위해 내 소설로 돌아갈 필요는 없을 것이다. 그의 편지글을 직접 읽어 보자.

첫 번째 문제가 가장 어려운 과제라는 점은 의심의 여지가 없습니다. 하지만 나는 배에서 일어나는 일상적인 흔들림에서, 그 문제를 해결할 단서를 찾았다고 생각합니다. 폭풍우가 몰아치고 파도가 높을 때는, 하루에도 몇 번씩 태양이 사라지고 별들도 보이지 않으며 선원들이 당연히 해야 하는 관측의 다른 수단들도 모두 중단되기 마련입니다. 하지만 평상시에 느껴지는 배의 진동 정도라면, 관측자는 고요하고 잔잔한 바다의 그 평온함 속에서 작업할 수 있을 것입니다. 나는 이러한 상태를 얻기 위해서, 다시 말해 관측자가 배의 이물에서 고물까지 전달되는 움직임뿐만 아니라 좌우로 흔들리는 진동에 휘둘리지 않기 위해서, 배의 한 쪽에다 관측자를 위한 특별한 장소를 마련할 생각을 하게 되었습니다. 나의 발상은 만약 파도가 없는 잔잔한 물결 위에 배가 떠 있다면 평지에 있는 것처럼 수월하게 망원경을 사용할 수 있을 것이라는 생각에 근거하고 있습니다. 따라서 나는 큰 배 안에다 작은 배를 실어 관측자의 자리를 만들 셈입니다. 그리고 작은 배에다 물을 넣을 것입니다. 배 안에 실은 작은 배의 물은 큰 배가 오른쪽이나 왼쪽, 앞이나 뒤로 기울거나 치우쳐도 균형 상태를 유지하고, 수면이 높아지거나 낮아지는 부위 없이 언제나 수평을 유지할 것입니다. 이 작은 배에다 또 물을 넣고 그 위에 더 작은 다른 배를 띄운다면 아주 잔잔한 바다에 있는 것과 같아서 외부의 진동에 흔들리지 않을 것입니다. 이 두 번째 작은 배가 관측자의 자리입니다. 이러한 장치를 만들기 위해, 먼저 나는 배 안에 반구체 모양의 커다란 통을 싣고 물을 채운 다음 크기만 더 작은 두 번째 통을 띄울 것입니다. 이 작은 통의 볼록한 표면과 큰 통 내부의 오목한 면 사이의 공간은 엄지손가락의 두께 정도로 합니다. 물을 많이 넣을 필요는 없습니다. 아주 적은 양의 물만으로도 안쪽의 통은 넓은 바다에서 항해하듯이 충분히 떠 있을 것입니다. (……) 작은 통의 크기는 관측하는 자가 가라앉지 않게 그의 무게를 지탱하고, 관측자의 의자와 망원경이 달린 다른 장치들의 무게를 감당할 수 있을 정도여야 합니다. 그리고 흔들리는 배의 충격을 받지 않으려면 큰 통과 작은 통의 표면이 서로 닿지 않고 분리되어야 합니다. 그래서 나는 큰 통의 안쪽 오목한 표면에 통틀어 여덟 개나 열 개의 스프링을 설치할 것입니다. 이 스프링들은 두 용기가 서로 닿지 않게 도와줄 뿐만 아니라 내부의 용기가 외부로부터 오는 진동에 영향을 받지 않도록 합니다. 그리고 통을 띄울 때 물보다는 기름을 쓰는 것이 낫습니다. 기름의 양이 많을 필요는 없으며, 2배럴이나 3배럴이면 충분할 것입니다. (……)

나는 이러한 제작 원리에 따라, 작은 배에서 사용할 투구 형태의 모자를 이미 만들었습니다. 관측자가 머리에 쓰는 것인데 그 위에 망원경이 달려 있습니다. 이 투구를 쓰게 되면 관측자의 눈은 다른 곳으로 흩어지지 않고 같은 지점을 향하게 되고 그가 바라보는 대상은 망원경을 통해서만 볼 수 있을 것입니다. 이와 유사한 기계는 머리에 쓰는 투구뿐만 아니라 관측자의 어깨와 상반신에 쓰는 형태로도 만들 수 있습니다. 그 장치 위에다 목성의 별들을 뚜렷이 구별하는 데 필요한 크기의 망원경을 고정하기만 하면 됩니다.*

갈릴레오의 노력과 의지는 가상했지만, 아무도 그의 기이한 발명품에 투자할 용기를 내지 못했다. 그리고 그 외의 많은 발명가가 경도 측정법을 찾아내기 위해 괴상한 방법들을 동원했지만, 문제를 해결하기 위해서는 해리슨의 해상 시계가 발명되기까지, 다시 말해 해리슨이 최종적으로 완벽한 시계를 만들어내는 1770년대까지 기다려야 했다. 그때부터 폭풍우가 몰아치는 상황에서도 시계는 출발 지점의 정확한 시간을 유지할 수 있었다. 하지만 이로써 이전의 섬들은 숙명적으로 잃어버린 섬이 되고 말았다.

그 이전까지 태평양 탐험의 역사는 찾지 못했던 땅을 발견하는 사람들의 역사였다. 예를 들어 아벨 타스만은 솔로몬 제도를 찾아다니다가 1643년에 태즈메이니아 섬(남위 42도에 있는)을 발견하고 뉴질랜드 섬을 멀리서 보고는 통가 섬을 거쳐 피지 섬에 이르렀다. 그리고 이곳에 몇 개의 작은 섬이 있는 것을 확인한 뒤에 뉴기니 연안에 도착하였다. 그런데 그는 자신이 항해한 궤도 안에 오스트레일리아가 있다는 것을 깨닫지 못했다. 물론 그가 큰일을 해낸 것은 분명하다. 하지만 당구공처럼 한 지점에서 다른 지점으로 이동했으며, 그리고 이후 수년 동안 다른 탐험가들도 오스트레일리아 섬에 아주 가까이 접근했지만, 그 섬을 발견하지는 못했다.

요컨대, 그 항해는 분명한 계획 없이 섬들과 산호초, 대륙들 사이를 무분별하게 돌아다닌 것이었다. 오늘날 우리는 쿡 선장 이후에

• 갈릴레오 갈릴레이, 「로렌초 레알리오에게 보낸 편지*Lettera a Lorenzo Realio*」, 『작품집*Opere*』, 토리노: UTET 출판사, 1964, vol. 1, pp. 951~953 ─ 원주.

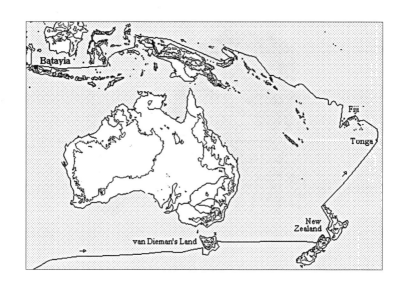

제작된 지도들을 보면서 항로를 정해 계획적인 일주를 할 수 있지
만, 당시의 탐험가들은 블라이 함장(보트에 실려 몰루카 제도를 표류하
며 끝내 바운티호를 다시 만나지 못한)처럼 헤매고 돌아다녔다.

　경도의 문제가 해결된 뒤에도 섬들 사이를 떠돌며 항로를 잊어
버리곤 했다. 『염해의 발라드Una ballata del mare salato』˙에서 코르토
말테제와 라스푸틴의 항해를 보자. 만화 속의 주인공들은 열렬한 독
서가들이다. 어느 장면에서 판도라는 허먼 멜빌의 전집에 부드럽게
기대어 있고, 그녀의 사촌 동생 카인은 콜리지의 발라드 〈늙은 수부

　• 이탈리아 만화가 우고 프라트가 만든 만화 『코르토 말테제Corto Maltese』 시리
　즈 중의 하나다. 주인공 코르토 말테제가 세계를 돌아다니며 벌이는 모험을 주요 내
　용으로 한다. 프라트는 1967년에 창간한 만화 잡지에 이 시리즈를 처음으로 발표했
　다. 프랑스에서 큰 인기를 얻으면서 세계적으로 유명해졌으며 현재까지 꾸준한 사
　랑을 받고 있다. 영화와 애니메이션, 연극 등으로 각색되었으며 우고 프라트는 일부
　모험담을 소설로 다시 쓰기도 했다.

의 노래〉를 읽고 있다. 신기하게도 그는 독일 슬러터 중위가 죽은 뒤에 에스콘디다 섬에 남긴 잠수함에서 릴케와 셸리의 책과 같이 그 책을 발견하게 된다. 그리고 마지막에 카인은 에우리피데스의 구절 을 인용하기도 한다.

그리고 냉혈한 킬러인 라스푸틴도 처음에는 루이 앙투안 드 부 갱빌의 『세계 일주 여행Voyage autour du monde』을 읽는다. 나는 그가

읽은 책이 1771년 초판본이 아니라고 장담할 수 있다. 초판은 책의 표지에 작가의 이름이 인쇄되지 않았고 본문이 삼단으로 편집되지 않았기 때문이다.

만화 장면에서 부갱빌의 책은 중간쯤에 펼쳐져 있는데, 적어도 같은 크기의 원서에서 볼 때 5장이 시작되는 부분이다. 〈키클라데스 제도에서 시작된 항해 — 루이지아드 제도의 발견 (……) 기항 (……) 뉴브리튼 섬.〉

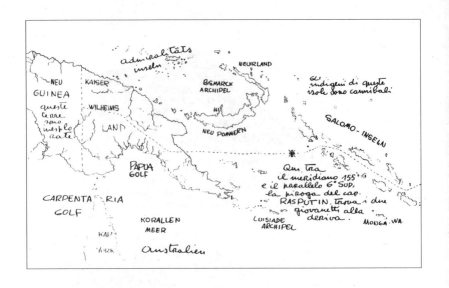

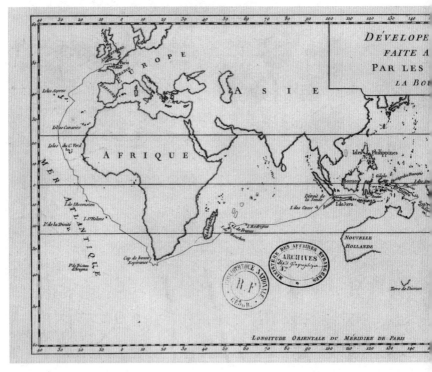

만약 1913년의 항해 기술들을 이용했다면 라스푸틴은 (우고 프라트가 첨부한 지도에 따르면) 그가 자오선에서 서쪽으로 155도에 있다는 것을 알 수 있겠지만, 그가 만약 부갱빌의 말을 믿었다면 날짜 변경선이 있는 운명적인 자오선 180도에 있어야 했다. 한편 부갱빌은 〈솔로몬 제도는 존재하지만, 그 위치는 불분명하다〉고 말했다.

네덜란드 상선이 라스푸틴의 쌍동선을 만났을 때, 장교들과 선원들은 라스푸틴의 배가 진로를 상당히 벗어나 있다는 점을 주목했다. 피지 제도의 사람들은 대게 동쪽과 남쪽을 향해 나아갔기 때문인데, 나중에 보게 되듯이 그들도 그렇게 해야 했다. 수도승의 섬이

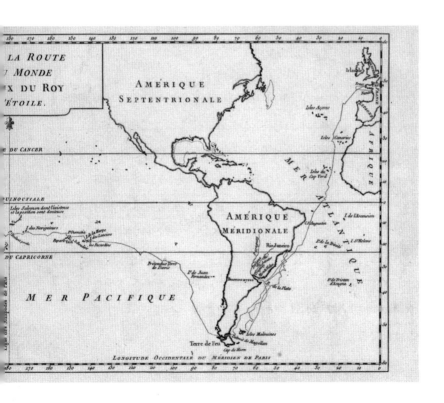

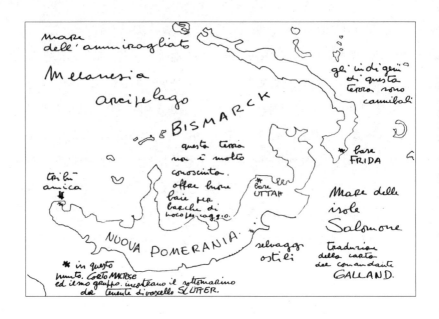

있는 곳은 훨씬 더 남동쪽이었기 때문이다.

코르토는 뉴포메라니아의 서쪽 끝 아래에서 슬러터 중위의 잠수함을 찾았다. 그러니까 그는 카이세리네 섬에서 출발해서 서쪽으로 항해했다. 반면 잠수함의 목적지는 에스콘디다 섬이었고, 수도승의 에스콘디다 섬(남위 19도, 서경 169도)은 솔로몬 제도의 남쪽과 피지 섬의 서쪽에 있어야 했다. 에스콘디다 섬에 가기 위해 뉴기니 쪽으로 항해하던 한 독일 해군 장교는 〈우리는 곧 에스콘디다에 도착할 것이다〉고 말했다. 목적지까지는 적어도 경도 20도는 떨어져 있으니, 그는 라스푸틴의 그물에 걸려들어 공간의 경계를 혼동한 몽상가다. 한편 라스푸틴이나 프라트, 아니면 둘 모두는 시간의 경계 역시 교란하려고 했다.

카인과 판도라는 1913년 11월 1일 라스푸틴에게 체포되지만, 그

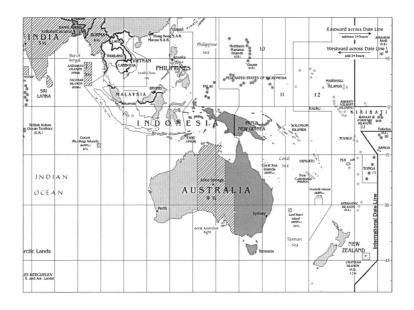

들 모두는 1914년 8월 4일(수도승은 그 날짜에 전쟁이 일어났다고 그들에게 알린다) 이후에 에스콘디다 섬에 도착하고, 영국인들이 등장한 때는 9월과 10월의 마지막 열흘 사이다. 코울리지에 관한 두 페이지와 슬러터 중위와 몇 가지 토론을 하는 사이에 일 년이 지나간 것이다. 그 시간 동안 잠수함은 막연한 경로를 항해했다. 17세기 해적들과 〈늙은 수부〉, 에이헙 선장이 가졌던 표류의 갈망과 기이한 나태함을 보이면서 말이다.

『염해의 발라드』에 나오는 모든 주인공은 멘다냐까지는 아니더라도 부갱빌의 시대에 사는 것처럼 행동했다. 불확실한 군도들 사이에서 여행했던 것이다.

섬들이 매력적인 이유는 바로 잃어버리기 때문이다. 치비타베키아에서 사르데냐로 향하는 연락선을 타듯이 한눈에 그 섬들을 발견

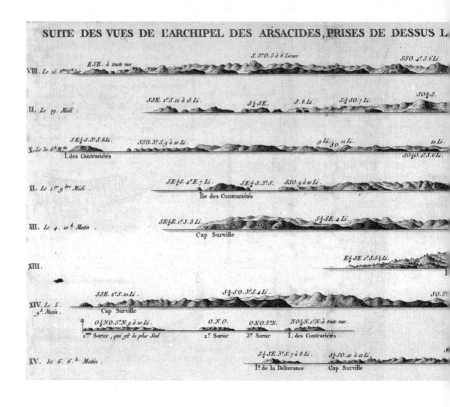

SUITE DES VUES DE L'ARCHIPEL DES ARSACIDES, PRISES DE DESSUS L

할 수는 없다. 섬의 영원한 매력은 시인 귀도 고차노•가 남긴 시에서
도 표현되었다.

• Guido Gustavo Gozzano(1883~1916). 이탈리아 황혼파의 대표적인 시인으로 내
면의 평온하고 고요한 감정과 삶에 대한 소박한 애착을 시로 표현했다. 이 책에 인
용된 시「가장 아름다운 섬La più bella」은 1913년 잡지 『라 레투라La lettura』에 처
음 발표되었다. 고차노는 여행을 즐긴 작가로도 유명한데, 이 시를 발표하기 1년 전
에도 인도 지역으로 여행을 떠났다. 작가의 별장으로 사용되었고 현재 박물관으로
이용되는 토리노 인근의 빌라 밀레토에는 그가 생전에 사용하던 여행 가방과 세계
지도, 여행지에서 가져온 기념품들이 보관되어 있다.

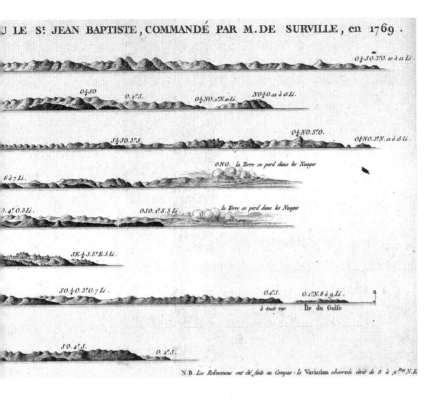

J LE S.ᵗ JEAN BAPTISTE , COMMANDÉ PAR M. DE SURVILLE , en 1769 .

I

가장 아름다운 섬은 발견되지 않은 섬이다.

스페인 왕은 그 섬을 사촌 포르투갈 왕에게서 받았다.

포르투갈 왕이 날인한 서명과

고트어와 라틴어로 적은 교황의 칙서가 증명하듯이.

스페인 왕자는 전설의 왕국을 향해 닻을 올렸고,

행운의 섬들*을 보았다. 이우노니아 섬, 고르고 섬, 헤라 섬

그리고 사르가소 해와 어두운 바다를 만났다.

• 카나리아 제도의 옛 명칭.

그 섬을 찾았지만…… 섬은 그곳에 없었다.

헛되다, 둥글게 부푼 돛을 단 갤리선들,
헛되다, 뱃머리를 무장한 캐러벨 선들.
교황의 축복으로 나섰으나 섬은 숨어 있고,
포르투갈과 스페인은 아직도 찾아 헤맨다.

II
하지만 섬은 존재한다. 이따금 아득히 멀리서
신비로이 테네리페 섬과 팔마 섬 사이에 나타난다.
〈…… 발견되지 않은 섬!〉 피코 데 테이데*에서
착한 카나리아인이 이방인에게 손가락으로 가리킨다.

그 섬은 해적들의 오래된 지도에도 나온다.
…… 어딘가에 있는 섬? …… 유랑하는 섬? ……
그 섬은 바다 위에서 미끄러지듯 움직이는 마법의 섬이다.
뱃사람들은 이따금 가까이에서 그 섬을 본다……

그들은 축복받은 해안을 뱃머리로 스쳐 지나간다.
처음 보는 꽃들 사이로 드높은 종려나무들이 솟아 있고,
싱그럽게 우거진 신성한 숲이 향기를 내뿜으며,
카르다몬은 열매를 뿌리고, 고무나무는 수액을 흘려보낸다……

* 카나리아 제도의 테네리페 섬에 있는 테이데 산의 봉우리다. 해발 고도 3,718미터
로 대서양에서 가장 높다.

향유를 뿌린 창부처럼 섬은 향기로 자신을 알리지만,

섬은 발견되지 않는다. 뱃사람들이 가까이 다가가면,

섬은 신기루처럼 얼른 사라져 버리고,

까마득하게 하늘빛으로 물든다.

나는 고차노가 이 시를 지을 때 18세기 항해서에 나오는 지도들을 마음에 두었다고는 생각하지 않는다. 하지만 〈섬은 신기루처럼 얼른 사라져 버리고, 까마득하게 하늘빛으로 물든다〉는 표현은 경도의 문제가 해결되기 이전에 선원들의 눈에 처음으로 비친 섬의 모습을 떠올리게 한다. 섬들은 윤곽으로 인식되었다. 멀리서 다가가며 보이는 (지도상에 그 형태가 묘사되지 않은) 섬은 오늘날 미국의 도시를 묘사할 때처럼, 소위 스카이라인에서부터 인식된다. 만약 두 도시에 엠파이어 스테이트 빌딩과 쌍둥이 빌딩이 각각 있듯이, 매우 비슷해 보이는 스카이라인을 가진 두 섬이 있다면 어떤 일이 일어날까? 다른 섬에 상륙하게 될 수도 있으며, 이런 실수가 얼마나 자주 일어났을지 누가 알겠는가!

게다가 섬의 윤곽은 하늘의 색깔과 안개, 하루의 시간에 따라 바뀌고 심지어 숲의 모양이 달라지는 계절에 따라서도 변화한다. 이따금 섬은 아스라한 하늘빛으로 물들고, 밤의 어둠이나 안갯속으로 사라질 수 있으며, 낮게 깔린 구름은 섬을 둘러싼 산들의 윤곽을 감추기도 한다. 우리가 윤곽을 통해서만 인식하는 섬은 눈앞에서 사라지는 존재일 뿐이다. 지도도 좌표도 없이 섬을 찾는 것은 에드윈 애벗의 소설 『플랫랜드Flatland』에 있는 것과 같다. 1차원만 인식되는 세상에서는 두께가 없는(높이나 깊이가 없는) 선분처럼 사물들의 앞면만 보인다. 더 높은 차원으로 인식해야 그것들을 위에서 볼 수 있는 것이다.

실제로 마데이라 섬과 라 팔마 섬, 라 고메라 섬, 그리고 엘 히에로 섬의 주민들은 구름이나 신기루의 환영에 속아서 가끔 물과 하늘 사이에서 일렁이는 〈인술라 페르디타〉가 서쪽에서 떠오르는 것을 보았다고 이야기한다.

이런 식으로 존재하지 않는 섬은 반사된 바다의 환영 사이에서 떠오를 수 있다. 따라서 존재했거나 절대 닿을 수 없는 두 섬으로 혼동할 수 있었다.

이것이 섬을 잃게 된 이유다.

그리고 섬이 다시는 발견되지 않는 이유다. 플리니우스가 말했 듯이, 어떤 섬들은 영원히 떠다닌다.

『애서가 연보 — 성 브렌던의 자취를 찾아서 Sulle orme di San Brandano』(밀라노: Rovello 출판사, 2011)에 실림 / 2010년 사르데냐 섬의 카를로포르테에서 열린 섬에 관한 학회에서 강연.

위키리크스에 대한 고찰

위키리크스는 내용적인 면에서 명백한 스캔들로 드러났지만, 형식적인 면에서는 그 이상의 무엇이었고, 또 그럴 것이다. 말하자면, 위키리크스는 역사의 새로운 장을 열고 있는 것이다.

〈스캔들〉은 모두가 알고 있고 아주 사적인 형태로 오가던 이야깃거리, 이를테면 모두가 알고 있는 공공연한 소문을 위선적으로 속닥거리던(가령 누구누구가 바람을 피웠다) 것이 대중적인 담화가 되어 드러나는 것이다. 적어도 제2차 세계 대전의 말미 이래로, 다시 말해서 국가의 정상들이 저녁 식사를 같이 하기 위해 서로 전화를 하거나 비행기를 탈 수 있게 된 이래로 대사관은 예의 외교적인 기능을 상실(대사가 범선을 타고 가서 사담 후세인에게 전쟁을 선포했겠는가?)했다. 이는 외교 문제에 정통한 사람만이 아니라 국제 음모에 관한 영화를 보는 일반인들도 아주 잘 알고 있는 바다. 그리고 대사관은 몇 가지 대리 업무를 제외하고는, 공공연하게는 현지 국가의 정보를 수집하는 기관(유능한 대사들은 사회학자와 정치 평론가의 역할까지도 담당한다)이 되었고, 비밀스럽게는 간첩 행위의 최중심부로 변화되었다.

그런데 얼마 전 미국 대사관의 기밀 외교 문서가 유출되면서*, 미국 외교부는 위의 사실을 인정해야 했으며, 대외적인 이미지에 큰 타격을 입었다. 외교전문의 유출과 폭로, 확산은 흥미로운 결과를 낳았다. 추정상의 피해자들(베를루스코니, 사르코지, 카다피 또는 메르켈)이 해를 입기보다는 추정상의 가해자, 다시 말해 공무를 수행하기 위해 대사관 직원들이 보낸(그 일을 하는 것으로만 돈을 받기에) 전갈을 받기만 했을 불쌍한 힐러리 클린턴 미 국무장관에게 그 비난이 돌아갔다. 모든 정황을 살펴볼 때, 이는 정확하게 위키리크스의 설립자 줄리언 어산지가 원했던 바다. 그의 화살은 베를루스코니 정부가 아니라 미국 정부를 겨누고 있었기 때문이다.

그런데 어째서 폭로의 피해자들에게는 피상적으로밖에 영향이 미치지 않았을까? 모두가 알고 있듯이, 유명한 비밀문서들은 단순히 〈언론의 메아리〉기 때문이다. 폭로된 내용은 유럽에서 모두가 알고 말하는, 심지어 미국의 「뉴스위크Newsweek」에도 이미 실린 보고에 지나지 않기 때문이다. 따라서 비밀 보고서는 너무 바빠서 신문을 읽을 시간이 없는 상무 이사에게 회사의 공보실이 보내는 신문 기사 스크랩과 같다.

힐러리 클린턴이 받은 보고서들은 비밀 거래와 관련되거나 첩보 메시지가 아닌 것은 분명하다. 하지만 베를루스코니가 러시아 가

• 위키리크스가 2010년 11월 미국의 외교 문서를 다량 폭로한 사건으로, 〈케이블게이트Cablegate〉라 부른다. 미국 대사관에서 나온 외교전문에는 일부 국가의 정상들을 부정적으로 묘사한 내용이 포함되어 있었다. 앙겔라 메르켈 독일 총리, 실비오 베를루스코니 이탈리아 총리, 세르게이 라브로프 러시아 외무장관, 닉 클레그 영국 부총리, 미하일 사카슈빌리 그루지야 대통령 등이다. 이들 가운데 베를루스코니 총리는 허영심이 강하고 무능하며 파티를 좋아하는 것 등으로 묘사되어 이탈리아에서 논란이 일기도 했다.

스 거래에 개인적으로 관심을 보인다는 내용처럼 분명한 기밀 정보를 다루었더라도, 심지어 여기서도(사실이건 거짓이건 간에) 보고서는 파시스트 시대에 카페 전략가로 낙인찍힌 자들, 즉 바bar에서 정치에 관해 이야기하는 그들이 이미 말했던 내용을 반복하는 것에 지나지 않을 것이다.

다시 말해, 이는 널리 알려진 사실을 다르게 확인시키는 것에 불과하다. 그리고 첩보 기관(어떤 나라든지)이 작성한 모든 서류는 전적으로 이미 대중이 공유한 재료로 구성되어 있다. 베를루스코니의 환락의 밤에 관한 미국의 〈놀라운〉 폭로는 몇 달 전부터 이탈리아의 어느 신문에서든(그가 통제하는 두 신문은 제외하고) 읽을 수 있는 내용을 다시 옮긴 것이다. 그리고 카다피의 만행은 꽤 오래전부터 풍자 만화가들이 사용한 (상당히 진부한) 소재였다.

비밀문서가 이미 알려진 정보만을 담고 있어야 한다는 원칙은 첩보 기관의 작전에 필수적이며, 금세기에만 해당하는 사항이 아니다. 비교(秘敎)에 관한 출판물을 전문적으로 취급하는 서점에 가면 이전에 나온 책에서 쓴 내용을 똑같이 반복한 온갖 새로운 책들(성배, 렌르샤토의 미스터리, 성전기사단이나 장미십자단에 관한)을 볼 수 있다. 이는 단순히 오컬티즘 작가들이 새로운 연구를 꺼리거나 존재하지 않는 대상에 대한 정보를 어디에서 찾아야 할지 몰라서 그런 것이 아니다. 오컬티즘의 추종자들은 그들이 이미 알고 있는 것만을 믿으며, 그들이 이미 습득한 것을 확인해 주는 정보만을 믿기 때문이다. 이것은 댄 브라운의 성공 이면에 숨어 있는 공식이기도 하다.

이와 같은 일이 비밀문서에서도 일어난다. 정보원은 게으르고, 자신이 알고 있는 것만을 사실이라고 여기는 첩보부의 우두머리는 게으른 것은 물론이고 주위 사정에도 어둡다.

어느 나라든 첩보 기관은 쌍둥이 빌딩 테러와 같은 사건을 예측하는 데에 도움이 되지 못하고(어떤 경우에는 빗나간 예측들을 정기적으로 남발한다) 이미 알고 있는 정보만을 수집하고 있기에 오히려 해체하는 편이 나을 것이다. 하지만 오늘날 일자리들을 줄인다는 것은 정말로 어리석은 짓이다.

나는 앞에서 위키리크스가 그 내용적인 면에서 분명히 스캔들에 불과했지만, 형식적인 면에서는 역사의 새로운 장을 열었다는 의견을 제시했다.

만약 인터넷이나 다른 형태의 전자 메모리에 비밀 통신이나 공문서를 계속해서 맡긴다면, 세상의 그 어떤 정부도 비밀 구역을 보존할 수 없을 것이다. 이는 비단 미국뿐만 아니라 산마리노 공화국이나 모나코 공화국(어쩌면 안도라 공국만 해를 입지 않을 것이다)도 예외일 수 없다.

이 현상이 함축하는 의미를 생각해 보자. 그 옛날 조지 오웰의 시대에 권력은 전체 시민의 모든 행동을 감시하고 통제하는 〈빅 브라더〉로 이해될 수 있었다. 시민들은 아무도 인지하지 못한 채 감시를 당했다. 텔레비전 프로그램 「빅 브라더」*는 차라리 가련한 풍자극이라 할 수 있다. 자신을 보여 주려고 모인 노출증 환자들의 소그룹에서 일어나는 일을 모든 사람이 지켜볼 수 있기 때문이다. 이 경우 순전히 연극적이고 정신 의학적인 요소와 관계된다. 하지만 오웰

* 조지 오웰의 소설 『1984』에 나오는 독재자 〈빅 브라더〉에서 제목을 딴 리얼리티 예능 프로그램이다. 참가자들은 여러 대의 카메라가 설치된 집안에서 일정 기간 외부와 단절된 채 생활하며, 시청자들은 카메라를 통해 집 내부와 그들의 일상을 지켜보는 형식으로 진행된다.

의 시대에 예측했던 우려가 오늘날 실제로 일어났다. 권력은 국민들이 사용하는 핸드폰을 통해서 움직임을 추적하고, 신용 카드를 통해서 성사된 모든 거래와 방문한 호텔과 고속도로 여정을 환히 꿰고 있으며, 폐쇄 회로 텔레비전을 통해서 방문한 슈퍼마켓 등을 추적할 수 있다. 이렇게 해서 시민은 〈거대한 빅 브라더〉의 눈에 지배당하는 희생자가 되었다.

우리는 최소한 어제까지는 이렇게 생각했다. 하지만 이제 권력의 가장 내밀한 비밀조차도 해커의 감시를 벗어날 수 없다는 사실이 드러났다. 따라서 감시의 관계는 한쪽으로만 작용하지 않고 순환하게 되었다. 권력은 모든 시민을 감시하지만, 모든 시민은 혹은 적어도 시민의 보복자로 지정된 해커는 권력의 모든 비밀을 알아낼 수 있다.

그리고 설령 대다수 시민이 해커가 수집하고 유포한 자료를 검토하고 평가할 능력이 없다 할지라도 언론의 새로운 기능이 강조되고 있으며 지금 이 순간에도 실행되고 있다. 예전에는 어떤 뉴스가 중요하게 다뤄져야 하는지를(전쟁을 선포하거나 화폐 가치를 떨어뜨리거나 조약을 체결하는 등) 정부가 결정하였다. 그런데 오늘날 언론은 단순히 중요한 뉴스들을 기록하고 전달하기보다는, 밝혀진 〈비밀들〉을 폭로할지 입을 다물지를 정치권력과 협상하기도 하면서, 어떤 뉴스를 중요하게 다룰지 어떤 뉴스를 묻어 둘지를 독립적으로 결정한다.

여담이지만, 모든 비밀 보고서는 신문에 게재된 기사나 신문 기자들이 대사관 직원들에게 준 비밀 정보를 바탕으로 어떤 정부에 대한 증오나 친선 관계를 도모한다는 점을 고려하면, 언론은 다른 기능 역시 띠고 있다. 한때 언론은 비밀 음모들을 알아내기 위해 외국 대사관들을 염탐하였다. 이제는 반대로 대사관들이 공공 영역에서 일어난 사건들을 알기 위해 언론을 염탐한다. 여하튼 이제 쟁점으로 다시 돌아가자.

자신의 비밀을 지키지 못하는 권력은 앞으로도 유지될 수 있을까? 독일의 사회학자 게오르크 짐멜이 말했듯이, 진짜 비밀은 비어 있는 비밀(비어 있는 비밀은 드러날 수 없으므로)이고, 비어 있는 비밀을 가지는 것은 최고 권력을 뜻한다. 베를루스코니나 메르켈의 성격에 관한 모든 비밀을 아는 것은 사실 비어 있는 비밀일 것이다. 공적인 영역에서 소재가 되는 비밀이기 때문이다. 하지만 위키리크스가 했듯이, 힐러리 클린턴의 비밀이 텅 빈 비밀이었다는 사실을 드러내는 것은 권력으로부터 힘을 빼앗는다는 것을 의미한다.

앞으로 국가들은 분명히 인터넷에 비밀 정보를 안심하고 맡길 수 없을 것이다. 이는 길모퉁이에다 대자보를 붙이는 것과 같다. 하지만 현재의 감시 기술로는 전화를 이용한 비밀 거래를 기대하는 것도 불가능하다. 게다가 한 국가의 대통령이 그의 동료를 만나기 위해 언제 비행기를 탔는지를 알아내기란 너무나 쉬운 일이다. 시위자들의 대중 잔치가 된 G8 정상 회담과 같은 공식 행사는 말할 것도 없다.

그렇다면 앞으로 개인적이고 비밀스러운 관계들은 어떻게 지속할 수 있을까? 당해 낼 수 없는 완벽한 투명성의 승리에 어떻게 대응할 수 있을까?

나의 예견이 지금 당장은 공상 과학 소설처럼 허무맹랑하게 보일 거라는 것을 잘 알고 있다. 하지만 나는 다음과 같은 장면을 상상하지 않을 수 없다. 정부 요원들은 머릿속에 암기하거나 기껏해야 구두 뒤축에 숨긴 암호 메시지를 전달하기 위해 추적할 수 없는 경로를 따라 아주 용의주도하게 역마차나 이륜마차를 타고서 가장 황량한 장소, 관광객들의 발길조차 닿지 않는(관광객들은 그들의 눈앞에서 움직이는 모든 것을 휴대폰으로 촬영하기 때문이다) 지역의 시골길을 따라 달리는 것이다.

늦은 밤 외딴 거리에서 글룹둡드리브Glubbdubdrib 대사관의 사절들이 릴리퍼트Lilliput의 전령들에게 은밀하게 다가가서 암호를 속삭이는 장면을 상상하는 것도 매우 재미있는 일이다.

또는 루리타니아Ruritania 궁정에서 열린 가면무도회를 상상해 볼 수도 있다. 얼굴을 하얗게 분칠한 피에로는 양초가 드리운 어둠 속으로 살그머니 물러나 술람미 여인에게 다가간다. 피에로가 마스크를 벗어 오바마의 얼굴을 드러내고, 그 여인은 베일을 잽싸게 걷어 앙겔라 메르켈의 얼굴을 보여 준다. 그리고 왈츠와 폴카 사이에서 마침내 줄리언 어산지도 모르는 만남이 성사되고 유로나 달러, 혹은 둘 다의 운명이 결정될 것이다.

좋다, 진지하게 생각하자. 그와 같은 일은 벌어지지 않을 것이다. 하지만 어떤 방법으로든 매우 비슷한 일이 발생할 것이다. 좌우간 정보와 비밀 좌담의 기록은 자물쇠를 채운 서랍 안에 단일 사본이나 필사본으로 보관될 것이다. 지난 일을 한 번 떠올려 보자. 결국 워터게이트 사건*의 스파이 행위(장롱이나 문서 보관함을 억지로 열려고 했다)는 위키리크스보다 성공적이지 못했다. 그러므로 나는 인터넷에서 찾은 아래의 광고를 미세스 클린턴에게 추천하는 바다.

* 1972년 6월 미국의 대통령이었던 리처드 닉슨이 재선 선거 운동 과정에서 경쟁 구도에 있던 민주당의 선거 운동 본부(워싱턴의 워터게이트 호텔)에 도청 장치를 설치하려다 발각된 사건. 닉슨 대통령은 이 사건을 은폐하려고 시도했으나 결국 임기 중에 대통령직을 사퇴하게 되었다.

마텍스 시큐리티Matex Security는 여러분의 재산을 보호하려는 목적으로 1982년에 설립되었습니다. 맞춤 생산된 가정용 가구, 귀중품과 문서를 보관하는 비밀 금고는 그 어떤 침입자도 절대 찾아내지 못할 것입니다. 당신의 집 안 구석구석이나 사무실, 그리고 온갖 유형의 선박을 샅샅이 수색할지라도 말입니다. 이 작업은 철저하게 비밀이 보장되고, 고객의 지시와 감독에 따라 진행되며, 최고의 신뢰성을 갖춘 우리의 직원과 가구공이 전담해서 제작합니다.

나는 이전에 최근의 기술적 발전이 뒷걸음치는 가재처럼 거꾸로 나아간다는 내용의 칼럼을 쓴 적이 있다. 무선 전신이 통신 산업의 혁신을 일으킨 지 한 세기 후에, 인터넷은 유선 전신(전화)을 복구하였다. 영화광들은 비디오카세트(아날로그)를 앞뒤로 돌려 합성 사진의 비밀을 꼼꼼히 파악하면서 차근차근 영화를 탐색할 수 있었다. 반면 오늘날의 DVD(디지털)로는 큰 단위의 장만을 뛰어넘을 수 있을 뿐이다. 오늘날 고속 철도를 타면 밀라노에서 로마까지 3시간 만에 가지만, 비행기로는 적어도 3시간 30분이 걸린다. 그러하니, 정치권과 정부의 통신 기술도 말이 끄는 수레의 시대로 돌아가 터키탕의 한증실에서 대표자들이 만나거나 마타 하리와 같은 미녀 첩자가 내실에서 밀서를 전달하는 상황이 펼쳐져도 그리 놀라운 일은 아닐 것이다.

프랑스 일간지 「리베라시옹」(2010년 12월 2일)과 이탈리아 주간지 「레스프레소」(2010년 12월 31일)에 실린 두 칼럼을 다시 씀.

옮긴이의 말

움베르토 에코의 『적을 만들다』는 열네 개의 스펙트럼을 내는 프리즘과 같습니다. 각기 다른 색채를 발산하는 열네 편의 칼럼을 묶었기 때문입니다. 이 책에 실린 칼럼들은 한 저자의 글이라고는 믿기 어려울 정도로 각각 독립적인 주제와 내용, 접근 방식, 경험과 지식을 담고 있습니다. 다양한 분야에 관심을 두고 열정적인 글쓰기를 하는 에코이기에 가능한 책입니다.

여러 주제의 칼럼을 한 권으로 묶었다는 것이 이 책의 특징인 만큼 독자들은 소설, 철학, 평론, 기호학, 언어학, 미학 등의 여러 갈래로 뻗어 나간 에코 대륙을 둘러보는 느낌을 받을 것입니다. 그리고 넓게 펼쳐진 영토에서 예리한 지적과 깊이 있는 고찰, 때로는 엉뚱한 상상력을 표출하고 있는 저자의 풍성하고 다채로운 면모도 느낄 수 있을 것입니다.

〈특별한 기회에 쓴 글들〉이라는 부제는 이 책이 만들어진 배경을 설명하고 있습니다. 저자는 특별한 기회, 다시 말해 학회나 간담회에서 발표하거나 잡지에 실을 목적으로 글을 썼습니다. 에코는 외부에서 주어진 주제 앞에서 마치 기다리던 시험지를 받은 학생처럼 즐겁고 능동적으로 글을 써나갑니다. 현재와 과거, 미래를 오가고 현실과 상상을 넘나들 정도로 한계를 모르는 에코의 지적 호기심은 그 어떤 주제라도 수사학적인 놀이가 됩니다.

그런 만큼 독자들에게도 능동적인 읽기를 제안합니다. 〈특별한 기회〉라는 언급은 독자들이 이 책을 어떻게 읽을지에 대해 힌트를 주는 말이기도 합니다. 먼저, 모든 칼럼은 그 자체로 완성도가 높지만 제한된 시간과 지면을 염두에 두고 썼다는 점을 알려주고 있습니다. 그리고 저자가 글의 주제를 정하지 않았다는 전제는 저자의 새로운 시도들을 기대하게 합니다. 물론 에코가 관심을 두는 영역은 방대하고 그간의 시도가 워낙 다양한 장르와 주제를 아우르고 있기에, 에코의 애독자라면 일부 칼럼에서 『장미의 이름』이나 『전날의 섬』, 『궁극의 리스트』, 『가재걸음』 등의 전작을 떠올리기도 할 것입니다.

칼럼의 마지막에 명시된 발표 기회와 날짜를 참고하는 것도 능동적인 읽기에 도움이 되리라 생각합니다. 이 책에 포함된 강연문의 경우, 강연의 형식이나 문체를 살려서 글을 쓰지는 않았습니다. 그렇더라도 잡지에 실린 글을 읽을 때는 깐깐한 구독자가 되거나, 강연에서 발표된 글을 읽을 때는 청중이 되어 앉아 있는 자신의 모습을 상상해 보는 것도 좋은 방법이라고 여겨집니다.

에코에게 글쓰기는 언제나 멋진 도전인 듯합니다. 그 상대가 누구이고 내용이 무엇이든지 뜨겁게 매료되니 말입니다. 하지만 분명히 에코는 독자에게 혼란을 주고 숙제를 안기는 작가이기도 합니다. 에코 자신조차 절대적인 지식은 존재하지 않으며, 지식의 중심으로 다가갈수록 더 혼란스러워진다고 고백합니다. 따라서 완벽한 결론을 얻기 위해서가 아니라 에코가 주는 즐거운 혼란으로 빠져드는 여행에 동행하기를 권유합니다. 존 키츠가 말했듯이, 〈그것이 그대가 이 세상에서 알 수 있는 전부요, 알아야 할 전부〉를 찾기 위해서라도 말입니다.

움베르토 에코는 〈절대와 상대〉를 주제로 한 강연에 앞서 청중들에게 농담을 던집니다. 「내가 발표할 강연의 끔찍스러운 제목을 듣고도 오늘 밤 이곳을 찾은 여러분들은 모든 것을 각오한 사람일 것입니다.」 에코는 비장감이 감도는 유쾌한 농담을 던지며 동행을 자처한 청중들에게 감사의 마음과 용기를 전하고 있습니다. 여하튼, 모든 것을 각오하는 심정으로 이 책을 집어 든 독자들에게 심심한 경의와 따뜻한 공감을 보냅니다.

2014년 9월
김희정

옮긴이 **김희정** 대구가톨릭대학교 이탈리아어과와 동 대학원을 졸업했다. 현재 이탈리아어 전문 번역가로 활동하고 있다. 옮긴 책으로는 『왜 이탈리아 사람들은 음식 이야기를 좋아할까?』, 『디오니소스의 철학』, 『디오니소스의 영혼』, 『Coffee & Caffè』, 『홀로서기』, 『사랑과 욕망, 그림으로 읽기』, 『가재걸음』, 『그림 속의 강아지』, 『잘가요 내사랑, 안녕』 등이 있다.

적을 만들다

발행일   2014년 9월 25일 초판 1쇄
         2015년 8월 20일 초판 4쇄

지은이   움베르토 에코
옮긴이   김희정
발행인   홍지웅
발행처   주식회사 열린책들

경기도 파주시 문발로 253 파주출판도시
전화 031-955-4000 팩스 031-955-4004
www.openbooks.co.kr

이 도서의 국립중앙도서관 출판시도서목록(CIP)은 서지정보유통지원시스템
홈페이지(http://seoji.nl.go.kr)와 국가자료 공동목록시스템
(http://www.nl.go.kr/kolisnet)에서 이용하실 수 있습니다.(CIP제어번호:CIP2014025713)